江苏省示范马克思主义学院思想政治理论课教学改革系列成果

问题导向的《马克思主义基本原理》教学详解

罗肖泉／编著

中国矿业大学出版社
·徐州·

图书在版编目(CIP)数据

问题导向的《马克思主义基本原理》教学详解 / 罗肖泉编著. —徐州：中国矿业大学出版社，2022.12

ISBN 978-7-5646-5586-0

Ⅰ. ①问… Ⅱ. ①罗… Ⅲ. ①马克思主义理论—教学研究—高等学校 Ⅳ. ①A81

中国版本图书馆 CIP 数据核字(2022)第 205458 号

书　　名　问题导向的《马克思主义基本原理》教学详解
编　　著　罗肖泉
责任编辑　万士才
出版发行　中国矿业大学出版社有限责任公司
　　　　　（江苏省徐州市解放南路　邮编 221008）
营销热线　(0516)83885370　83884103
出版服务　(0516)83995789　83884920
网　　址　http://www.cumtp.com　**E-mail**：cumtpvip@cumtp.com
印　　刷　徐州中矿大印发科技有限公司
开　　本　787 mm×1092 mm　1/16　**印张** 12.5　**字数** 245 千字
版次印次　2022 年 12 月第 1 版　2022 年 12 月第 1 次印刷
定　　价　38.00 元

在科研改进中提升思想政治理论课教学质量
(总序)

习近平总书记在全国高校思想政治工作会议上明确提出"要用好课堂教学这个主渠道,思想政治理论课要坚持在改进中加强"。改进思想政治理论课教学事关诸多环节和要素,需要综合施策,其中通过改进广大一线教师的"科研"来促进教学质量的提升,尤为重要。

在现代大学中,各种纯粹服务于知识技能创新和直接服务于社会发展管理的科研日益增多,很多科研不光学生无法直接参与,而且基本与教学无涉。但由于诸多原因,教师对这类科研趋之若鹜,而直接针对教学的科研则门庭冷落。在这种情况下,科研的方向是否与教学密切相关、科研过程能否与教学过程相结合、科研成果能否直接应用于教学,是"科研"能否真正支撑教学的关键,这实际上也是判断是否为"有益于教学的科研"的重要标准。

结合高校思想政治理论课教学的实际,由于广大一线思想政治理论课教师普遍担负繁重的教学任务,时间精力有限,只有坚持"教学出问题、科研做文章、成果上课堂"的基本原则,切实做到"科研"与"教学"相结合、学科建设与课程建设相结合,才能保证相关"科研"对教学具有正向的支撑作用。

"什么样的科研"有益于思想政治理论课教学呢?

首先,有益于思想政治理论课教学的科研,其选题方向应该与思想政治理论课教学密切相关。总体上说,这类科研选题有两个大的方向,一是直接针对思想政治理论课教学的应用性研究,二是与思想政治理论课教学紧密相关的基础理论研究。具体而言,前者包括对思想政治理论课教学手段、方法、模式,各门思想政治理论课程教学设计、教案编写、课件制作,各门思想政治理论课程教学重点难点确定、教材内容体系向教学内容体系转化、不同思想政治理论课程之间内容衔接、教学话语构建及课堂教学组织等诸多方面的应用性研究。研究重点应聚焦于自媒体时代和新科技条件下，传统思想政治理论课教学优势与新教学技术有机结合方面的改革与创新。后者包括对思想政治理论课独特教学规律与育人规律的研究、围绕思想政治理论课教学重点难点展开的理论研究、教材所涉及的马克思主义重大理论问题的研究、马克思主义中国化理论创新的研究、学生所关心关注的重大现实问题的研究等。重点应聚焦于理论与实际相结合的研究，确保理论研究切实有助于思想政治理论课改革创新、有助于帮助学生解惑释疑。否则，如果做不到“坚持潜心问道和关注社会相统一”，那么无论理论研究如何前沿深奥，依然无益于思想政治理论课教学。总之，“教师应善于把专业背景、工作需要和学校特色等条件有机结合起来，选择自己的研究方向，有一种‘根据地’意识，明确自己是研究什么领域、什么问题的，在这块‘根据地’上辛勤耕耘，做出成果，才能增强学科自信，才会受到学生尊重”。

其次，有益于思想政治理论课教学的科研，应该是科研过程与教学过程有机融合的科研。科研过程与教学过程有机融合，一是要注意使科研活动直接进入思想政治理论课教学过程，二是要注意积极吸收大学生参与科研活动。正如有学者分析的那样：虽说当今大学的教学与科研已不可能像洪堡时代那样全面“统一”了，但是，为了使科研能够有益于教学，科研进入教学过程就是一个必不可少的条件。尤其对于高校思想政治理论课教学而言，由于大学生具备了一定的知识储备、生活阅历和分析判断能力，这就要求思想政治理论课教学要有较强的研究性和学术性，以分析和讨论教材内容为主要授课形式，以培养学生运用马克思主义的基本原理和方法分析解决问题的素质与能力为高级目标，照本宣科的“知识传授”型教学形式最为学生所不屑。这实际上为教师把自己的科研融入教学活动、利用教学活动检验和改进科研成果创造了有利条件。显然，“有益于教学的科研”应该是贯穿于教学活动过程的科研，而不是游离于或隐藏于教学过程之外的科研。另外，真正有益于思想政治理论课教学的科研，除了要善于在教学活动中发现学生和教学需要解决的“真问题”，并将教学和学生面临的实际问题确立为研究对象外，还应该在围绕教学展开科研的过程中积极吸收大学生参与。积极吸收大学生参与,不光是科研具有实效性、针对性的基本要求,也是保障大学生基本权益的必然要求。大学作为高等教育的服务者,应当树立以学生为中心的基本理念,重视并及时回应学生提出的各种利益诉求,保障学生在大学治理过程中的各种基本权利,维护学生的各类基本权益。参与科学研究实际上是大学生应该享有的最重要的基本权利。

最后,有益于思想政治理论课教学的科研,应该是科研成果能够直接有效应用于思想政治理论课教学的科研。无论是直接针对教学问题的应用研究,还是针对重大理论问题的基础研究,其研究成果应该能直接应用于课堂教学,有利于思想政治理论课教学质量的提升。具体而言,直接针对教学的应用性研究成果,要真正能促进思想政治理论课教学方法的改革与创新,要有针对性、实用性和可推广性。此类应用性研究的选题要大小适当,实证研究的样本要尽可能面广量大且具有代表性,否则,研究的结论就可能缺乏针对性,就可能以偏概全,就可能失真,以此来指导教学改革的后果是不言而喻的。理论研究成果要能直接解答学生思想政治方面的困惑和疑问,要能直接解答学生关切的重大理论问题和现实问题,要能直接为思想政治理论课教育教学提供学理支撑,要能正确指明思想政治理论课教学改革的规律与方向。否则,与思想政治理论课无关的理论科研成果再多、再新、再"好",但无法直接在思想政治理论课教学中运用,那么这类科研的独特性教育价值自然难以显现,当然对思想政治理论课教学质量提升也毫无意义,甚至起反作用。说这类科研越多对思想政治理论课教学越起反作用,并非危言耸听,因为教师的时间、精力有限,各种与思想政治理论课教学无关的科研做得越多,从事教学和教学研究的时间和精力越少,而这种现象在现实中愈演愈烈,有目共睹。

中国矿业大学马克思主义学院现为"江苏省示范马克思主义学院",自2011年建院以来,秉持教学立院、科研强院、教学科研一体化发展理念,采取一系列有效措施,取得了可喜成绩。学院坚持教学机构建设与管理制度先行,为教学改革创新保驾护航,坚持以教学模式改革为突破口,教学质量和师资队伍素质不断提升,科学谋划出实招,促进教学与科研协同发展。通过制定教学与科研均衡奖励制度,鼓励教师围绕教学开展研究，形成教学与科研相互促进的良好局面。学院强调教学工作以“一化推动三化”，即以资助项目化方式推动教学团队优化、教学研究深化和教学成果孵化，为教师全员、全方位、多层次开展教学研究和参与教学改革提供有力保障。

学院规划的“思想政治理论课教学改革系列成果”丛书，正是基于“科研要有益于思想政治理论课教学”的原则，围绕本校思想政治理论课教学改革，直接针对教学问题的应用研究，是老师们在实际教学过程中改革、探索和实践的成果，有利于思想政治理论课教学质量的提升，我们希望这些成果直接应用于课堂教学。

感谢马克思主义学院为“科研有益于思想政治理论课教学”付出的所有老师，同时感谢中国矿业大学的同学们，他们在教学中与老师的深入探讨给老师们带来了诸多启发。同学们的智慧以及同学们的希望、支持和鼓励是老师们编写教改成果的根本动力。

曹洪军

2020 年 8 月于徐州

前 言

“马克思主义基本原理”课，是目前我国高校本科阶段公共政治理论课体系中被公认为学理性最强的一门课，它不仅涵盖马克思主义哲学、政治经济学和科学社会主义三个部分的庞杂内容，而且由于篇幅的限制，教材中很多内容只有基本的结论而缺乏系统的论证，这给教学过程带来更大的难度。如何把教材体系转化为教学体系，如何让学生真正理解教科书中的知识点，如何发挥“马克思主义基本原理”课的育人功能等问题，是每一个“马克思主义基本原理”课教师必须思考和解决的问题。反思、总结我自己三十多年(1986 年至今)，尤其是最近十年以来的教学经验和体会，我认为“问题教学法”的科学运用是解决上述问题的关键所在。“问题教学法”是指将教材的知识点以问题的形式呈现在学生的面前，让学生在思考、解答、辩论问题的思维活动中，掌握知识、发展智力、培养技能，进而培养学生自己发现问题、解决问题的能力。在“马克思主义基本原理”课教学过程中，我对“问题教学法”的应用主要分三个步骤完成：课前针对教材相关知识点提出若干问题，以问题为轴心串联起整个教学内容；课堂上引导学生思考、回答、讨论问题，再通过教师的总结和提炼得出对问题较为科学精确的解答，从而达成让学生对相关理论有较为深刻细致理解的目的；课后布置一些扩展思考的问题，或者让学生自己发现新的问题，下次课上再进行讨论。

一般来说，“问题教学法”对于各种教学活动都具有广泛的适用性。对于“马克思主义基本原理”这种理论性、抽象性较强，体系庞大、知识点众多，既注重理论知识的灌输、更注重科学方法培养的课程来说，“问题教学法”更有其独到的优势。

第一，把抽象概括的理论转化成具体形象的问题，既有利于教师

“教”，又有利于学生“学”。将教材知识点以问题的形式呈现，以“问题”为轴心组织“教”和“学”的过程，可以使教学思路更加清晰、重点难点更加突出、教学目的更加明确、教学效率更加提升。哲学最突出的特点就是抽象性，马克思主义哲学也不例外。尤其是面对理工科背景为主的学生时，教师如果只是用学理性的语言按部就班地讲解，学生很难理解，更不会去主动思考问题和提出问题。如果教师能把教科书上抽象的理论分解为一系列具体的问题，引导学生一步步深入思考和理解，最终就会把抽象的理论变成能够掌握的知识和方法。例如，“哲学基本问题”（思维与存在的关系问题），在教材中的集中表述只有一小段，共两百多字，我在教学过程中提出了近十个相关问题，不仅引导学生思考思维与存在的关系问题为什么是哲学的基本问题，而且让学生对与哲学基本问题相关的一元论和二元论、唯物主义和唯心主义、可知论和不可知论、辩证法和形而上学等哲学概念有了基本的认知和把握，也为下一步的理论学习打下基础。

第二，既可以促进教师对教学内容的深入思考，又可以调动学生的学习积极性。能够做到把教材知识点以问题形式呈现，本身就要求教师对教材内容及相关理论有深入细致的思考、融会贯通的把握、科学精确的理解。依照我的理解和体会，把教材体系转化为教学体系的过程，就是教师在备课中不断思考和解答“是什么”“为什么”“怎么样”等一系列问题的过程，自己把这些问题想清楚，才能在课堂上给学生讲清楚。在一定意义上可以说，把教材内容转化为“问题”，才是真正的“备课”。我在本书中提出的问题，一开始都是自己在备课过程中思考的问题，后来意识到如果把这些问题在课堂上抛出来，让学生跟我一起思考和解答，岂不是可以让学生对教材内容也有更深入细致的理解？以“问题”贯穿教学过程，还可以给学生制造更多参与课堂的机会，调动学生思考问题、学习理论的积极性。单纯理论灌输式的高校公共政治理论课很难调动学生学习的积极性，这一点，高校公共政治理论课教师都有体会。纵观我三十多年的教学历程，真正开始引入“问题教学法”并逐渐走向成熟，是 2010 年前后至今的十多年时间，在那之前，我经历了二十多年高校公共政治理论课的教学过程，感觉课堂教学越来越艰难，无论讲多么深邃的理论抑或多么生动的案例，无论用多么生动的语言抑或多么富于哲理的词汇，讲台下的大多数学生仍旧我行我素、拒绝抬头，以至于讲台上的我身心疲惫、心灰意冷、职业倦怠。而自从引入“问题教学法”以来，情况发生了很大的改观，不能说百分之百的学生的学习积极性都被调动起来了，至少有百分之五十以上的学生能始终跟进着课堂教学的过程，积极思考我提出的问题并争取回答问题的机会，让我在讲台上扫视的目光时时有了对焦的眼神。面对这些显现出对“问题”探究兴趣的眼神，我也必然调动自己的一切知识储备和语言能力引导学生把这些“问题”讨论好、理解好、掌握好！正是学生的这份认可，让我对“问题教学法”有了更多的信心和坚守。

第三，既可以锻炼教师随机应变、掌控课堂的能力，又可以提升学生辩证思维、语言表达的能力。“问题教学法”以问题贯穿教学过程，尽管大多数问题是教师课前设计的，但问题提出以后学生会给出什么样的答案具有很大的不确定性，学生的知识背景、思维习惯、表达方式因人而异，要引导学生给出正确的答案，或者把学生的答案分析到正确的思路上来，都需要教师在熟练掌握教学内容的前提之下随机应变、循循善诱，久而久之，教师机智应对各种突发情况、自如掌控课堂的能力必然得到很大的提升。从学生的角度看，现在的大学生尽管知识涉猎范围越来越广泛，思维也更加灵活和敏捷，但他们对网络的依赖性也导致了一些显而易见的问题，其中两个重要的方面表现为：其一，他们的很多知识来自网络，但往往停留在一闪而逝的浏览，不求甚解，尤其缺乏用自己的语言系统概括的能力；其二，他们的很多人际交流也在网络上进行，一旦离开了手机和电脑，在大庭广众之下表达自己的思想时，往往紧张无措、词不达意。我在课堂上提出问题时，经常会看到有些学生分明听课很认真、也有想要回答问题的愿望，但就是没有勇气举手站起来，或者有些学生回答问题时自己对自己的答案都不满意，课下很苦恼地跟我说：“我坐那里想的答案明明是对的，为什么站起来一说就不对了？”如果我们有更多的课堂能采用“问题教学法”，让学生有更多的机会面对面地表达自己的思想，他们的辩证思维能力和语言表达能力都会得到提升。

当然，“问题教学法”的实施也会遇到很多困难，能否克服这些困难决定了“问题教学法”实施的最终效果。在我看来，“问题教学法”实施过程主要需要解决的困难可以总结为四个方面：如何设置高质量的问题？如何调动学生回答问题的积极性？如何掌控问题讨论的过程？如何圆满“收场”？下面结合我自己的一些做法和体会谈一谈如何克服上述四个方面的困难。

设置高质量的问题，是“问题教学法”实施的首要前提。而要保证“问题”的质量，需要把握几个原则：第一，设置问题的依据必须是教材知识点。也就是说，所设置的问题必须直接或间接来自教材知识点，对问题的思考和解答必须有助于学生对教材知识点的理解和掌握，切忌“跑偏”！离开教材的线索，过多讨论与教材无关的问题，甚至是提出与教材理论原则相背离的问题，都是“问题教学法”设问的大忌。在我的马克思主义基本原理“问题集”中，最多的一类就是直接解读教材知识点的问题。例如，对于教材给出的马克思主义的定义，我从创造者、继承者的认识成果、阶级属性、研究对象和内容、组成部分四个方面分别提出问题进行讨论，赋予抽象的定义更多鲜活的内容，进而让学生对定义有更加深入的理解和把握。有些问题看似并不在教材的范围内，但这些问题属于教材知识点的“前置性”问题，对这些问题的讨论直接有助于学生对教材知识点的学习。例如，在讲马克思主义哲学之前，先讨论哲学的词源意义、哲学的学科特征、哲学的产生条件、世界三大哲学传统等“哲学一般”问题，有了对这些问题的讨论，才能把学生顺利引导到马克思主义哲学这个“哲学特殊”中来。

第二，设置问题必须考虑师生的实际情况。从教师方面来说，设置的问题必须是在自己的知识领域以内、做过深入细致的思考、能够用精确语言表达的问题，对于自己没有充分把握的问题不要轻易抛出，否则可能误导学生的认知，而且导致问题的讨论无法圆满“收场”。从这方面来说，问题设置的“大忌”是人云亦云，把别人提出的问题未经思考地直接搬到自己的课堂上来。我在本书中设置的问题，对其他老师最多也就是具有参考和借鉴意义，同样一个知识点，不同的老师依据自己的知识背景、学术专长和思考习惯可以提出不同的问题，也可以从不同的角度提出问题，我所提供的主要是可以设置问题的“点”或“面”，但具体设置的问题并不唯一。学生的专业背景、知识储备、思维能力等因素也是设置问题时必须重点考虑的因素，由此决定了所设置的问题是否会得到学生的回应。我所在的中国矿业大学是以理工科为主的学校，大多数学生对“马克思主义哲学”“政治经济学”相关知识接触较少，如果设置的问题过于抽象或者学理化，学生很难给出回应，也就无法达到通过讨论问题让学生理解相关知识点的目的。

第三，设置问题必须难易适度。在考虑学生具体情况的前提下，“难易适度”具体可以表达为“一眼看不到答案”和“一句话说不完”的问题。所谓“一眼看不到答案”，是指我在课堂教学中所设置的问题通常都不是在教材上能直接找到答案的问题，而是启发学生对教材上的知识点进行理解和解读的问题。而且很多问题具有前后知识点的连贯性，需要学生始终跟进教学过程才能给出有价值的答案。所谓“一句话说不完”，是指要设置具有足够讨论空间的问题，如果答案太过简单或一目了然，就没有设问的必要，也无法激发学生的思考，无法引导对问题的讨论。可见，这里的“度”不仅包括问题难易的适度，还包括问题大小的适度，距离教材远近的适度，与学生水平差距的适度。

第四，设置问题必须具有足够的吸引力。从我的体会来说，三类问题最可能对学生产生吸引力：第一类是学生能够想到的问题，即学习教材相关知识点时学生有疑惑、需要解答的问题，提出并讨论这样的问题可以直接为学生释疑解惑；第二类是学生想不到的问题，即在学生的认知中不可能存在的问题，提出并讨论这样的问题可以启发学生对教材知识点进行深入思考；第三类是颠覆学生已有认知的问题，提出并讨论这些问题有助于学生纠正以往的狭隘认知。例如，“辩证法和形而上学”两个概念，教材中经常出现但却没有给出定义，在教学中提出并讨论“什么是辩证法和形而上学”，就属于第一类问题；辩证法和形而上学回答的是“世界存在状态怎么样”的问题，因此与回答“世界是什么”问题的唯物主义和唯心主义有着密切的关联，但由于学生大多数没有哲学史的知识背景，提出并讨论“什么是哲学史上的两个对子”，就属于第二类问题；在哲学发展史中，“形而上学”这个概念又有不同的含义，提出并讨论“为什么马克思称黑格尔是伟大的辩证法哲学家，而恩格斯则称黑格尔是一个伟大的形而上学家”，就属于第三类问题。这三类问题对学生来说都是“真问题”，通过对问题的思考和讨论能够产生较强的“获得感”，从而激发学生思考和回答问题的积极性。

除了设置高质量的问题之外，调动学生参与问题讨论的积极性还需要相应的措施保障。首先是精神激励。不可否认，班级里总有一些对文科课程单纯出于兴趣认真听课的学生，也有一些各门功课都不想落后的好学生，对于这样的学生来说，只要设置的问题足够有吸引力或有挑战性，他们就会自动参与到问题的思考和讨论中来。教师在教学过程中要给他们更多的关注，充分肯定他们的思考，耐心与他们对话交流，有意识地把一些有挑战性的问题指定给他们回答，这样就可以提升这些学生在参与问题讨论中的获得感和成就感，保护他们参与问题讨论的积极性。但是，对于大多数学生来说，公共政治理论课的学习不是出于兴趣，而是为了完成任务。要想调动这一批学生参与问题讨论的积极性，除了精神激励以外还需要“利益驱动”，我采取的措施是把“课堂发言”作为平时成绩的一个部分，而且是能真正拉开学生平时成绩差距的部分。具体做法如下：在我们学校，公共政治理论课每门课程的成绩由平时成绩和考试成绩两部分组成，平时成绩占40%，考试成绩占60%。其中平时成绩的构成由各教研室自行把握。我们马克思主义基本原理教研室统一规定：平时成绩由考勤（20%）、发言（20%）、作业（20%）、单元测试（40%）四个部分组成，总分按照100分计，进入教务系统再按照40%核算。我对于20分的发言成绩给予高度重视，制定相应的规则并在第一次课上告知学生：课堂发言采取举手抢答的方式，每一次课每位同学只能得一次成绩。比较完整准确回答一次问题计5分，回答完全错误计0分。得分即时公布，课后及时登记。没有参与课堂发言者不得分，得分达到20分者不再累计。我还专门设计了发言成绩登记表，每一位同学发言得分后，都由他自己到讲台上来登记成绩，让每一个参与课堂发言的学生都能切实感受到收获，也对自己的发言成绩心中有数，同时激励尚未发言的学生积极争取发言的机会。每轮课程结束前，我都会把每位同学的发言成绩统计出来，当堂宣布，避免学生产生疑义。初看起来这种“利益驱动”不能达到“问题教学法”的最佳效果，但从许多同学课后给我的反馈来看，他们一开始的确是为了成绩而回答问题，但时间长了的确是激发起了对思考问题的兴趣，以至于有些已经得满分的同学，在问题无其他人抢答或者无人给出正确答案的情况下仍旧站起来回答，他们说这样才能检验自己所想的是否能够用准确的语言来表达！一般来说，在我的课堂上发言的学生都是自愿举手的，但也不排除一些"非自愿"的情况。一方面，有些学生的确认真听讲，而且表现出发言的意愿，但是由于没有足够的勇气总是在犹豫彷徨中失去了发言的机会，对于这样的学生我会给予关注，提出问题时以眼神鼓励他们抢答，或者不太困难的问题直接点他们起来回答，即使回答不圆满也给予肯定，帮助他们突破自我的局限。另一方面，有些学生的确不认真听讲，从不参与课堂发言，我也会点名让他们回答问题，提醒他们把注意力集中到课堂上来。在这两种情况中，的确也有一些学生最终从"非自愿"走向"自愿"参与问题讨论。总而言之，就调动学生参与问题讨论积极性来说，教师应该有足够的耐心和细心，针对不同的学生实施不同的策略，对任何学生都不轻言放弃。

"掌控过程"和"圆满收场"所考验的首先都是教师对问题的驾驭能力，如前所述，提出教师自己有把握的问题，才能使问题的讨论有始有终、收放自如。此外，还有两点注意事项：第一，教师一定要掌握问题讨论的主导权。公共政治理论课每一轮上课都可能面对不同专业背景的众多学生，教师所提出的相同的问题在不同班级、不同的学生可能给出五花八门的答案。教师对于这些答案一定要能迅速做出甄别，肯定价值、否定错误、指出差距，最终在总结讨论过程的基础上给出明确的正确答案。问题讨论的过程很激烈，学生们各抒己见，最后教师一定要做总结性发言，而且这个发言既要能综合学生答案中有价值的因素，又要高屋建瓴地把它提升到更加具有学理性的层次，同时还要以清晰明确的语言表达出来，这才是"圆满收场"。每次学生讨论完问题，尤其是遇到一些比较复杂、有争议的问题时，全体学生的目光都会集中到教师这里，渴望教师对讨论作出评判并为他们释疑解惑。这时，如果教师给出的答案明显比他们的思考更加深刻、全面、清晰而且有说服力，教师在学生心目中的形象顿时就会"高大"许多！从这方面来说，主要应避免陷入两个"误区"：一是对学生的答案"不予置评"。如果学生回答完问题教师不对答案作出评析，而是直接给出正确答案,就变成为了回答问题而回答问题,失去了问题讨论的意义,也就背离了“问题教学法”通过讨论问题让学生掌握知识的初衷。学生不能对比自己的思考和正确答案之间的差距,也就无法对相关知识点留下正确而深刻的印象。二是被学生“带偏”。学生的答案存在原则性的错误而教师不能作出判断并及时指出,或者学生的讨论偏离了预设的主题而教师不能及时拉回,都会大大降低问题讨论的实效,甚至在原则性问题上产生错误的认知。

第二,充分发挥学生在问题讨论中的主体作用。现代教育理念主张教师和学生的“互主体性”或“主体间性”,“问题教学法”实施过程“大忌”之一就是教师“自问自答”,唱“独角戏”。如前所述,设置高质量的、针对学生实际情况的、对学生有吸引力的问题,是调动学生参与问题讨论积极性的前提条件,在问题讨论的过程中还可以尝试从如下方面促进学生主体作用的发挥。其一,让学生畅所欲言,大胆表达自己的思考。尽管公共政治理论课有“政治性”的要求,但依照我的理解,“政治性”的尺度主要用来约束教师而不是学生。在问题讨论过程中,首先要允许学生充分表达自己的思考,不要轻易“打棍子”“扣帽子”。如果学生的答案确实存在对学科理论和政治原则的偏离,教师可以在评析时指出来,并给予有说服力的解释和纠正。这样既发挥了学生的主体作用,又发挥了教师的主导作用。在我看来,绝大多数的大学生都有一定的政治觉悟,不会有意触犯“政治底线”,他们在讨论问题时出现偏差,往往是因为理论水平有限或表达能力有限。一般来说,只要参与问题讨论的学生能围绕问题主题发言并能完整表达自己的思考,我都会给出此次发言满分的成绩,并不设唯一的标准答案。其二,启发、引导学生自己得出正确结论。有些学生在回答问题时,尽管知道大概的意思,但由于思考不全面、心里紧张或者组织不好语言等问题无法顺畅表达。遇到这种情况时,教师轻易不要让学生退出讨论的过程,而应该敏锐发现他们表达中有价值的因素,以此为契机引导、帮助他们自己得出正确的结论,这包括帮他们把缺失的理论补充上,把混乱的思想理顺,把恰当的词汇指出来。经历了一个教师和学生的互动过程之后,再让学生重新把自己的思考完整梳理表达出来,这对于学生牢固掌握知识点、提升独立思考和表达问题的能力都具有重要的帮助作用。其三，采用灵活多样的问答和互动形式，让更多的学生参与到问题讨论中来。在“马克思主义基本原理”教学中，我所采用的问答和互动形式主要是三种：一问一答、一问多答、反问反答。“一问一答”，主要用于一些比较简单明确的问题，一个学生抢答，给出较为完整的答案，教师点评总结，这个问答过程就完成了。“一问多答”，主要用于一些比较复杂、讨论空间较大的问题，可以现场组织有4～6位同学参加的正反方小型辩论，或者一位同学给出答案后现场征集不同意见给予反驳，教师最后总结点评各方意见。“反问反答”，主要用于一些学生有疑义的问题，当学生提出对问题的质疑或发现新的问题时，教师可以先引导其他学生来回答这些问题，激发学生之间的互动交流，教师也可以直接参与到学生的讨论中来，表达自己对这些新问题的初步思考。对于教师自己也没有把握的问题，一定要跟学生明确表示存疑待议，待课下查阅资料解决问题后再在适当的时机反馈给学生。

对于本书的内容，有两点需要作出说明：首先，本书没有包含《马克思主义基本原理》教材的全部内容。具体来说只涉及导论至第四章的教学内容，第五、六、七章省略。之所以如此，主要是因为我本人的教学习惯一直是“宁缺毋滥”，48课时的有限时间，如果要把马克思主义基本原理的三个组成部分都做细致周到的讲解基本是不可能的。相比较来说，从导论到第四章，是马克思主义哲学的全部和政治经济学的主要理论部分，这是整个马克思主义基本原理中最基础、最重要、最抽象、理论难度最大的部分，有了对这些内容的理解和把握，再学习后面几章内容就有了基本的世界观和方法论支撑。与其“撒胡椒面”式的面面俱到，不如花较多的时间和精力解决重点难点问题。我在教学过程中比较偏重对导论到第四章内容的研究和把握，自认为提出的一些问题具有独到性，因此写出来供大家参考，而对于我自己研究不多的领域，就不去班门弄斧了，期待看到其他老师的独到见解！

其次，对应《马克思主义基本原理》教材第四章的劳动价值论和剩余价值论两个专题，自认为是本书较为“出彩”的部分。众所周知，目前的《马克思主义基本原理》教材，涵盖了马克思主义理论的哲学、政治经济学和科学社会主义三个组成部分，而在相当长的历史时期中，这三个部分是分别作为三门独立的公共政治理论课在我国高校开设的，尤其是马克思主义哲学和政治经济学，尽管世界观和方法论基础、理论原则具有内在的一致性，但在具体的理论领域和逻辑思路上还是存在着很大的差异。更重要的是，据我的了解，目前我国高校承担“马克思主义基本原理”教学任务的老师大多数具有哲学学习背景而缺乏系统的政治经济学知识基础，我们学校马克思主义基本原理教研室就是清一色的哲学硕士或博士，甚至有些年轻教师在整个求学过程中就没有修习过政治经济学课程。在这个大背景下，要求教师们都能精通马克思主义哲学和政治经济学的理论，在教学过程中实现这两部分内容的“无缝对接”，的确难度较大。因此，有相当一部分的教师就选择多讲哲学，少讲甚至不讲政治经济学。从我本人的情况来看，尽管本科阶段在苏州大学修习过作为专业基础课的“马克思主义政治经济学”，但由于后来的学习、研究和教学过程长期远离了这一部分内容，以至于在2006年新版本科教学方案实施、再次把马克思主义三个组成部分整合为“马克思主义基本原理概论”课程后，有3～5年的时间我也跟大家一样，在教学中选择回避政治经济学的内容，但最终出于教师的责任心，再加上习近平总书记关于“学好用好马克思主义政治经济学”指示作出后，我国学术界关于政治经济学的研究和关注再现热潮，我才下决心攻克政治经济学的教学难关。一开始的确非常困难，“现学现卖”，自己在课前要把教材知识点化解为一个一个的问题，想清楚、弄明白，才能在课堂上讲顺。事实上，真正把“问题教学法”引入“马克思主义基本原理”教学过程，就是从政治经济学的教学开始的，后来才推广到整个课程教学过程中。经过10多年的积累，我对劳动价值论和剩余价值论的内容有了较为系统的理解和把握，成功实现了从教材体系向教学体系的转换，提出了贯穿教学过程的一系列“问题”(本书中劳动价值论和剩余价值论分别提出讨论了46个、47个问题)，并以这些问题为轴心展开教学活动。目前，我用在讲劳动价值论和剩余价值论(第四章)上的时间大概是12～16课时，而且教学内容安排得很丰满。我相信，也有不少老师们在政治经济学教学领域辛勤耕耘，希望我所提出并思考的这些问题能对他们的前进脚步有所促动。另外，我在劳动价值论和剩余价值论教学中还贯穿了“在读原著中学原理”的思想，具体来说是结合《资本论》讲政治经济学。从目前《马克思主义基本原理》教材第四章的内容安排来看，基本是按照《资本论》的逻辑展开的，只不过由于篇幅的限制，《资本论》中很多精彩的文字没能在教材中呈现。因为我自己最终是在通读《资本论》中实现对教材相关内容的较为深入系统的理解的，所以我也结合教材知识点的要求，把《资本论》中的精彩文字带到课堂上来，引导学生在读懂文字的基础上思考和讨论相关问题，让学生在把握教材知识点的同时领略经典作家的风采。我也建议想要讲好劳动价值论和剩余价值论的老师把《资本论》作为最重要的教学辅助材料。

作 者

2022 年 5 月

目 录

第一专题　导　　论

设问 1　“什么是马克思主义”是一个很幼稚的问题吗?

讲解　作为在社会主义中国成长起来的年轻人,你们几乎从小学就会听说马克思主义这个名词,从中学就开始接触马克思主义的一些理论,到了大学继续系统学习马克思主义基本原理,对于大学生来说,还有必要从“什么是马克思主义”这个最基本的问题说起吗?但正如刚才几位同学尝试对这个看似“幼稚”的问题做出回答时发现,似乎还真不能用一句简单的话语给出让自己满意的答案。在我看来,“什么是马克思主义”这个问题对大多数中国人来说都是一个耳熟却不能详的问题,不经过一番学习研究还真难给予完整准确的解答。在我们教科书上,有一段文字对马克思主义进行了界定:

“马克思主义是由马克思、恩格斯创立并为他们的后继者所不断发展的科学理论体系,是关于自然、社会和人类思维发展一般规律的学说,是关于社会主义必然代替资本主义、最终实现共产主义的学说,是关于无产阶级解放、全人类解放和每个人自由而全面发展的学说,是无产阶级政党和社会主义国家的指导思想,是指引人民创造美好生活的行动指南。”

对于“马克思主义”这个概念,我们将从创造者和继承者的认识成果、研究对象和主要内容、阶级属性及组成部分四个方面进行较为深入的讨论。

设问 2　马克思主义等于马克思的主义吗?

讲解　从创造者、继承者的认识成果讲,马克思主义是由马克思、恩格斯创立的,而由其后各个时代、各个民族的马克思主义者不断丰富和发展的观点和学说的体系。

刚才有同学回答“什么是马克思主义”这个问题时,简单地表述为“马克思的主义”,但我们仔细思考就会发现,马克思主义并不等于马克思的主义,马克思、恩格斯作为这个理论体系创始人的贡献不可磨灭,但马克思主义理论并不是一成不变的静止教条,它的生命力正是在于后来的继承者对其进行的不断发展与创新。例如,列宁和斯大林在领导苏联社会主义革命和社会主义建设过程中提出的一系列创新性的理论,也是马克思主义理论体系的组成部分;毛泽东思想作为马克思主义中国化的第一次历史飞跃，开创了中国马克思主义的发展历程；"中国特色社会主义"作为中国化马克思主义的重要组成部分，是中国共产党历代领导集体对马克思主义的发展与创新，具体表现为邓小平理论、"三个代表"重要思想、科学发展观、习近平新时代中国特色社会主义理论，也是马克思主义理论体系的重要组成部分。在我们将来的学习和研究中，一定要注意"马克思的主义"与"马克思主义"这两个概念的区分，不能等同视之。

设问3 马克思主义能"包治百病"吗？

讲解 从研究对象和主要内容讲，马克思主义是关于自然、社会和人类思维发展的一般规律的学说（哲学），是关于资本主义发生发展一般规律的学说（政治经济学），是关于社会主义和共产主义发生发展一般规律的学说（科学社会主义）。

从研究对象和主要内容可以看出，马克思主义理论并不是包罗万象的庞杂体系，也不是包治百病的神奇良药，作为一门社会科学理论，它的具体研究对象和内容是确定的、有限的，由此也决定了它的适用范围和解释力有一定的限度，不能要求马克思主义理论回答一切理论和现实问题，也不应当试图用马克思主义理论解释一切自然和社会现象。这里还有一个如何摆正马克思主义理论和各门具体科学的关系问题，马克思主义理论侧重于揭示一般规律，而各门具体科学则要揭示各个领域的具体的特殊的规律，马克思主义世界观和方法论对各门具体科学的研究具有指导作用，但却不能取代各门具体科学，相反，马克思主义自身的发展也要以各门具体科学的发展为前提。同学们来自文、理、工各个不同的学科专业，在将来的学习中可以自己体会马克思主义基本原理中的哪些方面可以对我们其他学科的学习有帮助，哪些方面不能简单套用马克思主义理论。

设问4 为什么说绝大多数的社会科学都必然具有阶级性？

讲解 从阶级属性讲，马克思主义是无产阶级争取自身解放和整个人类解放的科学理论，是关于无产阶级斗争的性质、目的和解放条件的学说，是无产阶级政党和社会主义国家的指导思想。它具有鲜明的无产阶级的阶级属性。

说到马克思主义鲜明的阶级性，有些同学可能不以为然，认为都什么年代了还说阶级性，除了马克思主义还有什么主义强调自己的阶级性！在我看来，马克思和恩格斯创立马克思主义理论时，在自己的旗帜上鲜明写上"无产阶级"四个大字，不仅代表了两位思想家的勇气和胆略，而且显示了两位思想家的智慧和远见。这里我们先说勇气和胆略，智慧和远见后面再讨论。

从根本上说，大多数的社会科学都必然具有阶级性，这正是社会科学和自然科学的最本质区别之一。这个区别主要是由其研究对象的区别决定的。自然科学以自然现象和自然规律为研究对象，无论你是哪个阶级哪个时代的人，面对的自然都是共同的，人们提出的揭示自然界规律的自然科学理论也可以是通用的，这就是所谓的“科学无国界”。但社会科学研究的是社会现象和社会规律，而人类社会除了原始社会以外的历史都是阶级社会的历史，研究社会历史的人莫不分属于一定的阶级，所研究的社会又是具有鲜明阶级对立特征的社会，这样的社会科学理论是不可能真正超越阶级性的，每个阶级的人提出的社会科学理论必然打上自己所属阶级的烙印。但为什么其他大多数社会科学家都回避或掩盖自己学说的阶级性呢？正是因为有阶级性才需要回避，因为怕树敌才需要掩盖！在一个阶级对立的社会里，你宣称代表奴隶主，奴隶就反对你；你宣称代表农民，地主就反对你；你宣称代表无产阶级，资产阶级就反对你！马克思和恩格斯难道不知道宣称自己理论的阶级性会树敌吗？当然知道，在一个资产阶级统治的时代宣称自己是代表无产阶级的理论，必然成为敌对阶级批判的靶子，还在马克思、恩格斯活着的时代，他们所创立的马克思主义就被称为“欧洲上空漂浮着的幽灵”，人人得而诛之！就是面对这样的压力，马克思和恩格斯仍旧义无反顾地宣称自己代表且仅代表无产阶级，这需要何等的勇气和胆略！这说明这两位思想家心地坦荡、光明磊落，他们坚信自己的理论是真理，真理就不怕批判，真理就越辩越明。试想人类历史上又有多少个社会科学家有这种坚持真理的勇气和胆略呢?！单从这一点来看，即使你不接受或不信仰马克思主义，至少也要给予这两位思想家足够的尊重和敬佩！

设问 5 如何理解马克思主义的“历史命运”？

讲解 从马克思主义的阶级性还可以引出马克思主义的“历史命运”问题，即马克思主义作为一个理论体系会不会走向消亡。这个问题初看上去有些另类，但仔细思考其答案是明确的。刚才我们听到了同学们对这个问题正反两方面的回答，其实我是支持正方观点的：马克思主义作为一个理论体系走向消亡，不是可能性而是必然性，其原因主要就在于马克思主义理论具有鲜明的阶级性，它代表且仅代表无产阶级的利益和诉求，而马克思主义理论本身有一个重要的结论：阶级对立的社会只是人类历史中的暂时现象，随着历史的进步发展，人类最终将进入人人自由平等全面发展的无阶级社会，正如马克思所说的，无产阶级的历史使命就是消灭这个阶级本身，如果“无产阶级”不存在了，代表这个阶级利益和诉求的理论必然也就会退出历史舞台。“共产党和民主党派都是历史上发生的。凡是历史上发生的东西，都要在历史上消灭。因此，共产党总有一天要消灭，民主党派也总有一天要消灭。消灭就是那么不舒服？我看很舒服。共产党，无产阶级专政，哪一天不要了，我看实在好。我们的任务就是要促使它们消灭得早一点。这个道理,过去我们已经说过多次了。”[①]毛泽东在《论十大关系》中的这段话,也适用于我们解答马克思主义作为一个理论体系会不会走向消亡的问题。

但同时我们还要注意,当马克思主义理论体系伴随着无产阶级的消亡走向消亡时,并不意味着它的所有理论都会失去生命力,它其中超越阶级性和时代性的因素,将像其他伟大的理论一样,永远积淀在人类文明的长河中。如我国的孔孟之道儒家学说,作为代表中国新兴地主阶级利益的理论,在中国消灭地主阶级之后就失去了存在的阶级基础,但这并不排除它其中的一些观点作为“优秀传统文化”的一部分而被我们今天继承和遵循,如“三人行,必有吾师焉”“己所不欲勿施于人”“老吾老以及人之老,幼吾幼以及人之幼”等。马克思主义理论中有哪些会具有永恒的生命力?在我看来,至少历史唯物主义社会基本矛盾的原理就是如此,不能设想人类社会发展到一种程度可以不需要生产力的发展、不是由生产力的发展决定人类社会的其他方面,今天资产阶级的学者和思想家也有很多去研究和借鉴马克思的历史唯物主义理论,这也从一个侧面说明这个理论中有超越阶级性的因素。

设问 6　马克思主义理论体系三个组成部分之间的关系如何?

讲解　从它的组成讲,马克思主义是由马克思主义哲学、马克思主义政治经济学和科学社会主义三个不可分割的部分组成的科学理论体系。

马克思主义三个组成部分在马克思主义理论体系中承担任务的侧重点有所不同。其中,马克思主义哲学是理论基础,它提供一般的世界观和方法论(即辩证唯物主义和历史唯物主义)。马克思主义政治经济学是主要内容,运用辩证唯物主义和历史唯物主义的基本原理分析资本主义发生发展的规律。科学社会主义是核心、纲领,运用辩证唯物主义和历史唯物主义的基本原理预测人类社会的未来走向。但同时必须注意,并不是先有了完备的辩证唯物主义和历史唯物主义世界观和方法论,才有马克思主义政治经济学和科学社会主义。相反,因为马克思和恩格斯在政治经济学和科学社会主义理论中体现了辩证唯物主义和历史唯物主义的基本原则,才使得辩证唯物主义和历史唯物主义作为马克思主义一般世界观和方法论得以最终完成。马克思主义哲学相对于政治经济学和科学社会主义的“先在性”,是逻辑先在性而非时间先在性。

列宁强调,马克思主义理论体系不是一盘散沙,而是由各个组成部分相互联系组成的有机整体,是“一块整钢”。辩证唯物主义和历史唯物主义是马克思主

① 毛泽东:《论十大关系》,《毛泽东选集》第 5 卷,人民出版社 1977 年版,第 279 页。

义理论体系的基础，也是贯穿马克思主义理论体系始终的一条红线，只有掌握辩证唯物主义和历史唯物主义的基本原理，才能真正完整、准确地理解马克思主义的各个组成部分。因此，在我们的教学过程中，要花比较多的时间细致研究辩证唯物主义和历史唯物主义这部分内容，以期为后面各部分内容的学习奠定坚实的基础。

设问 7 如何以科学的态度对待“马克思主义”这门科学的学习？

讲解 刚才对“什么是马克思主义”这个问题的讲解中，我们把马克思主义定义为一种“科学理论”，那么我们应该以怎样的学习态度对待这门“科学”才是科学的呢？其实在这里，我并不是要求同学们把马克思主义作为一种意识形态或者一种信仰给予特别的对待，我只要求大家用对待其他科学同样的科学态度对待马克思主义基本原理课程的学习，对此我总结为三点要求：第一，不懂就要学。没学懂之前不要存“它没有用”的先入之见。第二，学会就要用。在学习过程中掌握了一门科学的要义，就要尝试用它去分析解决问题，这样才能体现其用处。你不去用，一切科学对你来说都没用！第三，有疑就要思。前人的科学成果不是一成不变的教条，对于有疑义的方面就要积极思考、辨析、扬弃、发展。有了这三个方面的思想准备，我们一定能更好地学出马克思主义理论之“用”来。

设问 8 西方资本主义世界对马克思和马克思主义态度如何？

讲解 分析了“什么是马克思主义”，我们接着需要考虑的是马克思主义是否过时了、是否还有影响力的问题。我们身处社会主义国家，能够切身体会到我们国家对马克思主义的高度重视，那么在西方资本主义世界，还有没有人关注马克思和马克思主义呢？答案是肯定的。这里，我们简单梳理一下英国的系列评选活动及其他西方学者对马克思和马克思主义的关注与研究。

(1) 1999 年，英国剑桥大学文理学院教授们发起评选“千年第一思想家”活动，结果马克思位列第一，爱因斯坦位列第二。这个评选结果太出乎意料，由此拉开了英国系列评选的序幕。

(2) 1999 年 9 月，英国广播公司(BBC)又以同一命题评选“千年第一思想家”，在全球互联网上公开征询、投票一个月。全球投票的结果仍然是马克思位居第一，爱因斯坦第二。

(3) 2002 年，英国路透社邀请政界、商界、艺术和学术领域的名人评选“千年伟人”，结果是马克思以一分之差略逊于爱因斯坦。但这并不影响马克思作为千年伟人的地位。

(4) 2005 年 7 月，英国广播公司以“古今最伟大的哲学家”为题，调查了 3 万名听众，结果是马克思得票率第一，休谟第二（马克思以 27.93%的得票率荣登榜首，居于第二位的苏格兰哲学家休谟得票率仅为 12.6%，远远落在其后）。西方其他著名思想家柏拉图、康德、苏格拉底、亚里士多德等更是望尘莫及，黑格尔甚至没有进入前 20 名。到这里，英国的系列评选才告一段落。

（5）英国《金融时报》驻布鲁塞尔分社首席记者托尼·巴伯就《共产主义的兴衰》、《衣冠楚楚的共产主义者：弗雷德里希·恩格斯的革命生涯》和《马克思》三部著作撰写的书评说，马克思思想是不断发展的，它历经 150 年仍不绝于耳，而且在中国更具吸引力。该报 2008 年 10 月 16 日以《红色警报》为题，刊发了这篇书评。

（6）加拿大约克大学政治学教授利奥·巴尼奇文在《十足现代的马克思》（刊于美国《外交政策》双月刊 2009 年 5—6 月号）一文中指出：经济危机再度掀起了人们对卡尔·马克思的兴趣。《资本论》在全球的销量一路飙升（仅德国一个出版商在 2008 年就售出上万册，而前一年仅售出百余册），这标志着此次危机范围之广、破坏之大，已使全球资本主义和其卫道士陷入意识形态的恐慌。然而，即使对新自由主义的正统理念破灭，为什么复兴的会是马克思主义呢？首先，马克思远远领先于其所处的时代，预测了近几十年来资本主义成功的全球化。他准确地预见到引发今天全球经济危机的一些致命因素：在自由竞争的市场、商品生产和金融投机组成的世界里，他所称的矛盾是固有的。

（7）英国政治学学者特里·伊格尔顿 2010 年 2 月在英国出版了《马克思为什么是对的》，从十个方面反驳了人们对马克思的批判，回答了“马克思为什么是对的”这个问题。在该书的序言中，作者指出：“《共产党宣言》被认为是毫无疑问的十九世纪最具影响力的作品。与政治家、科学家、军人和宗教人士不同，很少有思想家能真正改变历史的进程，而《共产党宣言》的作者恰恰在人类历史的发展进程中发挥了决定性的作用。历史上从未出现过建立在笛卡尔思想之上的政府，用柏拉图思想武装起来的游击队，或者以黑格尔的理论为指导的工会组织。马克思彻底改变了我们对人类历史的理解，这是连马克思主义最激烈的批评者也无法否认的事实。”①

（8）自 1995 年 9 月以来，法国《当代马克思》杂志社联合法国十几家与马克思相关的刊物共同主办了 6 届“国际马克思大会”，这个大会每三年召开一次，最后一次是 2010 年 9 月。每次大会都有来自几十个国家的近千人参加，并吸引了全球的广泛关注。西方媒体曾以“马克思没有死”“马克思引起了轰动”“马克思主义获得了新生”等语言对大会进行了报道。

---

① 特里·伊格尔顿著，李杨、任文科、郑义译：《马克思为什么是对的》，新星出版社 2011 年版。

(9) 西方学术界,一直活跃着一批专注于研究和发展马克思及马克思主义的专家学者,由此形成了"马克思学"和西方马克思主义众多流派。包括早期西方马克思主义:卢卡奇、柯尔施、葛兰西、布洛赫;法兰克福学派:霍克海默、阿多诺、本雅明、马尔库塞、哈贝马斯、施密特;弗洛伊德主义的马克思主义:赖希、马尔库塞、弗罗姆;新实证主义的马克思主义:科莱蒂、德拉-沃尔佩;存在主义的马克思主义:列斐伏尔、梅洛-庞蒂、萨特;结构主义的马克思主义:阿尔都塞;分析马克思主义:柯亨罗默 J. 埃尔斯特;生态马克思主义:高兹、本·阿格尔、莱易斯、佩珀;后马克思主义:埃尔斯托·拉克劳、詹托尔·穆佛、雅克·德里达;后现代马克思主义:弗里德里克·詹姆逊等。另外,日本也有许多学者在马克思和马克思主义的研究中取得斐然成就,例如,日本"新马克思主义"代表人物、日本专修大学前校长、教授望月清司,他的《马克思历史理论的研究》被世界马克思主义学界公认为 20 世纪人类关于马克思的最好的著作之一,他对马克思的市民社会理论研究在马克思主义学界产生了深远的影响。

设问 9　如何区分作为"思想"的马克思主义和作为"指导思想"的马克思主义?

讲解　从上述材料里,我们可以看出来自当代西方世界对马克思和马克思主义的持续关注,但对于这种关注,我们还必须给予清醒的认识:这种关注并不意味着西方世界真正信仰马克思主义了,并不意味着马克思主义的红旗已经插遍全球了。在大多数西方人眼里,马克思仅仅是众多思想家中的一位思想家,马克思主义仅仅是众多思想中的一种思想。这些并不真正信仰马克思主义的人为什么在评选中能把马克思选第一,会对马克思主义给予持续关注呢? 这不得不说西方人对待思想和思想家的态度比较客观,他们评判谁第一的标准往往不是感性的好恶,而是依据其影响力的大小做理性的判断。而从影响力来看,古往今来,历史上没有哪一位思想家产生了如马克思这般巨大的、世界性的、持久的影响力:有了马克思才有马克思主义,有了马克思主义才有了社会主义,有了社会主义才有了世界两极格局,从过去的热战到后来的冷战再到今天的不冷不热战,这两极格局已经持续了一个多世纪,而我们所在的这个世纪仍旧会在两极格局中徘徊!

而在包括中国在内的社会主义国家,马克思主义不仅仅是一种一般的思想,而是具有作为唯一的"指导思想"的地位,它是统帅一切思想的思想,是引领一切思想的思想,是评判一切与意识形态有关的思想正误的最高标准。这是身处社会主义中国的年轻人必须时刻铭记的,有了这样的觉悟,才能在今后的学习、工作和生活中避免因"无知"而犯错!

设问 10　如何在“马克思主义是否过时了”这个问题上区分马克思的主义与马克思主义？

讲解　在现实生活中，我们还经常会遇到“马克思主义是否过时了”这样的问题。这样的问题初看起来很棘手，但只要能从辩证法的立场看待马克思主义，区分某位马克思主义者的主义和马克思主义，就能给出科学的回答。我们以区分马克思的主义和马克思主义为例简单说明之。

从马克思的主义来说，这个诞生于 170 余年前的主义，从它至今仍旧被无产阶级政党和社会主义国家继承和发展，以及西方世界对其持续的研究和关注来说，肯定还有一定的现实解释力，但不可能所有的理论结论都不“过时”。比如，关于社会主义革命怎么才能取得成功的问题，马克思、恩格斯在《德意志意识形态》中设想了“发达国家共同胜利论”：“交往的任何扩大都会消灭地域性的共产主义。共产主义只有作为占统治地位的各民族‘一下子’同时发生的行动，在经验上才是可能的，而这是以生产力的普遍发展和与此相联系的世界交往为前提的。”他们强调生产力的发展是“绝对必需的实际前提”，而共产主义事业“只有作为‘世界历史性’存在才有可能实现”。[①] 但列宁领导俄国进行社会主义革命时，创造性地提出并践行了“薄弱环节一国胜利论”。1915 年列宁在《论欧洲联邦口号》一文中明确指出：“经济和政治发展的不平衡是资本主义的绝对规律。由此就应得出结论：社会主义可能首先在少数甚至在单独一个资本主义国家内获得胜利。”[②]在这一理论的基础上，列宁根据对俄国国内革命形势和国际状况的科学分析，进一步得出了社会主义可能在经济文化相对落后的俄国首先取得胜利的结论，并将这一理论付诸实践，领导俄国十月革命取得胜利，建立了世界历史上第一个社会主义国家。同时，苏联之后的其他社会主义国家无一例外都是按照列宁的理论，在经济文化相对落后的国家通过独立革命建成的社会主义政权。社会主义革命的实践，说明列宁的“薄弱环节一国胜利论”比马克思的“发达国家共同胜利论”更加符合社会主义革命的现实，是对马克思理论的一个重大发展，从这个意义上，我们可以说马克思的“发达国家共同胜利论”过时了！

再如，关于社会主义的生产关系和经济体制问题，马克思当年设想的是“公有制和计划经济”。这一设想与马克思的“发达国家共同胜利论”一脉相承，马克思认为在发达资本主义国家进行社会主义革命才能建立社会主义制度，而新的社会主义对作为旧事物的资本主义应该持“扬弃”的态度：发达资本主义的优势在于先进的生产力和社会化大生产，这是资本主义应该“扬”的方面，马克思认

---

① 《马克思恩格斯文集》第 1 卷，人民出版社 2009 年版，第 538-539 页。

② 《列宁选集》第 2 卷，人民出版社 2012 年版，第 554 页。

为,社会主义再怎么和资本主义划清界限,也不能倒退回刀耕火种、茹毛饮血的社会,而应当继承和发展资本主义先进的生产力和社会化大生产。资本主义的劣势则在于其自身无法克服的基本矛盾,即生产资料私有制和社会化大生产的矛盾,这是资本主义应该“弃”的方面,因此社会主义只能选择以生产资料公有制和社会化大生产相匹配。从理论上说,高度发达的生产力、社会化大生产必然要求整个社会统一组织生产、统一调配资源,以避免私有制条件下生产的自发性和盲目性带来的一系列弊端。但是,马克思对社会主义生产关系的这个在理论上顺理成章的设想,在现实的社会主义为什么行不通呢?实行单一公有制计划经济的社会主义国家要么像苏联、东欧国家那样放弃了社会主义道路,要么像改革开放前的中国那样经济几乎到了崩溃的边缘。根本的原因在于现实的社会主义都不是像马克思当年设想的在发达资本主义国家建立,而是无一例外地在经济文化相对落后的国家建立,没有高度发达的生产力和社会化大生产的基础,过度拔高生产关系,就会违背马克思主义的基本原理:生产力决定生产关系,生产关系反作用于生产力,不适合生产力发展水平的生产关系成为生产力发展的阻碍因素。当中国共产党人意识到这个问题时,便开始探索经济文化相对落后国家建设社会主义的新思路,这就是在社会主义初级阶段发展市场经济,实行以公有制为主体、多种所有制并存的经济体制改革,走出一条中国特色社会主义发展道路。改革开放 40 多年来中国取得的举世瞩目的重大成就,其他社会主义国家对“中国智慧和中国方案”的学习和借鉴,都说明我们所探索的这条社会主义建设的道路比马克思当年设想的更加符合社会主义的现实,更加科学,因而是中国共产党人对马克思主义社会主义建设理论的重大创新发展。从这个意义上,我们也可以说马克思“社会主义公有制计划经济”的理论过时了。同样地,其他马克思主义者的主义,也会随着时间的推移而“过时”。其实并不是只有马克思主义者的某些结论会“过时”,人类的一切科学理论都是如此,没有旧理论的“过时”,也就没有新理论的诞生!某个人的某些理论过时了,并不等于他的全部理论都失去解释力了,因此,对待前人理论的正确态度应该是继承与发展的统一。

从马克思主义来说,作为由马克思、恩格斯创立,并由后来的马克思主义者不断发展的理论体系,具有与时俱进的理论品格,不断实现自我更新,这样的马克思主义理论就没过时。改革开放 40 年多来,中国共产党人创造性地运用和发展马克思主义,在中国化马克思主义的引领下坚持走中国特色社会主义道路取得了举世瞩目的成就,其成功经验也被其他社会主义国家和发展中国家学习和借鉴,这向世界证明依据各国国情发展着的马克思主义不会“过时”。

设问 11 马克思主义理论为什么会在资本主义时代诞生?

讲解 马克思主义诞生于19世纪40年代,它的产生具有深刻的社会根源、阶级基础、自然科学前提、直接理论来源,同时也是马克思、恩格斯主观努力的结果。下面我们围绕马克思主义创立的上述条件展开讨论。

马克思主义创立于19世纪40年代(1848年),资本主义的发展为马克思主义的产生提供了社会历史条件,主要包括两个方面:其一,资本主义经济的迅猛发展,使人类文明进入一个崭新的阶段,为正确认识社会历史提供了可能。对任何事物的本质和规律的认识都有一个共同点:当一个事物作为新事物产生和存在时,其本质和规律往往被各种杂乱的现象所掩盖,不容易辨别,而当事物的发展进入成熟阶段时,其本质和规律就更容易暴露出来,更容易被把握。人类社会也是如此,在进入资本主义制度之前,人类社会经过了漫长的发展过程,这个过程发展的速度也很缓慢,而资本主义制度是人类历史上第一个成熟的、高速发展的社会制度,马克思、恩格斯曾经指出,资本主义发展的最初几十年里所创造的劳动生产率比它以前所有社会制度劳动生产率的总和还要高出很多倍。这就为马克思和恩格斯立足资本主义社会考察和把握整个人类历史一般规律,创立历史唯物主义理论提供了社会历史条件。其二,资本主义内部矛盾的日益尖锐,导致了越来越严重的社会危机,为正确预见未来社会发展的方向创造了条件。资本主义带来了生产力的高度发展,但同时生产资料私有制与社会化大生产之间的矛盾越来越尖锐,导致资本主义周期性地陷入经济危机。资本主义私有制的高速发展,一方面是财富的快速积累,另一方面是贫困日益加剧。这种以弱肉强食为原则的社会制度也激化了各种社会矛盾,尤其是资产阶级和无产阶级的矛盾和对立日益尖锐。这都引发马克思和恩格斯去勾画未来取代不完美的资本主义的更高级社会形态的蓝图,从而为创立科学社会主义理论提供了历史条件。

设问 12 马克思主义产生的阶级基础是什么?

讲解 无产阶级的成长壮大及其对革命理论的迫切需要,为马克思主义的诞生提供了阶级基础。随着无产阶级和资产阶级矛盾的尖锐化,19世纪三四十年代,法国、英国、德国先后爆发了无产阶级反对资本主义制度的斗争,最有代表性的是三大工人起义:1831年法国里昂工人起义、1836年英国宪章运动、1844年德国西里西亚纺织工人起义。三大工人起义的爆发,说明无产阶级作为独立的政治力量登上了历史舞台,他们不仅提出了改善劳动条件、缩短劳动时间、提高工资等经济诉求,而且提出推翻资产阶级统治、建立无产阶级政权的政治诉求。但这些工人起义最终都被资产阶级镇压,究其原因,用列宁的分析就是:没有革命的理论就没有革命的行动。这时的无产阶级缺乏理论武装,缺乏精神领袖，因而缺乏凝聚力和向心力，一盘散沙，很容易被资产阶级各个击破。因此，三大工人起义的失败，说明无产阶级革命运动迫切需要科学理论的正确指导，马克思主义理论正是适应于这种迫切需要而产生的。

设问 13 为什么说马克思主义创始人宣称自己代表且仅代表无产阶级体现了两位思想家的智慧和远见？

讲解 前面谈到马克思主义的阶级性时，我们曾经说过，马克思和恩格斯表明自己理论的阶级性，既体现了两位思想家的勇气和胆略，又体现了两位思想家的智慧和远见。前面我们重点说了勇气和胆略，这里要说的是智慧和远见。刚才我们分析了马克思主义理论创立前的工人运动状况，得出的结论是新兴的无产阶级急需革命理论的武装。无产阶级和资产阶级有一个根本的区别，资产阶级是一个有“产”的阶级，有资产就有受教育的机会，因此能产生自己的思想家和代言人。在马克思的时代，资产阶级也的确产生了众多自己的理论和学说，如果马克思和恩格斯创立的新理论还声称代表资产阶级，充其量是“锦上添花”，显现不出多少独特的光彩，很可能早就被淹没在众多理论的汪洋大海之中。而无产阶级是一无所有的阶级，这决定了他们中的大多数都无法接受系统的教育，因而也很难自己产生自己的理论家和代言人，而这个时候的无产阶级又急需理论家和代言人，马克思和恩格斯创立一种理论，宣称代表且仅代表无产阶级，这对无产阶级来说无疑是“雪中送炭”，会让人终生难忘。而且时至今日，高调宣称代表无产阶级的理论仅此一家，因此可以预言，只要无产阶级存在一天，这种理论的生命之树将永远长青！由此可见，理论的生命力首先在于理论家坚守自己理论的勇气和胆略，不能人云亦云，一旦有了这份坚守，理论之树必会盛开繁茂的花朵！

设问 14 十九世纪自然科学的三大发现为马克思主义的诞生提供了哪些理论支撑？

讲解 马克思主义理论的诞生，还得益于十九世纪自然科学的长足进步。具体来说，十九世纪自然科学的三大发现，即细胞学说、生物进化论、能量守恒与转化定律，为马克思主义的产生提供了自然科学前提。

十九世纪自然科学三大发现的具体内容同学们都比较清楚，现在的问题是如何认识它们对马克思主义理论诞生所做出的贡献？概括地说，这三大发现向人们勾勒出世界的物质性和联系发展的一般图景，为马克思和恩格斯坚持和发展唯物主义辩证法提供了自然科学佐证。具体来说，细胞学说用物质的细胞及其自然进化解释一切生命现象，生物进化论则具体描绘了自然界从低级到高级的自我进化过程，这都给予当时流行的“神创说”以有力的打击，证明世界是物质的，物质世界是变化发展的。能量守恒转化定律则具体揭示了各种运动形式之间的相互关联，使世界普遍联系的一般图景得以更加清晰地展现。正如恩格斯所说：“由于这三大发现和自然科学的其他巨大进步，我们现在不仅能够说明自然界中各个领域内的过程之间的联系，而且总的说来也能说明各个领域之间的联系了，这样，我们就能够依靠经验自然科学本身所提供的事实，以近乎系统的形式描绘出一幅自然界联系的清晰图画。”①

设问 15 康德哲学为什么会对后世产生巨大而持久的影响？

讲解 德国古典哲学是指十八世纪末十九世纪初德国资产阶级的哲学思想，主要代表人物有康德、费希特、谢林、黑格尔、费尔巴哈。德国古典哲学是马克思主义哲学的直接理论来源。尽管从整体上看，德国古典哲学中对马克思主义诞生产生直接影响的是黑格尔和费尔巴哈的哲学思想，但提起德国古典哲学，就回避不了康德这位举世瞩目的哲学家。我们大概介绍一下康德的生平，重点了解其思想的影响及根源。

伊曼努尔·康德(1724—1804)，出生于东普鲁士首府哥尼斯堡，先后在哥尼斯堡读中学、大学，后来在哥尼斯堡做家庭教师、大学教授，并终老于哥尼斯堡，这位产生了世界性影响的哲学家毕生没有离开过哥尼斯堡小镇！他终生独身，没有妻子儿女，也没有多少亲朋好友。他晚年从大学教授岗位卸任后，独自一人租住在一个狭小肮脏的阁楼里，几乎过着与世隔绝的生活！康德的生活严谨甚至到了保守的程度。据说他租住在小阁楼的那段日子，每天都会在固定的时间离开家门，沿着固定的路线散步，以至于他的邻居可以根据康德教授经过家门口的时间来对自己的怀表！

就是这样一位生活严谨保守、几乎与世隔绝的思想家，他的思想产生了怎样的影响呢？据说康德活着的时候，就有许多德国的贵妇人把康德著作的精装本摆放在梳妆台上，以显示自己对时尚的追求！康德去世后，他的影响也没有随着他躯体的消失而消失，他开创的德国古典哲学尽管其后有了费希特、谢林、黑格尔的唯心主义路线与费尔巴哈的唯物主义路线的对立，但并不妨碍他们都尊康德为自己的共同鼻祖。德国古典哲学之后，西方哲学也出现了马克思主义哲学与现代西方非马克思主义哲学的分野，但它们都承认自己的学说深受康德哲学的影响。时至今日，全世界每年仍旧产出成千上万(部)篇研究康德的论文、著

---

① 恩格斯：《路德维希·费尔巴哈和德国古典哲学的终结》，《马克思恩格斯文集》第4卷，人民出版社2009年版，第300页。

作，以至于学术界有“说不尽的康德”一说！

康德的思想为什么会产生如此巨大而深远的影响？我认为主要在于其思想的批判性特征。康德哲学在西方哲学史上被认为是典型的“批判哲学”，从康德哲学的代表性著作可见一斑：

《纯粹理性批判》（哲学求“真”）、《实践理性批判》（伦理学求“善”）、《判断力批判》（美学求“美”），康德的“三批判”涵盖真、善、美的广泛领域，而在每一个领域里，康德都以批判的态度对待一切现有的理论和学说，这样也就使他自己的理论成为一个包罗万象而又充满矛盾的“蓄水池”。后世的哲学家都不必“打倒”康德，而只要从他的“蓄水池”中各取所需，开出自己的小渠道，既创立了自己的理论和学说，又宣称自己的理论来源于康德。康德的思想之所以能对后世产生广泛而深远的影响，还有一个重要原因应该是他所举起的批判的大旗，所倡扬的批判精神，成为后世思想家理论创新的共同原动力，激励着后世思想家破除迷信和僵化的藩篱，投身于推动思想和文化进步的洪流之中。

设问 16 为什么说黑格尔哲学是“唯心主义辩证法”？

讲解 乔治·威廉·弗里德里希·黑格尔（1770—1831），出生于德国南部的斯图加特，先后任教于耶拿大学、海德堡大学、柏林大学。1829 年，黑格尔就任柏林大学校长和政府代表，其哲学思想最终被定为普鲁士国家的钦定学说。

黑格尔一生著述颇丰，代表作品有《精神现象学》（第一部著作）、《逻辑学》（大逻辑）、《哲学全书》（其中的逻辑学部分被称为小逻辑）、《法哲学原理》等，《哲学史讲演录》《美学讲演录》《宗教哲学讲演录》则是根据他生前在柏林大学的讲稿而整理出版的。

黑格尔的理论属于客观唯心主义辩证法，这一理论特征从其对核心概念“绝对精神”的理解中可见一斑。黑格尔关于绝对精神的基本命题有两个：其一，绝对精神是唯一实体。也就是说绝对精神是唯一客观的、真实的存在，先于自然、社会和人类精神这些具体存在而存在，是这一切具体存在的本质之所在。这是典型的唯心主义精神第一性的观点。其二，“实体就是主体”。主体的本质特征是主观能动性，绝对精神不仅是客观存在的，而且是具有主观能动性的客观实在，是主观与客观的统一，正是在绝对精神的自我矛盾和自我运动中外化出整个物质世界的存在。这又是典型的辩证法矛盾和发展的观点。黑格尔还具体描绘了绝对精神外化出整个世界的辩证发展过程及其辩证发展规律，这些理论对马克思和恩格斯形成辩证法思想产生了直接的影响。

设问 17 黑格尔为什么毕生没有勇气剪掉唯心主义这根让自己"窒息"的辫子?

讲解 马克思对黑格尔的理论给予了客观的评价。马克思强调,黑格尔是有史以来最伟大的辩证法哲学家,尤其在马克思早期的著作中,经常可以看到他深受这位辩证法大师影响的痕迹。但后来,当马克思在借助费尔巴哈实现了世界观从唯心主义向唯物主义转变后,自觉清算了黑格尔的唯心主义。马克思和恩格斯指出,在这位哲学巨人的脑后始终拖着一根庸人的辫子,而且这根辫子(绝对精神的体系)最终将其辩证法的伟大思想"窒息"了。"黑格尔是一个德国人,而且和他的同时代人歌德一样,拖着一根庸人的辫子。歌德和黑格尔在各自的领域中都是奥林波斯山上的宙斯,但是两人都没有完全摆脱德国庸人的习气。"①

那么黑格尔为什么毕生没有勇气拿起剪刀剪掉这根让自己"窒息"的辫子呢?总体上来说,这表现了以黑格尔为代表的德国新兴资产阶级既想革命又害怕革命的矛盾心理。一方面,黑格尔作为德国新兴资产阶级的代表,真心期待在德国能够爆发一场法国那样的大革命,来个改朝换代。这一点从黑格尔毕生对拿破仑的崇拜里可见一斑。黑格尔在耶拿大学任教时,拿破仑率领法国军队攻占了耶拿城。一个傍晚,黑格尔在街头散步时遇到了骑着马在街上巡游的拿破仑,黑格尔像被施了定身术一般呆呆地目送拿破仑的身影离开自己的视野,然后飞奔回家,给自己最亲密的朋友写了一封信,见到拿破仑时的激动心情溢于言表:我见到皇帝(拿破仑)——这位世界精神——骑着马出来在全城巡查,看到这样一个个体,他掌握着世界,主宰着世界,却在眼前集中于一点,踞于马上,令人有一种奇异的感觉。② 黑格尔声称,德国人一定要拜法国人为师,而且坚信学生有朝一日会超过先生。黑格尔一生思想激进和保守的起起落落,都追随着拿破仑革命胜利和失败的脚步,在拿破仑去世的那一天,黑格尔哀叹:今天是世界上最黑暗的日子,从此太阳再也不会升起,而在那之后,黑格尔的思想越来越趋于保守。另一方面,黑格尔所代表的德国新兴资产阶级尚不具备发动革命的现实条件,在欧洲各个国家中,封建制度存在时间最长、最根深蒂固的大国就是德国,当法国、英国都掀起了轰轰烈烈的资产阶级革命的时候,德国仍旧在封建普鲁士王朝的强力控制之下,这导致德国新兴资产阶级具有害怕革命的畏惧心理。在这个大背景下,黑格尔作为骨子里想革命的思想家也不得不把自己的真实思想

---

① 恩格斯:《路德维希・费尔巴哈和德国古典哲学的终结》,《马克思恩格斯文集》第 4 卷,人民出版社 2009 年版,第 272 页。

② 苗力田译:《黑格尔通信百封》,上海人民出版社 1985 年版,第 204-205 页。

加以掩盖,“绝对精神”这件大外衣就是黑格尔明哲保身的工具之一。当有人根据他变化发展的观点说他想革命、想造反时,黑格尔就把这件大外衣往身上一披,声称自己所说的变化发展都是绝对精神的运动过程,与现实世界没有任何关系,大家不要随便对号入座。而且在绝对精神这个抽象概念统摄之下的黑格尔哲学晦涩难懂,经常让人摸不着头脑或产生误解误读,这都在无形之中对黑格尔起到了保护作用。在现实生活中,黑格尔也很善于掩饰自己,他经常出入王公贵族的沙龙,以自己机智幽默的语言博得王公大臣的欢心,由于掩饰得很成功,这位骨子里代表资产阶级利益和诉求的思想家才会被封建普鲁士王朝误认作他们自己的“御用哲学家”! 正如马克思对许多西方思想家的共同评价:“思想上的巨人,行动上的侏儒”,法国思想家笛卡尔自己也说“只求改变自己,不求改变世界”。也正是在这一点上,马克思与他们表现出本质的区别,“哲学家们只是用不同的方式解释世界,而问题在于改变世界”。马克思穷毕生精力致力于改变现实世界的伟大斗争之中,没有向任何险恶势力屈服!

设问 18 如何理解黑格尔的著名命题:“凡是合乎理性的东西都是现实的;凡是现实的东西都是合乎理性的”?

讲解 黑格尔的这个命题一出,引发了当时德国各种势力的热议。普鲁士封建王朝赞扬黑格尔使“哲学具备了对于现实的唯一正确的态度”。资产阶级自由派则攻击黑格尔哲学“不是长在科学的花园里,而是长在阿谀奉承的粪堆上的哲学毒菌”。值得注意的是,对于作为资产阶级利益和诉求的代言人的黑格尔来说,普鲁士封建王朝应当是敌人,而资产阶级自由派应当是朋友,但黑格尔的这个命题得到了敌人的追捧却遭受了朋友的批判,这种结果的出现要归因于他们对黑格尔命题的共同误解,即他们都从“凡是现实的东西都是合乎理性的”这个命题中认定黑格尔是为普鲁士封建王朝存在的合理性辩护!

但事实上,理解这个命题需要注意三点:第一,现存不等于现实。不是一切现存的都能称得上“现实”的美名,只有合乎理性的即具有必然性的东西才是现实。也就是说,普鲁士封建王朝是现存的,但不一定是现实的,不一定是具有合理性的。第二,现实不等于完美。现实的东西是合理的,但并不意味着都绝对地合乎理性,都是好的,实际上有些坏东西也多少符合理性,否则它们就不能存在。也就是说,即使说普鲁士封建王朝是现实的,它也不是完美的。第三,现实不等于永恒。“凡是现实的东西都是合乎理性的”这个命题的潜在命题是:凡是现实的,都是应当灭亡的。其他更加合乎理性的东西必然取代旧的现实变成新的现实。也就是说,普鲁士封建王朝这个现实是要灭亡的,要有新的社会制度来取代它。

通过这样三个方面的分析我们看到,在黑格尔这个看似极端保守的命题中却隐藏着革命精神。正是由于普鲁士封建王朝没有理解黑格尔的真正意图，才会把这个充满革命的理论定为“钦定哲学”。

设问 19 如何从马克思和黑格尔关于哲学作用的思想理解二者的共性与区别?

讲解 马克思和黑格尔都高度评价哲学在人类文化中的重要地位。马克思说哲学是“文化的活的灵魂”，黑格尔说哲学是时代精神中“最盛开的花朵”，黑格尔还把哲学比喻为“神庙里的神”，一个民族要是没有哲学，就好比一个神庙里没有神像，这是他们的共同点。

但是对于哲学的具体作用的理解，黑格尔和马克思显现出根本的区别。黑格尔把哲学比作“密纳发的猫头鹰”，它要等到黄昏到来才会起飞。在黑格尔看来，哲学总是灰色的，它“开始于一个现实世界的没落”，当它用灰色的颜料绘灰色的图画时，青年人有生命力的新鲜朝气已经消逝了。[1] 黑格尔认为哲学是反思的学问，只有当历史逝去后，哲人们才能从中提炼生活的真谛。在他看来，哲学家都是逃避现实的偷闲者，他们只需躲在自己的思想世界里反思过去的生活。说成熟的哲学要在生活成熟之后才会出现，这是合理的，但说哲学只能追随生活之后，只能认识过去的生活，这在对哲学作用的理解上未免太消极。马克思则把哲学比喻为黎明前报晓的“雄鸡”，可以预见未来的美好图景。在哲学与时代的关系问题上，马克思吸收了黑格尔思想中的合理因素，而抛弃了其消极、不合理的成分。一方面，马克思认为，哲学作为人类的精神成果只能来源于一定时代的社会存在，它是时代的产物，不能超越时代。另一方面，实践性是哲学的根本特征，它强调理论要付诸实践，理论可以指导实践。正是通过付诸实践、指导实践的过程，哲学理论才可以起到改造世界的作用。它可以为人类勾画出未来的美好图景并指导人们实现之。因此，哲学不仅可以向后看(反思)，而且可以向前看(超越)。正是基于这个认识，马克思才强调“哲学家们只是用不同的方式解释世界，而问题在于改变世界”。

如果说黑格尔是典型的西方哲学理论家，马克思则是哲学实践家、革命家，他要用所掌握的理论武器实现改造世界的宏伟目标。近代以来，众多西方思想家的思想传入中国，但最终在中国生根发芽、开花结果的只有马克思主义，非常重要的原因之一在于马克思理论的这种鲜明的实践性与中国文化注重“学以致用”的传统具有内在一致与契合，儒家倡导修身、齐家、治国、平天下，学习知识、提升修为的目的是用自己的理想改造世界!

① 黑格尔:《哲学史讲演录》第1卷，商务印书馆1959年版，第52页。

设问 20 费尔巴哈的哲学为什么是"人本学唯物主义"?

讲解 路德维希·安德列斯·费尔巴哈(1804—1872)是德国古典哲学的最后一位代表人物,他出生于巴伐利亚的兰德休特城,其父是一位刑法学家。费尔巴哈一生的思想历程有三个阶段:第一,海德堡大学学习神学,信仰上帝的阶段;第二,柏林大学听黑格尔的哲学讲座,崇尚理性的阶段;第三,1839年发表哲学独立宣言书《黑格尔哲学批判》,崇拜以自然为基础的人的阶段。其主要著作有《论死亡与不朽的思想》(1830,匿名发表)、《黑格尔哲学批判》(1839)、《基督教的本质》(1841)、《哲学改造的临时提纲》(1842)、《未来哲学原理》(1843)、《宗教的本质》(1849)等。其中,《基督教的本质》一书对马克思和恩格斯产生了重要影响,恩格斯说:"费尔巴哈的《基督教的本质》出版了。它直截了当地使唯物主义重新登上王座……这部书的解放作用,只有亲身体验过的人才能想象得到。那时大家都很兴奋:我们一时都成为费尔巴哈派了。"[①]费尔巴哈生前明确拒绝"唯物主义"的称号,因为当时流行一种我们今天称为庸俗唯物主义的唯物主义理论,认为"大脑产生意识就像肝脏分泌胆汁一样",否认意识与产生它的物质之间有本质区别。费尔巴哈不赞同这种理论,因而也拒绝唯物主义的称号,他把自己的哲学称为"人本学":将人连同作为人的基础的自然当作哲学唯一的、普遍的、最高的对象——因而也将人本学连同自然学当作普遍的科学。由于他把以自然为基础的人作为哲学的研究对象,从根本上颠覆了黑格尔"用脑袋走路的人"和"头脚倒置的哲学",因而我们说费尔巴哈属于唯物主义阵营,这就是"人本学唯物主义"概念的由来。

费尔巴哈的唯物主义集中表现在两个方面:其一是对黑格尔唯心主义哲学的批判。费尔巴哈认为,黑格尔将精神、思维"外在化"为自然的学说,不过就是改装了的上帝创世说,"从精神里推出自然,意思等于算账不找掌柜","等于从水里做出酒","等于用语言呼风唤雨,用语言移山倒海,用语言使瞎子复明","等于处女借圣灵而生救世主"。这种批判可谓入木三分!其二是对宗教神学的批判。宗教神学是封建王权的基础,代表德国资产阶级利益和诉求的费尔巴哈穷毕生精力批判宗教神学,为的是割除旧社会的思想基础。费尔巴哈认为,宗教根源于人的依赖感,当人自己不能掌握自己的命运时,就会设想在自己之外有一个神秘的精神力量掌握着自己的命运,于是对它顶礼膜拜,祈求庇佑。宗教发展的三个阶段即自然宗教、动物宗教和一神教的区别仅仅是人们依赖的具体对象不同,而

① 恩格斯:《路德维希·费尔巴哈和德国古典哲学的终结》,《马克思恩格斯文集》第4卷,人民出版社2009年版,第275页。

依赖感不变。费尔巴哈还提出了"神的本质是人的本质的异化"的著名命题，为马克思主义者揭示宗教的本质提供了重要借鉴。费尔巴哈说批判宗教的根本目的是"从神学家变为人学家，从爱神者变为爱人者，从彼世的候补者变为现世的研究者，从天上和地上的君主和贵族的宗教的和政治的奴仆，变为地上的自由和自觉的公民"①。

设问 21 如何理解"神的本质是人的本质的异化"？

讲解 "异化"是一个比较常见的哲学概念，我把它的基本含义定义为：自己的创造物，站在自己的对立面，成为异己的力量。在此基础之上，"神的本质是人的本质的异化"可以从三个方面讲解。第一，神是人的创造物。神是人造的，而且不同的人根据自己的形象造出了不同的神，耶稣基督是西方人的形象，玉皇大帝是中国人的形象，释迦牟尼是印度人的形象。正如费尔巴哈所说："并非神按照他的形象造人……而是人按照他的形象造神。"第二，人造出的神站在自己的对立面。人造神时，把自己的一切本质力量都从自己身上抽取出来赋予了神，神是全知全能的，而人是无知无能的，神具有一切的美德和智慧，而人只有罪恶和贪欲。第三，神是异己的力量。神一旦被人造出了，就成为一个不受人控制转而控制人、奴役人的力量，人的今生和来世都由神来掌控，幸福和悲惨都由神来选择，生命与死亡都由神来定夺。

"异化"这个概念不仅可以解释神的本质，还可以解释现实生活中的很多现象和问题。刚才同学们举出了各种例子，我们可以把各种具体例子归结为几大类。第一类，高科技产品的异化，如手机、电子产品、机器人等，本来是人创造出来为人服务的工具，现在却成为控制人甚至取代人的力量，这是我们需要注意的科学技术双刃剑的问题。第二类，商品的异化，如货币、商品、资本，本来是被人们创造出来服务于人的经济生活的，但在拜金主义思想盛行的时代，"人为财死，鸟为食亡"，成为主宰人们命运的东西。这就是马克思所说的"商品拜物教"。第三类，政治权利的异化。国家的权力、政府的权力、公职人员的权力本来是人民赋予的，但在腐败的、不公正的政治制度下，它们可能成为奴役和欺凌百姓的工具。

设问 22 为什么说费尔巴哈的唯物主义是"半截子"的唯物主义？

讲解 马克思、恩格斯曾经指出："当费尔巴哈是一个唯物主义者时候，历史在他的视野之外；当他去探讨历史的时候，他不是一个唯物主义者。在他那里，

① 路德维希·费尔巴哈：《费尔巴哈哲学史著作选集》（下卷），商务印书馆1984年版，第525页。

唯物主义和历史是彼此完全脱离的。”[①]在《路德维希·费尔巴哈和德国古典哲学的终结》中，恩格斯再次指出，“而且作为一个哲学家，他（指费尔巴哈——引者注）也停留在半路上，他下半截是唯物主义者，上半截是唯心主义者”[②]。

因此，当我们说费尔巴哈的唯物主义是“半截子”的唯物主义时，指的是费尔巴哈唯心主义历史观的缺陷。哲学世界观，是对整个世界的总体看法和把握。“整个世界”由自然界和人类社会两大部分组成，自然界是人类社会的基础，因此，自然观就是哲学世界观的“下半截”，社会历史观是哲学世界观的“上半截”。费尔巴哈哲学在自然观上是唯物主义的，而在社会历史观上回到了唯心主义阵营，因此，马克思、恩格斯称费尔巴哈的唯物主义是“半截子”的唯物主义。

费尔巴哈历史观的唯心主义立场，从其“爱的宗教”理论可见一斑。前面我们说过，费尔巴哈穷毕生精力批判宗教神学，但他发现他的批判并没有改变现实社会的罪恶和苦难。于是他提出了建立“爱的宗教”的思想，认为全部的人类，不分男女老幼、不分阶级等级、不分民族国家，都有一种永恒的、无差别的人类之爱，以这种永恒无差别的人类之爱为基础，建立“爱的宗教”，大家就可以其乐融融，爱在一起，人世间的一切罪恶和苦难都可以因此而解除。费尔巴哈“爱的宗教”思想，之所以说是唯心主义的，主要表现在两个方面：其一，这种思想严重脱离社会现实，只能是纯粹的胡思乱想，是典型的抽象人性论。而马克思主义历史唯物主义认为，人的最本质属性是社会历史性，不存在超越社会历史的抽象不变的人性。其二，即使费尔巴哈所设想的无差别的人类之爱真存在，它也只是一种精神力量，以“爱”为基础解释社会历史，把“爱”作为推动社会历史进步的根本力量，也是唯心主义历史观的表现。而马克思主义历史唯物主义认为，社会存在决定社会意识，生产力这种客观物质力量才是人类社会存在与发展的元动力。

设问 23　为什么说“费尔巴哈在倒掉澡盆里的污水时将其中的婴儿也一起倒掉了”?

讲解　马克思和恩格斯指出，费尔巴哈没有用“扬弃”的态度对待黑格尔哲学，仅仅把它作为无用的东西抛在一边，或者像个糊涂的老太婆，在给婴儿洗完澡后，把澡盆中的污水和婴儿一起倒掉了。“费尔巴哈打破了黑格尔的体系，简单地把它抛在一旁。但是简单地宣布一种哲学是错误的，还制服不了这种哲学……必须从它的本来意义上‘扬弃’它，就是说，要批判地消灭它的形式，但是

① 《马克思恩格斯文集》第1卷，人民出版社2009年版，第530页。

② 恩格斯：《路德维希·费尔巴哈和德国古典哲学的终结》，《马克思恩格斯文集》第4卷，人民出版社2009年版，第296页。

要救出通过这个形式获得的新内容。”[①]具体来说，费尔巴哈在批判黑格尔哲学唯心主义的同时，把黑格尔哲学辩证法这个精华也抛弃了，使费尔巴哈哲学在总体上说具有形而上学性的缺陷。例如我们上面提到的费尔巴哈“爱的宗教”的观点，一方面，认为存在着抽象的、永恒不变的人性，这是对人的本质机械的、形而上学的理解；另一方面，认为建立一种无差别的、绝对统一人性基础之上的“爱的宗教”，才能解决人类社会的问题，这是否认矛盾的形而上学观点。与费尔巴哈的“爱动力”理论相比，黑格尔的“恶动力”理论更具有历史辩证法的色彩。黑格尔认为推动历史进步的真正力量是“恶”，这种“恶”体现在广义和狭义两方面：从广义上说，“恶”代表着矛盾，通常人们认为矛盾就是恶的，就是不好的，但黑格尔认为矛盾才是人类社会进步的根本动力；从狭义上说，“恶”是指人类恶的欲念，正是人类对财物、权力、美色等的贪婪，才推动了人类社会不断进步。

设问 24　马克思、恩格斯对德国古典哲学的“扬弃”与“发展”表现在哪些方面？

讲解　前面我们大概介绍了德国古典哲学尤其是黑格尔哲学和费尔巴哈哲学的基本观点，从中大概明白德国古典哲学作为马克思主义哲学直接理论来源的意义。具体来说，马克思主义哲学作为对德国古典哲学扬弃和发展基础上建立起来的新哲学，其“扬”的方面主要表现在对黑格尔哲学辩证法和费尔巴哈哲学唯物主义的继承，其“弃”的方面主要表现在对黑格尔哲学唯心主义和费尔巴哈哲学形而上学的批判，其“发展”的方面主要表现为结束了唯物论和辩证法的分离状态，实现了唯物论和辩证法的有机统一，形成辩证唯物主义理论，同时用辩证唯物主义理论解释人类历史的本质和规律，创立了历史唯物主义。因此我们说，马克思主义哲学的创立实现了哲学史上的伟大变革，它第一次实现了唯物主义与辩证法、唯物辩证的自然观与历史观的统一与结合。

设问 25　亚当·斯密对马克思主义政治经济学的贡献有哪些？

讲解　英国古典政治经济学是指 17 世纪中叶至 19 世纪 30 年代初反映英国资产阶级利益和要求的经济思想。威廉·配第是其创始人，亚当·斯密是其集大成者，大卫·李嘉图最终完成。其中亚当·斯密和大卫·李嘉图的劳动价值论对马克思主义政治经济学的创立产生了直接的影响。

亚当·斯密的主要著作有《道德情操论》和《国民财富的性质和原因的研究》

① 恩格斯：《路德维希·费尔巴哈和德国古典哲学的终结》，《马克思恩格斯文集》第 4 卷，人民出版社 2009 年版，第 276 页。

(《国富论》)等。在《道德情操论》论中，斯密认为人是富有同情心的“道德人”，而在《国富论》中斯密又说人是唯利是图的“经济人”，因而学术界有“斯密悖论”一说。斯密的理论涉及诸多学科领域，其政治经济学观点主要有两个方面：其一，劳动是财富的源泉。在斯密之前，人们对财富来源的认识主要有两种代表性观点：重农主义认为土地是财富的源泉，土地的产出给拥有土地的人带来财富；重商主义则认为商品的交换是财富的源泉，贱买贵卖给经商的人带来财富。斯密第一个明确指出劳动才是财富的真正源泉，没有劳动土地不会自己长出庄稼，而劳动创造出商品是买卖活动得以进行的前提。这就是劳动价值论。其二，价值规律这只“看不见的手”对市场经济起自发调节作用。斯密认为，市场经济应当是自由发展的经济，价值规律可以自发调配资源实现市场的平衡发展，政府不应过多干预市场，而只应作为“守夜人”替市场看守已有成果。这就是所谓“大市场、小政府”的古典自由主义经济学。

设问 26 大卫·李嘉图对马克思的启发有哪些？

讲解 大卫·李嘉图的政治经济学著作是《政治经济学及赋税原理》，其主要观点有两个方面：第一，在斯密劳动价值论的基础上，李嘉图进一步具体阐释了决定商品价值的劳动不是个别劳动，而是社会必要劳动的劳动价值论；第二，李嘉图提出全部社会价值在三个阶级（劳动者、资本所有者、土地所有者）之间进行分配的理论，启发马克思去思考剩余价值的生产和分配问题。只不过李嘉图把这种生产关系（分配关系）理解为“自然的”和永恒的，马克思则由此揭示了无产阶级和资产阶级对立的经济根源，进而论证了资本主义生产关系的历史性和暂时性。

马克思说：“如果说有一个英国人把人变成帽子，那么，有一个德国人就把帽子变成了观念。这个英国人就是李嘉图，一位银行巨子，杰出的经济学家；这个德国人就是黑格尔，柏林大学的一位专任哲学教授。”[①]李嘉图在他的政治经济学中，用物和物的关系掩盖了人和人的关系；黑格尔在他的思辨哲学中，则把物与物的关系、人与人的关系、人与物的关系都神秘地化为观念之间的关系。

设问 27 马克思、恩格斯的政治经济学与英国古典政治经济学的根本区别何在？

讲解 马克思、恩格斯创立马克思主义政治经济学时，吸取了英国古典政治经济学的合理因素，即劳动价值论，但马克思主义政治经济学的劳动价值论与英

---

① 马克思：《哲学的贫困》，《马克思恩格斯文集》第 1 卷，人民出版社 2009 年版，第 597 页。

国古典政治经济学的劳动价值论最本质的区别在于阶级立场不同。英国古典政治经济学站在资产阶级立场之上阐释劳动价值论,他们只是把劳动创造价值作为一个客观的事实来表述,而且认为工人劳动创造的价值被资本所有者所占有是“自然的”、天经地义的。而马克思、恩格斯的劳动价值论建立在无产阶级的立场之上,深刻揭示无产阶级劳动创造的价值被资产阶级剥削这一不公正的社会现实,进而从劳动价值论发展出剩余价值学说,深刻揭示了无产阶级和资产阶级对立的经济根源,并为批判资本主义、预见共产主义提供了理论依据。

设问 28 空想社会主义的发展阶段及主要观点有哪些?

讲解 空想社会主义作为社会主义思想的第一种形态,其产生和发展过程大约经历了三个世纪(16 世纪初到 19 世纪中叶)。这一个过程又分为三个发展阶段:第一阶段为初创阶段。1516 年英国学者莫尔出版《乌托邦》一书,描绘了一个没有私有财产、没有剥削、人人平等的大同社会蓝图,被认为是空想社会主义创立的标志。受《乌托邦》一书的影响,意大利学者康帕内拉写了一本《太阳城》(1602 年),描绘了一个与《乌托邦》大致相当的理想社会蓝图,这两位思想家被认为是空想社会主义第一阶段的代表。第二阶段,18 世纪,法国的摩来里、马布利分别在《自然法典》和《论法制或法律的原则》中,论述了从私有制过渡到公有制的必然性,并以法律条文的形式阐述了理想社会的纲领和原则。第三个阶段,19 世纪上半叶,空想社会主义发展到最高阶段,代表人物是法国的圣西门、傅立叶和英国的欧文。他们对资本主义私有制的无情批判及对未来理想社会的天才勾画,对马克思主义的科学社会主义的创立产生了重要的影响。例如,圣西门设想的“实业制度”:在这个制度下,人人要劳动,人人有劳动权,没有失业现象,实行“按能力计报酬,按工效定能力”的原则。傅立叶设想的“和谐制度”:人人平等,共同劳动,共同享受劳动成果,接受免费教育,这种社会的基层组织称为“法朗吉”。欧文设想的“公社制度”:生产资料公共占有,权利平等,共同劳动,民主管理等原则。这些原则都成为马克思、恩格斯对于未来理想社会设计的主要方面,其中有一部分被现实的社会主义所践行。

设问 29 空想社会主义的理论为什么只能是空想,而马克思、恩格斯的社会主义理论却能成为科学?

讲解 空想社会主义对理想社会的勾画非常完美,但没有正确解决理想社会的实现途径问题。首先,他们都反对暴力革命,主张通过和平过渡的方式实现理想社会。其次,他们都认为无产阶级自己没有能力为自己建立起理想社会,而应该依靠资本家的支持和帮助。这最终使他们的理想只能成为空想。而马克思和恩格斯创立的科学社会主义理论，提出了无产阶级革命和无产阶级专政的学说，认为无产阶级只有拿起武器进行革命，推翻资产阶级政权建立无产阶级政权，才能真正建立起自己当家作主的理想社会制度。正如马克思所说："批判的武器当然不能代替武器的批判，物质力量只能用物质力量来摧毁"[①]。资产阶级国家机器是以军队、警察、监狱、法庭等为支撑的强大"物质力量"，无产阶级要想取而代之，只以理论的批判为武器是不够的，还必须拿起物质的武器进行真刀实枪的革命，在推翻资产阶级政权后，还必须建立起无产阶级自己的强大"物质力量"（国家政权）来捍卫革命成果。现实的社会主义政权，都是遵循马克思、恩格斯的理论，依靠无产阶级通过暴力革命的途径建立的，这证明了马克思、恩格斯社会主义理论的科学性。

设问 30 马克思、恩格斯在创立马克思主义时实现的世界观上的两个转变是什么？

讲解 对于马克思主义理论的创立来说，社会历史条件、阶级基础、自然科学前提、直接理论来源等方面都是客观条件，也可以说是造英雄的"时事"，而在客观条件具备时能够担当起创造历史的使命，则取决于这两位思想家的主观努力。马克思、恩格斯一生的革命实践和伟大友谊，成为永恒的佳话。2018 年 5 月 4 日，在纪念马克思诞辰 200 周年大会上的讲话中，习近平总书记高度评价马克思的一生是胸怀崇高理想、为人类解放不懈奋斗的一生，是不畏艰难险阻、为追求真理而勇攀思想高峰的一生，是为推翻旧世界、建立新世界而不息战斗的一生。[②] 从马克思主义创立主观条件的角度，首先需要了解他们实现的世界观上的两个转变。

第一个转变是从唯心主义向唯物主义的转变。马克思、恩格斯年轻时都深受黑格尔思想的影响，是青年黑格尔派的积极活动家。能够实现从唯心主义向唯物主义的转变，首先是受到费尔巴哈唯物主义思想的影响，其次也得益于他们深入细致的理论研究，自觉"清算"黑格尔的唯心主义错误。第二个转变是从革命民主主义向共产主义的转变。马克思和恩格斯从出身来说都是资产阶级家庭，当他们作为资产阶级的成员批判资本主义制度时，只是站在革命民主主义立场上要求"改良"资本主义的弊端，但后来，在积极投身无产阶级革命实践的过程中，他们意识到资本主义制度的问题靠点滴改良是无法解决的，其根本矛盾只能靠社会革命来根除，于是提出了"资本主义必然灭亡，社会主义必然胜利"的共产主义理论。正是由于自觉实现世界观上的这两个转变，才使他们能够担当起创

---

① 马克思：《〈黑格尔法哲学批判〉导言》，《马克思恩格斯文集》第 1 卷，人民出版社 2009 年版，第 11 页。

② 习近平：《在纪念马克思诞辰 200 周年大会上的讲话》，人民出版社 2018 年版，第 3-5 页。

立马克思主义理论的历史重任。

设问 31　马克思一生的“两大发现”是什么？

讲解　马克思一生做了大量的理论研究工作，涉及的理论领域非常庞杂，而且在很多理论领域提出了自己独到的见解。马克思逝世后，恩格斯在马克思墓前发表的讲话中，把马克思一生的理论贡献集中概括为两大发现，即唯物主义历史观（第一次站在唯物主义立场上揭示人类历史发生发展的规律）和剩余价值学说（第一次揭开了资本剥削雇佣劳动的历史之谜）。理解这一点，需要我们注意两个方面的问题：其一，马克思主义尽管是由马克思创立的，但马克思的思想不是无源之水无本之木（如我们前面分析的三大理论来源），不能把马克思主义理论中的所有思想都当作马克思的发现，其中也有继承的因素。其二，历史唯物主义理论和剩余价值学说的确是马克思第一个提出并论证的理论，如前所述，费尔巴哈的唯物主义是半截子的，历史观上仍旧是唯心主义的，是马克思第一次把唯物主义贯彻到包括自然和历史在内的一切领域，实现了辩证唯物主义自然观和历史观的统一。英国古典政治经济学只停留在劳动价值论，是马克思第一个提出了“劳动二重性理论”，实现了从劳动价值论向剩余价值学说的飞跃。而且，历史唯物主义和剩余价值学说，也是马克思建立起哲学、政治经济学、科学社会主义有机统一整体的最基础的理论支撑。

设问 32　马克思、恩格斯最具代表性的两本著作是什么？

讲解　《共产党宣言》和《资本论》被公认为马克思、恩格斯最具代表性的两本著作，前者标志着马克思主义理论的诞生，后者标志马克思主义理论的成熟形态。《共产党宣言》直接署名马克思和恩格斯，《资本论》三卷本尽管只署了马克思的名字，但恩格斯对此书的出版作出了重要的贡献，除了出版费用的资助外，恩格斯还在马克思去世后承担了整理《资本论》手稿后两卷的繁重任务，而在后两卷出版时，恩格斯也在序言中批判了当时社会中对马克思的各种质疑和非难，并阐明自己在相关问题上的观点和立场，维护了马克思应有的理论地位。

除了这两本代表性著作之外，马克思和恩格斯还有大量的著作问世。中华人民共和国成立后，为了推进马克思列宁主义理论学习和研究，党中央决定成立中共中央编译局，以便有计划有系统地编译马列主义经典著作。《马克思恩格斯全集》中文第一版包括 2 000 多篇著作、4 000 多封书信以及 400 多篇其他相关文献，1956 年开始出版，1985 年出齐 50 卷，总计 200 余万字。中文第二版计划出版 70 卷，分为四个部分，即著作、《资本论》及其手稿、书信、笔记，1995 年推出首批卷次，迄今已经出版 30 多卷，该版以《马克思恩格斯全集》历史考证版（MEGA2）为蓝本，同时参考德文版、英文版、俄文版等版本，全部文献均按原著文字进行翻译校订，力求更加准确地反映经典作家的原意和风格。新版《马克思恩格斯文集》(10 卷)和《马克思恩格斯选集》(4 卷)，已经分别于 2009 年和 2012 年出齐。

设问 33 马克思主义几个鲜明特征之间的内在联系是什么?

讲解 在 2018 年 5 月 4 日纪念马克思诞辰 200 周年大会上的讲话中，习近平总书记对马克思主义的鲜明特征做了新的概括，2018 版教科书在此基础上表达为科学性、革命性、实践性、人民性、发展性五个方面。2021 版教科书又修订为科学性、人民性、实践性、发展性四个方面。"科学性"指的是马克思主义是对自然、社会和人类思维发展本质和规律的正确反映，它具有科学的世界观和方法论基础(辩证唯物主义和历史唯物主义)。"人民性"是指人民至上是马克思主义的政治立场。马克思主义政党把人民放在心中最高位置，一切奋斗都致力于实现最广大人民的根本利益。"实践性"表现为马克思主义是从实践中来、到实践中去，在实践中接受检验并随着实践而不断发展的学说。("哲学家们只是用不同的方式解释世界，而问题在于改变世界。")"发展性"的含义是指马克思主义是不断发展的学说，具有与时俱进的理论品质。

马克思主义这四个方面的鲜明特征是相互联系、内在一致的。马克思主义的鲜明特征，如果用一句话来概括就是科学性与革命性的统一。马克思主义科学理论在指导无产阶级和人民群众进行伟大社会革命的过程中得以产生和发展，无产阶级和人民群众的革命实践必须在马克思主义科学理论指导下才能取得胜利。马克思主义的人民性又以革命性为基础，马克思主义所代表的无产阶级是最革命、最先进的阶级，只有无产阶级才能领导全人类解放的伟大事业，只有通过无产阶级革命，才能最终实现最广大人民的根本利益。马克思主义的实践性和发展性又是其科学性的基础。正因为马克思主义是从实践中来、到实践中去，在实践中接受检验并随着实践而不断发展的学说，才能保持始终如一的科学性，保持其理论生命之树长青。也只有始终保持与时俱进的科学性，马克思主义才能在任何一个时代都成为无产阶级的行动指南，才能在任何条件下都致力于实现最广大人民的根本利益。

设问 34 如何理解马克思主义作为"行动的指南"的意义?

讲解 马克思主义最重要的当代价值，在于它是指引当代中国发展的行动指南：马克思主义是指引当代中国发展的精神旗帜，马克思主义是推动当代中国发展的精神动力，马克思主义是引领当代中国实践的行动指南。正如习近平总书记在庆祝中国共产党成立 100 周年大会上的讲话中所说："马克思主义是我们立党立国的根本指导思想，是我们党的灵魂和旗帜……中国共产党为什么能，中国特色社会主义为什么好，归根到底是因为马克思主义行！”

在这里，我们要对把马克思主义作为“行动的指南”的意义进行全面准确的理解和把握。

把马克思主义作为行动指南的第一层意义，就是要求避免对马克思主义的教条主义理解和机械地照搬照抄。恩格斯曾经说过：“我们的理论是发展的理论，而不是必须背得烂熟并机械地加以重复的教条。”①“马克思的整个世界观不是教义，而是方法。它提供的不是现成的教条，而是进一步研究的出发点和供这种研究使用的方法。”②

把马克思主义作为行动指南的第二层意义，在于不能要求诞生于一个多世纪以前的马克思主义的任何一个具体结论都不“过时”，都是包治百病的良药。正如邓小平所说：“多年来，存在一个对马克思主义、社会主义的理解问题……马克思去世以后一百多年，究竟发生了什么变化，在变化的条件下，如何认识和发展马克思主义，没有搞清楚。绝不能要求马克思为解决他去世之后上百年、几百年所产生的问题提供现成答案。列宁同样也不能承担为他去世以后五十年、一百年所产生的问题提供现成答案的任务。真正的马克思列宁主义者必须根据现在的情况，认识、继承和发展马克思列宁主义。”③

把马克思主义作为行动指南的第三层意义，在于后来的马克思主义者必须担当起在坚持马克思主义基本原则和立场的前提下发展马克思主义的历史使命。列宁指出：“我们决不把马克思的理论看作某种一成不变的和神圣不可侵犯的东西；恰恰相反，我们深信：它只是给一种科学奠定了基础，社会党人如果不愿落后于实际生活，就应当在各方面把这门科学推向前进。”④习近平总书记在纪念马克思诞辰200周年大会上的讲话中指出：“当代中国的伟大社会变革，不是简单延续我国历史文化的母版，不是简单套用马克思主义经典作家设想的模板，不是其他国家社会主义实践的再版，也不是国外现代化发展的翻版。社会主义并没有定于一尊、一成不变的套路，只有把科学社会主义基本原则同本国具体实际、历史文化传统、时代要求紧密结合起来，在实践中不断探索总结，才能把蓝图变为美好现实。”

---

① 《马克思恩格斯全集》第36卷，人民出版社1975年版，第584页。

② 恩格斯：《致维纳尔·桑巴特1895年3月11日》，《马克思恩格斯全集》第39卷，人民出版社1974年版，第406页。

③ 《邓小平文选》第3卷，人民出版社1993年版，第291页。

④ 《列宁选集》第1卷，人民出版社1995年版，第274页。

第二专题　辩证唯物论

设问1　哲学的学科特征是什么?

讲解　从本专题起,我们开始研究马克思主义基本原理的第一个组成部分即"马克思主义哲学"。马克思主义哲学首先是一种"哲学",为了更好地理解马克思主义哲学的基本观点,在没有研究马克思主义哲学这个"哲学特殊"之前,我们先思考一些"哲学一般"的问题。

刚才同学们从各个不同的侧面回答了哲学这门科学与其他科学相区别的特征,我们这里主要强调哲学两个方面的特征。第一,从词源上看,哲学是智慧之学。英语中哲学 philosophy 一词来自古希腊文 philosophia,philo 是爱,sophia 是智慧,合起来就是"爱智慧"。后来英文改成了 philosophy。我国古史经典《尔雅·言音》中说:"哲,智也"。由于中西方词源中哲与智的相通性,19 世纪 70 年代,日本最早的西方哲学传播者西周借用古汉语把 philosophy 译作"哲学"。1896 年前后康有为等将日本的译称介绍到中国,后渐渐通行。与此同时,西方哲学也正式传入中国。哲学作为智慧之学的特征到今天仍旧被世界所认可,例如,Doctor of Philosophy 简称 Ph. D. 或 D. Phil. ,其本意是哲学博士,但在世界公认的学历构架中是指与"专业学位"博士相对的学术型博士,也是全世界公认的学历架构中最高级的学衔。哲学博士的拥有人并不一定修读"哲学",它要求拥有人对其知识范畴的理论、内容及发展等都具有相当的认识,能独立进行研究,并在该范畴内对学术界有所建树。因此,Ph. D. 基本上可以授予任何学科的博士毕业生。从这里可以看出,获得 Ph. D. 学位的通常都是一个学科领域中最有智慧的那些人。

第二,从内容上看,哲学是反思之学。哲学作为对本质和规律的把握,必须建立在对各种事物反思性思考的基础之上。中国哲学大家冯友兰先生认为,哲学并不是一件稀罕的东西;他是世界之上,人人都有的。人在世上,有许多不能不干的事情,不能不吃饭,不能不睡觉;总而言之,就是不能不跟着这个流行的大化跑。人身子跑着,心里想着;这"跑"就是人生,这"想"就是哲学。[①] 他还说:

① 冯友兰:《柏格森的哲学方法》,《三松堂全集》第 11 卷,河南人民出版社 2001 年版,第 10 页。

“我所说的哲学，就是对于人生的系统的反思，每一个人，只要他没死，他都在人世之中。但是对于人生进行反思的并不多，系统反思的人就更少。一个哲学家必须进行哲学思考，这就是说，他必须对于人生进行反思，然后有系统地表达他的思想。”[①]孙正聿把哲学反思的特性总结为如下方面：① 超验性(抽象性)，指反思活动超越经验的性质。这是反思活动的首要的和基本的特性。② 批判性(辩证性)，指把“思想”作为“问题”予以追究和审讯的思考方式。从一定意义上说，批判性是反思的最本质的特性。③ 综合性(多元性)，指哲学的批判性反思是通过各种思想的相互撞击和“对话”而实现的。④ 前提性(跃迁性)，指哲学的反思是对思想的各种“前提”的批判，而不是一般所理解的对思想的“内容”的批判。通过对“既定公理”或思想的逻辑前提的批判，实现思想的逻辑层次的跃迁。[②]

设问 2　哲学的产生需要哪些条件?

讲解　作为智慧之学、反思之学，哲学的产生需要具备一定的客观条件。这里给大家介绍亚里士多德关于哲学产生条件的观点。作为古希腊哲学的最后一位代表人物，亚里士多德在总结希腊哲学发展历史的基础上认为，哲学产生需要三个条件：第一，惊讶，即好奇心。对未知世界探索的欲望，激励人们不断提升智慧。第二，闲暇。如果说好奇心是一切科学产生的共有条件，“闲暇”则应该是哲学产生所独有的条件。当人们一日三餐为衣食而奔波时，最多惊讶于馒头是从哪里来的，只有当人们衣食无忧基本生活满足以后，才会惊讶于“世界是从哪里来的”这样的哲学问题，而对这样的哲学问题的探索和解答，也不能给人带来任何直接的实际需求的满足。从哲学发展的历史来看，人类历史上第一批哲学家都产生在人类历史上第一个“有钱且有闲”的阶级——奴隶主阶级，他们的衣食起居由奴隶操持，使他们有足够的闲暇思考“虚无缥缈”的哲学问题。黑格尔也表述了类似的观点，哲学是在这样一个时候出发：即当一个民族的精神已经从原始自然生活的蒙昧混沌境界中挣扎出来了，并同样当它超出了欲望私利的观点，离开了追求个人目的的时候。哲学是日常生活的奢侈品，却是精神生活的必需品。[③] 第三，(精神)自由。哲学所涉及的是世界的本原、宇宙的本体、万物的本质等宏大叙事，没有天马行空般自由驰骋的思想，不可能在哲学耕耘中取得重大成果。因此哲学智慧的产生需要足够的精神自由的环境条件。从中西方哲学发展的历史上看，哲学的蓬勃发展都有赖于相对自由的政治环境。西方哲学第一

① 冯友兰：《中国哲学简史》，北京大学出版社 2010 年版，第 2 页。

② 孙正聿：《哲学通论》，复旦大学出版社 2011 年版，第 100-103 页。

③ 黑格尔：《哲学史讲演录》第 1 卷，生活、读书、新知三联书店 1956 年版，第 54 页。

个蓬勃发展的时期是古希腊，正是古希腊城邦民主政治体制为古希腊哲学提供了环境条件。在古希腊，很多重要的城邦如斯巴达、雅典等都有一个特殊的公共设施——公民广场，城邦的所有重大事务都要在公民广场讨论通过，城邦公民（奴隶主）都有参与城邦公共事务的权利，而且必须在每个公民自由表达自己观点的基础上才能进行投票表决。古希腊的哲学家，通常就是在公民广场的论辩中崭露头角的“智者”。中国哲学的第一个蓬勃发展时期是春秋战国，正因为当时的小国割据，没有统一的中央集权，人们的思想相对比较自由，每个人都可以提出自己的治国方略并在不同的小国中游说（如孔夫子周游列国），从而产生了儒、墨、道、法、兵、阴阳家、小说家等“百家争鸣”的可喜景象。自从秦始皇统一六国建立强大的中央集权，无论是后来的“焚书坑儒”还是“罢黜百家，独尊儒术”，都是“一言堂”，在整个封建时代再也没有出现第二个真正的“百家争鸣”。

设问 3 “世界三大哲学传统”具体指什么？

讲解 在具备了上述条件的时间和地点后，人类开始了哲学思维，从整个世界来看，最为源远流长的哲学传统主要有三个：中国哲学（公元前 20 世纪至公元前 10 世纪）、印度哲学（公元前 10 世纪至公元前 5 世纪）、西方哲学（公元前 6 世纪）。也有学者认为，中国、印度、希腊的哲学是在大致相同的历史时期产生的（公元前 800 年至公元前 200 年），20 世纪的德国哲学家雅斯贝尔斯把人类精神的这一突破时期称为“轴心时代”。这三个民族的哲学都有宗教背景，但与宗教联系的密切程度不同。印度哲学与宗教的联系最为密切，它可以说是对宗教（婆罗门教、耆那教、佛教）世界观和人生观的精致思辨和系统论证。希腊哲学与宗教的联系最不密切，它可以说是与神话世界观相决裂的产物。中国哲学处于这两个极端之间，它对宗教的态度可以说是若即若离，无可无不可。冯友兰先生说中国哲学“既入世而又出世”，中国哲学致力于把理想主义和现实主义“这些反命题统一成一个合命题”。例如，中国的“圣人”，“他是既入世又出世的。中国圣人的精神成就，相当于佛教的佛，西方宗教圣者的精神成就。但是中国的圣人不是不问世务的人。他的人格是所谓‘内圣外王’的人格。‘内圣’，是就其修养的成就说，‘外王’，是就其在社会上的功用说”[①]。从表达思想的方式来说，希腊哲学最为思辨（说理），印度哲学就是说教，中国哲学介于说理和说教之间。冯友兰把中国哲学的表达方式称为“名言隽语，比喻例证”，但有些哲学著作，像孟子和荀子的，还是有系统的推理和论证的。

设问 4 西方人如何看待“中国哲学”？

① 冯友兰：《中国哲学简史》，北京大学出版社 2010 年版，第 7 页。

讲解 当我们把“中国哲学”作为世界三大哲学传统而且是历史最悠久的传统时，西方人并不认可，大多数西方哲学史家（如黑格尔、罗素、文德尔班、梯利等）都认为，世界只有一种真正的哲学传统即西方哲学，中国哲学、印度哲学都是宗教、神话、信仰，不是真正思辨的哲学，不属于哲学史。黑格尔在《哲学史讲演录》（第一卷）中专门列一个小标题“东方与东方的哲学之不属于哲学史”：“中国人和印度人一样，在文化方面有很高的名声，但无论他们文化上的名声如何大、典籍的数量如何多，在进一步的认识之下，就都大为减低了。这两个民族的广大文化，都是关于宗教、科学、国家的治理、国家的制度、诗歌、技术与艺术和商业等方面的。”①“我们根据他（孔子）的原著可以断言，为了保持孔子的名声，假使他的书从来不曾有过翻译，那倒是更好的事。”②美国哲学史家梯利也说：“不是所有的民族都已产生真正的思想体系，只有少数几个民族的思辨可以说具有历史。许多民族没有超过神话阶段。甚至东方民族如印度人、埃及人和中国人的理论，主要是神话和伦理学说，而不是纯粹的思想体系：这种理论同诗和信仰交织在一起。”③

设问 5 西方人为什么不承认中国有哲学?

讲解 如果把哲学理解为纯粹的思辨，中国的确没有那样的哲学，因为在中国人看来那样的学问没有意义。中国人讲究学以致用，没有实际“用处”的纯粹思辨不为中国人所尊崇，正如赵林先生所说：“古代的中国人是崇尚理性的，但这种理性并非思辨的理性，亦非以实验为基础的科学理性，而是围绕于现实伦理关系的实用理性。”④他认为，“中西方文化的根本分野在于协调的现实精神（伦理意识）与超越的浪漫精神（宗教意识）的对立”⑤。西方人因此而贬低或不承认中国哲学的存在，这是典型的“西方中心论”，仅以西方的标准作为评判的依据。

如果把中国哲学都等同于宗教，那是对中国哲学的误解和误读。对此，冯友兰先生一一给予回应：“西方人看到儒家思想渗透中国人的生活，就觉得儒家是宗教。……四书诚然曾经是中国人的‘圣经’，但四书里没有创世纪，也没有讲天堂，地狱。”“道家也不是宗教，道教才是宗教，但道家和道教有区别，道家教人顺乎自然，道教教人反乎自然。作为哲学的佛学和作为宗教的佛教也有区别，受过

① 黑格尔：《哲学史讲演录》第 1 卷，商务印书馆 1959 年版，第 118 页。
② 黑格尔：《哲学史讲演录》第 1 卷，商务印书馆 1959 年版，第 120 页。
③ 梯利：《西方哲学史》，商务印书馆 1995 年版，序论。
④ 赵林：《协调与超越》，武汉大学出版社 2005 年版，第 58 页。
⑤ 赵林：《西方宗教文化》，武汉大学出版社 2005 年版，第 9 页。

教育的中国人，对佛学比对佛教感兴趣的多。”[①]

设问 6　马克思主义哲学三个组成部分之间的关系如何？

讲解　马克思主义哲学作为马克思主义理论体系第一部分，自身又是由三个部分组成的：辩证唯物主义（第一章）、认识论（第二章）、历史唯物主义（第三章）。马克思主义哲学是这三个部分的有机统一。其中，辩证唯物主义是马克思主义哲学的基础，它所阐释的唯物论和辩证法的基本观点和原理，是贯穿马克思主义哲学的一根红线，也是理解马克思主义认识论和历史唯物主义的基础。马克思主义认识论就是辩证唯物主义的认识论，它站在唯物主义的立场上揭示认识的本质，同时站在辩证法的立场上揭示认识发展的规律。历史唯物主义就是辩证唯物主义的历史观，它站在唯物主义立场上揭示社会历史的本质，同时站在辩证法的立场上揭示社会历史运动的规律。系统准确掌握唯物论和辩证法的基本观点和基本原理，是我们理解马克思主义哲学的关键。当然，这种“先后”是逻辑上的先后而不是时间上的先后，从整体性的角度看，正是有了既唯物又辩证的认识论和历史观，辩证唯物主义才真正创立起来。

设问 7　如何理解辩证唯物主义是唯物论与辩证法的统一？

讲解　第一章辩证唯物主义主要由唯物论和辩证法两部分内容组成，唯物论主要解决世界的本质如何问题，由物质观、运动观、时空观和意识观四个部分组成；辩证法主要解决世界的存在状况问题，分析世界联系和发展的一般图景及一般规律。在讨论马克思主义哲学对德国古典哲学的扬弃与发展时，我们说过，马克思第一次实现了唯物论和辩证法的统一，在这一章里，我们要把这个“统一”从抽象概念变成具体理论，要求大家在学习唯物论相关理论时始终注意思考其中的辩证法因素，在把握辩证法的原理时始终注意其唯物主义基础。马克思主义哲学的唯物主义是辩证的唯物主义，马克思主义哲学的辩证法是唯物主义的辩证法，辩证唯物主义是辩证的唯物主义和唯物主义的辩证法的有机统一。

设问 8　哲学与世界观的关系如何？

讲解　哲学是系统化、理论化的世界观，是对自然知识、社会知识和思维知识的概括和总结，它提供了对于世界以及人与世界关系的全面而深刻的思考。从哲学的这个定义中，我们可以看出哲学与世界观关系密切，哲学在本质上就是世界观，但它又不等同于一般的世界观。

---

① 冯友兰：《中国哲学简史》，北京大学出版社 2010 年版，第 2-3 页。

“关系”问题，是哲学学习中经常遇到的一类问题，我们在这里以哲学与世界观的关系为例，给大家说明在哲学上思考和解答关系问题的一般原则，供大家在以后解决其他类似问题时参考。第一，辩证法哲学对“关系”的最基本理解就是矛盾，而矛盾是对立统一的，因此建构关系的框架要包括两个方面，即对立和统一，或者区别与联系，少了其中的任何一方面，对“关系”的理解都是不够全面，不够辩证的。第二，在建构“对立”的框架时，选择反义词词组表现对立与区别，是最简洁明了的方法。在哲学上常用很多反义词词组，如自发与自觉、主体与客体、主观与客观、现象与本质、原因与结果、内容与形式、必然与偶然、可能与现实、普遍与特殊、共性与个性、一般与个别、相对与绝对、有限与无限、有条件与无条件，等等。熟练掌握和运用这些反义词词组，可以更好地体现出关系中对立的方面。第三，辩证法理解的“联系”是事物内部诸要素之间和事物之间的相互作用、相互影响和相关制约关系，强调的是“相互性”，因此在建构联系框架时也必须从两个方面考虑，甲对乙的影响和乙对甲的影响，仅仅考虑其中的任何一个方面都是不全面的。

具体到哲学与世界观的关系，总的来说它们是既有区别（对立）又有联系（统一）的。其对立表现在：一般世界观是每个人自发形成的，而这种自发形成的世界观往往是零散和不稳定的。例如，我们常说年轻人处于世界观的形成时期，世界观、人生观、价值观还很不稳定，突出表现为朝三暮四、朝秦暮楚，三天一个理想、五天一个目标，不能对自己的未来有系统的考虑，也缺乏实现目标的坚守。而哲学世界观是哲学家通过自觉的劳动把一般世界观上升提炼的结果，如冯友兰先生所说，每个人都在人生中“跑”，但只有少数人边跑边“想”，更少有人能把自己的反思加以系统化和理论化，能做到这一点，才算创立哲学世界观体系。其统一表现在：一方面，世界观是哲学的内容，哲学就是关于世界观的学问，而且系统化、理论化的哲学世界观，并不完全是哲学家自己头脑中自生的，往往是哲学家通过自己对周围人和事的观察思考，对各种分散零散的世界观进行上升提炼而形成的，正如马克思和黑格尔所说，“哲学是时代精神的精华”。另一方面，哲学是系统化、理论化的世界观，对一般世界观具有引领作用。现实社会中生活的个人，只有用系统化理论化的哲学世界观武装自己的时候，才能对自己的人生和周围的世界有一个明确的定位和认知，例如，当你真正坚信“前途光明、道路曲折”的辩证法世界观时，你才能在人生道路上无论遇到多少艰难险阻都一往无前，直至目标的实现。相反，如果一个人接受了唯心主义、形而上学、宗教神学等错误的哲学世界观的影响，也可能误入歧途。因此，在我们人生观、价值观、世界观形成关键时期的青少年阶段，加强科学世界观的教育引导是至关重要的。

设问 9　思维与存在的关系问题为什么成为哲学的基本问题?

讲解　每一门学科都有自己的基本问题,以此划定学科之间的界限,如果没有自己区别于其他学科的基本问题,这个学科就不能作为区别于其他学科的独立学科而存在。恩格斯指出:“全部哲学,特别是近代哲学的重大的基本问题,是思维和存在的关系问题。”①思维与存在或物质与意识的关系问题,之所以成为哲学的基本问题,主要是由哲学的研究对象和内容决定的。如前所述,哲学是世界观,它把整个世界的一般本质和规律作为研究对象,但“整个世界”说起来很简单,闭上眼睛想一想,整个世界从时间上来说无始无终,从空间来说无边无际,如何把握这个无始无终、无边无际的整个世界的一般规律呢?再仔细考虑我们会发现,纷繁复杂的整个世界其实无外乎两大基本现象:物质现象(存在)和精神现象(思维),由此决定了哲学家要研究整个世界的一般本质和规律,就要从回答这两大基本现象的关系入手。

关于对哲学基本问题的理解有几个注意点:第一,哲学基本问题是思维与存在的“关系”,而不是思维或存在本身。关于思维与存在本身的研究是各门具体科学的任务。第二,伴随着近代哲学的“认识论转向”,哲学家才开始自觉地从人与世界的认识关系(思维与存在的关系)角度思考哲学问题。在这之前的哲学家,都是在自发的情形下思考思维与存在的关系问题。第三,“思维与存在的关系问题”是哲学与一切科学共有的问题,区别在于其他科学将二者的统一作为前提,而哲学则要对二者能否统一、如何统一、统一如何得到验证、统一的意义何在等一系列问题进行“反思”。这正体现了哲学的跃迁性(前提性)特征。

设问 10　如何理解唯物主义和唯心主义是哲学的两大“基本派别”?

讲解　思维与存在的关系问题作为哲学的基本问题,具体包括两个方面的内容:第一方面是本原问题,即存在和思维或物质和意识何为世界本原、谁是第一性的问题。对这一问题的不同回答,可以把全部哲学家划分为唯物主义与唯心主义两大基本派别,对物质和意识何者第一性问题的不同回答是划分唯物主义和唯心主义的唯一标准,如果给它们加上别的意义,就会造成混乱。正如恩格斯所说:“庸人把唯物主义理解为贪吃、酗酒、娱目、肉欲、虚荣、爱财、吝啬、贪婪、牟利、投机,简言之,即他本人暗中迷恋着的一切龌龊行为;而把唯心主义理解为

① 恩格斯:《路德维希·费尔巴哈和德国古典哲学的终结》,《马克思恩格斯文集》第 4 卷,人民出版社 2009 年版,第 277 页。

对美德、普遍的人类爱的信仰，总之，对'美好世界'的信仰"①。这里还有一个问题需要讨论，物质和精神哪一个是世界本原的问题，除了物质或精神之外，应该还有第三种可能的答案，即物质与精神同时是本原，既然如此，为什么还说唯物主义和唯心主义是哲学基本派别呢？在哲学史上，认为世界只有一个本原的哲学派别是"一元论"，彻底的唯物主义和彻底的唯心主义都是"一元论"。而认为物质和精神同时是本原的是"二元论"哲学，"二元论"哲学并不是独立于唯物主义和唯心主义之外的第三派，它们从折中主义的立场出发，最终都走向了唯心主义，"二元论"的实质是唯心主义。例如，法国近代哲学家笛卡尔认为，精神和物质是两种绝对不同的实体，精神的本质在于思想，物质的本质在于广袤；物质不能思想，精神没有广袤；二者彼此完全独立，不能由一个决定或派生另一个。罗素对笛卡尔这种二元论哲学的实质给予了揭示：既然肉体和精神不能相互作用，如何解释"肉体感到渴时精神会觉得难过"？对此，笛卡尔主义的解答是：肉体和精神好似两个钟，每当一个钟指示出"渴"，另一个钟指示出"难过"。（每个钟互相不驱动，但都是由神上紧弦，彼此保持步调一致。）从笛卡尔著名的"神助"说可以看出其哲学的实质是唯心主义的。②

设问 11　休谟不可知论哲学的基本观点及影响如何？

讲解　哲学基本问题的第二方面是认识问题，即思维与存在是否具有统一性，人们的思维能否认识或正确认识存在的问题。哲学基本问题的第一方面是首要的和最高的问题，哲学家不可能越过对本原问题的回答，直接回答认识问题，而且对本原问题的不同回答，也会决定对认识问题回答的根本性质区别。根据对哲学基本问题第二方面的不同回答，可以把全部哲学家划分为可知论和不可知论两大派别。可知论承认正确认识世界的可能性，承认思维与存在的统一性，不可知论否认认识世界本质的可能性，否认思维与存在的统一性。

休谟（1711—1776）是西方哲学史上比较典型的不可知论（怀疑论）哲学家，他的不可知论主要包括三个方面内容：第一，实体存在的不确定。尽管我们仍然相信世界的独立存在，却不能予以证明：理论宇宙论是不可能的。我们也不能证明心灵实体或灵魂不死：理论心理学是不可能的。最后，我们不能证明上帝的本性、属性、命令及其深谋远虑的计划：理论神学是不可能的。因而，三大实体的存在都是值得怀疑的（我们所谓的实体都只是一组或一簇知觉）。第二，知觉来源

① 恩格斯：《路德维希·费尔巴哈和德国古典哲学的终结》，《马克思恩格斯文集》第 4 卷，人民出版社 2009 年版，第 286 页。

② 罗素：《西方哲学史》（下卷），商务印书馆 1976 年版，第 91 页。

的不可知。我们的知识起源于知觉，但知觉所源起的原因却是不可知的（可能来自身体的内在构造、动物灵魂的运动或客体对感官的作用，但这些都是不确定的猜测）。我们只有关于性质的观念，对性质的寓所或支撑点没有任何知觉。第三，经验知识的不可靠。经验固然是认识的基础，但经验中却不包含普遍性和必然性。一方面，我们看似前后相继的因果必然联系，其实只是人们一种出于习惯的偶然联想（例如，先看到水流，后看到房子倒塌，就习惯地以为水流是房子倒塌的原因。但"在此之后"，未必"由此之故"）；另一方面，建立在主观经验之上的法律、伦理和各种宗教情感，也不具有绝对有效性（例如，在一个民族认为不道德或不合法的行为，在其他民族并非如此）。

休谟的不可知论哲学，对西方现当代哲学的发展产生了重要的影响，罗素称之为"西方非理性主义哲学的鼻祖"。"休谟的哲学对也好、错也好，代表着十八世纪重理精神的破产。在这样的自我否定理性精神的后面跟随着非理性信念大爆发，是必不可免的事。整个十九世纪以内以及二十世纪到此为止的非理性的发展，是休谟破坏经验主义的当然后果。"①十六世纪到十八世纪，是西方理性主义蓬勃发展的时期，人们高举理性的大旗反抗神对人的统治，要求确立人类理性至高无上的权威，文艺复兴运动和启蒙运动是典型标志，由此也带来了西方探索世界奥秘的热情高涨、科学技术的迅猛发展、工业革命的狂飙突进。但休谟提出了对理性权威的质疑和挑战，没有了理性的光环，人的安身立命之本何在？人如何成为世界的主人？进入十九世纪，西方开始进入非理性主义哲学的时代，哲学家们从人的非理性因素中寻找人的本质和力量。例如，尼采的"酒神精神"和"超人哲学"，认为只有当人处在喝醉了酒的癫狂状态时才能达到人生的最高境界，而经常处于这种癫狂状态之中的人就是"超人"，他们具有控制世界的力量。叔本华的"意志主义"哲学，认为意志是人身上最重要的力量，意志力强大的人不仅可以自我控制，而且可以控制整个地球的运转，改变人类历史的进程，决定芸芸众生的命运。弗洛伊德则在其代表作《梦的解析》中，把人的一切日常行为归结为人的梦境，又把梦境归结为人的幼年时代的性本能，进而认为，性本能是决定人的一切行为和思想的根本力量。这些非理性主义哲学片面强调人的非理性因素的作用，在一定程度上抹杀了人和动物的界限，有着明显的理论局限性和现实破坏性。

设问 12　可知论和不可知论哪个正确？

讲解　（两组同学分别为可知论和不可知论进行了精彩的辩论。）严格说起

---

①　罗素：《西方哲学史》（下卷），商务印书馆 1976 年版，第 210 页。

来,“可知论和不可知论哪个正确”是个无解的问题,简单回答可知论正确或不可知论正确都不对,对这个问题要做更加细致的区分和思考。

首先,我们可以明确的一点是,不可知论不正确。“对这些(指休谟和康德的不可知论——引者注)以及其他一切哲学上的怪论的最令人信服的驳斥是实践,即实验和工业,既然我们自己能够制造出某一自然过程,按照它的条件把它生产出来,并使它为我们的目的服务,从而证明我们对这一过程的理解是正确的,那么康德不可捉摸的‘自在之物’就完结了。”[①]科学的发展告诉我们,在这个世界上,只有已知与未知的区别,没有可知和不可知的区分。世界是无限广大的,但人的认识能力也无限发展,100 年前的未解之谜,正在成为路人皆知的常识,人类过程中取得的一个个相对真理的“水滴”,最终能够汇成对整个世界完整认识的“长河”。人类在科学理论指导下进行的各种实践活动的成功,说明指导行动的理论是基于对事物本质和规律把握的“科学”。

其次,从不可知论不正确并不能推论出可知论正确的结论。因为在哲学发展的历史上存在着两种本质不同的可知论:唯物主义可知论(反映论)和唯心主义可知论(先验论),他们在对哲学基本问题第一方面的回答上是根本分歧的,但在对哲学基本问题第二方面的回答上却是共同的,都认为精神可以认识物质世界,都承认思维与存在的统一性。例如,在宗教神学唯心主义看来,物质世界来源于神的创造,而且创造出物质世界的神完全掌控着它所创造的这个物质世界。恩格斯在谈到哲学家对思维与存在有无同一性问题的回答时说,“绝大多数哲学家对这个问题都作了肯定的回答。例如在黑格尔那里,对这个问题的肯定回答是不言而喻的”[②]。由于对世界本原问题回答的根本错误,所以我们得出结论说唯心主义可知论是基本错误的哲学观点,只有唯物主义可知论才是基本正确的哲学观点。

设问 13 如何理解辩证法与形而上学这一对哲学范畴?

讲解 哲学基本问题,主要解决的是“世界在本质上是什么”的问题,而哲学世界观除了要回答世界本质是什么的问题,还需要回答“世界状况怎么样”的问题,对这个问题的不同回答,形成了哲学史上辩证法与形而上学的对立。

---

① 恩格斯:《路德维希·费尔巴哈和德国古典哲学的终结》,《马克思恩格斯文集》第 4 卷,人民出版社 2009 年版,第 279 页。

② 恩格斯:《路德维希·费尔巴哈和德国古典哲学的终结》,《马克思恩格斯文集》第 4 卷,人民出版社 2009 年版,第 278 页。

辩证法用全面联系、发展变化的观点看世界，而且认为发展的根源在于事物的矛盾，形而上学由于在根本上否认了矛盾的存在，不能理解事物之间普遍存在的矛盾关系，也找不到事物发展的动力，进而用孤立片面、静止不变的观点看世界。是否承认矛盾，是辩证法和形而上学对立的焦点。形而上学者“看到一个一个的事物，忘记了它们相互间的联系；看到它们的存在，忘记它们的生成和消逝；看到它们的静止，忘记它们的运动；因为它只见树木，不见森林”①。

辩证法和形而上学不能独立于唯物主义和唯心主义之外成为哲学的基本派别，哲学家总是要先回答世界本质是什么的问题，再回答世界状况怎么样的问题，因此，哲学史上的辩证法都是唯物主义或唯心主义的辩证法，形而上学也是唯物主义或唯心主义的形而上学。由于这两组对立的哲学观点贯穿哲学发展的始终，唯物主义和唯心主义、辩证法和形而上学通常并称为哲学史上的“两个对子”。

设问 14　如何理解恩格斯称黑格尔“是一个伟大的形而上学家”？

讲解　前面我们讲到黑格尔哲学时，看到马克思称黑格尔为“最伟大的辩证法哲学家”，而上面我们又把辩证法和形而上学作为一组对立的哲学观点，这就似乎让马克思和恩格斯对黑格尔的评价出现了“矛盾”，要化解这个矛盾，需要我们了解“形而上学”这个概念两种不同的用法。汉语说的形而上学对应的英文单词是 Metaphysics，这个单词的最初由来是《亚里士多德全集》的编辑过程中，编者把包含亚里士多德关于世界本原的“最高原因的基本原理”的一册放在《物理学》后面，因此得名“Metaphysics”（意为“物理学之后”）。由于亚里士多德在西方哲学界的崇高地位，Metaphysics 这个单词就具有了代表研究“最高原因的基本原理”的“思辨哲学体系”的含义，这个用法一直持续到 17 世纪。近代中国学者译介这个概念时，依据《周易・系词》“形而上者谓之道，形而下者谓之器”的说法，把研究“道”这个“最高原因”的学问称之为“形而上学”，也是思辨哲学的意思。到了 18 世纪德国古典哲学这里，黑格尔在批判 17 世纪西方哲学时，将他们的 Metaphysics 中“否认矛盾的片面思维方法”与自己哲学的辩证法相对应，使 Metaphysics 具有了“否认矛盾的片面思维方法”即形而上学思维方法的含义。这个用法也被马克思和恩格斯所继承，在马克思、恩格斯的著作中，我们常能看到他们在这两种意义上使用形而上学概念。例如，《德意志意识形态》中，多次出现把形而上学与道德、宗教、政治、法律并列，称为“意识形态”，这里的形而上学显然是指哲学。而在《路德维希・费尔巴哈和德国古典哲学的终结》中，恩格斯

① 恩格斯：《反杜林论》，《马克思恩格斯文集》第 9 卷，人民出版社 2009 年版，第 24 页。

又把形而上学理解为“反辩证法的哲学思维方法”。在《反杜林论》中，恩格斯对这种“形而上学的思维方式”给予了具体说明：“把各种自然物和自然过程孤立起来、撇开宏大的总的联系去进行考察，因此，就不是从运动的状态，而是从静止的状态去考察；不是把它们看作本质上变化的东西，而是看作固定不变的东西；不是从活的状态，而是从死的状态去考察。”[①]总之，当马克思说黑格尔是伟大的辩证法哲学家时，意味着强调他反对形而上学思维方法，而当恩格斯说黑格尔是伟大的“形而上学家”时，意指他是一位伟大的“思辨哲学家”。因此我们可以说，黑格尔是“形而上学家”，但批判“形而上学思维方法”。

时至今日，西方哲学语境中的形而上学，大多是思辨哲学的含义，而马克思主义哲学语境中的形而上学，大多是指“否认矛盾的片面思维方法”，我国的一些学者也有在“思辨哲学”的意义上使用形而上学概念的情况。我们看到这个概念时，不能一概而论，要视上下文的具体情况做出正确的判断，才不会因此而迷惑。

设问 15　如何区分“主观精神”和“客观精神”？

讲解　唯心主义是把精神理解为世界本原的哲学观点，在其发展过程中主要表现为两种基本形态：主观唯心主义是将“主观精神”理解为世界本原的唯心主义哲学观点，客观唯心主义是将“客观精神”理解为世界本原的唯心主义哲学观点。

刚才我们大概了解了中西方哲学史上主观唯心主义和客观唯物主义哲学的代表性观点，现在需要我们寻找他们的共同点，看看他们所理解的主观精神和客观精神的主体都是什么，这样才能更好地区分“主观精神”和“客观精神”。主观唯心主义哲学家贝克莱说“存在就是被感知”，康德说“人的理性为自然界立法”，陆王心学说“万物皆备于我心”，这里的感知、理性、心的主体都是“人”，因此我们可以说主观唯心主义哲学是把人的主观精神理解为世界本原的唯心主义哲学。客观唯心主义哲学家柏拉图说“现实世界是理念世界的摹本和影子”，黑格尔说绝对精神是先于一切具体物质而存在的“唯一实体”，朱熹说“理在事先”，这里的理念、绝对精神、理的主体都是非人的神秘力量，一个创造世界的“神”。除此之外，宗教神学唯心主义也属于客观唯心主义，因此我们可以说客观唯心主义哲学是把人以外的某种神秘精神理解为世界本原的唯心主义哲学。

---

① 恩格斯：《反杜林论》，《马克思恩格斯文集》第 9 卷，人民出版社 2009 年版，第 24 页。

设问 16　两种唯心主义有没有本质区别?

讲解　如前所述,主观唯心主义把人的主观精神理解为世界本原,客观唯心主义则认为作为本原的精神是不依赖于人因而是“客观”的精神,但正如列宁所说,主观唯心主义和客观唯心主义是“红鬼”和“绿鬼”的区别,二者没有本质区别。世界上唯一真实存在的精神是人的精神,所谓客观精神,只不过是人的主观精神的异化物,“理念”“绝对精神”“理”这些客观精神,是被柏拉图、黑格尔、朱熹这些哲学家的主观精神创造出来又被放到自己的“对立面”,从而成为创造包括柏拉图、黑格尔、朱熹这些哲学家在内的物质世界的精神本体。正如神是人的本质异化一样,这些“客观精神”也是人的主观精神的异化。因此,客观唯心主义只不过是主观唯心主义的“变种”。

设问 17　唯心主义有没有贡献?

讲解　列宁说“唯心主义是人类智慧之树上不结果实的花朵”,这是对唯心主义的历史地位的客观评价。从本质上说,唯心主义把精神理解为世界的本原,是一种“头脚倒置”的理论,在现实生活中过分夸大精神因素的作用也不可能真正达成预定目标(例如,人不可能仅仅用精神而不借助物质的工具达到改造世界的目的),因此它“不结果实”。但作为人类智慧之树上的“花朵”,也有其艳丽和芬芳。相对于强调自然物质决定作用而忽视人的能动作用的“目中无人”的古代朴素唯物主义来说,唯心主义第一次认识到人的精神和意识对物质世界的影响,认识到人的精神对把握物质世界的重要作用,从而启发我们在确定物质对意识的决定作用的同时还要看到意识对物质的能动反作用,这是唯心主义作出的重要贡献。只不过他们从一个正确的起点做了离心运动,把意识对物质的能动反作用夸大成了决定作用,从“有人才能感知桌子的存在”推出“有人的感知才有桌子的存在”的错误结论。

设问 18　“仰望星空”的典故从何而来?

讲解　古代朴素唯物主义将具体物质形态(如水、火、气、土等“原初物质”)理解为世界的本原,具有朴素直观性的特征,但标志着人类对哲学问题(寻求终极存在和终极价值)进行思考的起点。从西方哲学来看,古希腊哲学家泰勒斯(“水”)、赫拉克利特(“火”)、德谟克利特(“原子”)等都是古代朴素唯物主义哲学的代表。中国古代哲学中的“五行说”“元气说”,也是属于古典朴素唯物主义哲学的代表性观点。

“仰望星空”的典故最早源于古希腊朴素唯物主义哲学家泰勒斯的故事。泰勒斯是古希腊一位博学的思想家,除了哲学研究之外,还在天文学、气象学领域有很深的造诣。据说一天晚上，泰勒斯一边走路一边观天象，不小心掉到水坑里，过路的人把他从水坑里捞出来，他却说明天一定会下雨，那人抬头看看满天繁星，对泰勒斯的话不以为然，但第二天果真如泰勒斯所言下起了瓢泼大雨。于是古希腊人中流传一句话："泰勒斯知道天上的事，但却不知道眼前会发生什么。"很显然，这是对以泰勒斯为代表的哲学家的共同讽刺。后来，有两位哲学泰斗为泰勒斯也是为全体哲学家进行了辩护。第一位是古希腊哲学的集大成者亚里士多德，他给人们讲了泰勒斯的另一个故事。泰勒斯依据自己的学识判断来年橄榄将会大丰收，于是提前把城里闲置的橄榄油榨油机以低廉的价格囤积起来，当第二年橄榄果真大丰收时，又以高价把这些榨油机出售或租赁，获得了很高的收益。亚里士多德用这个故事告诉人们的道理是：不要轻言哲学家眼高手低，哲学家凭借自己的智慧完全可以把世俗事务做得比一般人好，只不过他们志不在此而已。后来，黑格尔再次为包括泰勒斯在内的全体哲学家发声："只有那些永远躺在坑底从不仰望天空的人，才不会掉进坑里。"你们这些凡夫俗子嘲笑哲学家走路都会掉到坑里，你们当然不会"掉"到坑里了，因为你们一辈子都在坑底待着，只不过是井底之蛙而已，鸟雀安知鸿鹄之志哉！从泰勒斯的故事到黑格尔的格言，成就了"仰望星空"的典故，寓意着人们要心向未来，志存高远。当年温家宝总理就勉励大学生要做我们民族"仰望星空"的人，他说，一个民族有一些关注天空的人，他们才有希望；一个民族只是关心脚下的事情，那是没有未来的。习近平总书记也经常勉励年轻人既要仰望星空，又要脚踏实地，青年兴则国家兴，青年强则国家强。青年一代有理想、有本领、有担当，国家就有前途，民族就有希望。

设问 19　近代机械唯物主义为什么具有机械性的特征?

讲解　近代机械唯物主义认为最微小不可分的基本粒子——原子，是世界万物的本原，在传播唯物主义反对宗教神学唯心主义方面作出过重要理论贡献，但具有机械性、形而上学性和不彻底性的缺陷。

近代机械唯物主义机械性的缺陷集中表现在对物质世界运动方式的机械性理解，把一切运动形式都归结为简单的机械运动，抹杀了运动形式的多样性，最终必然无法摆脱形而上学的窠臼。例如，近代机械唯物主义代表人物之一，法国思想家拉美特利有一本书《人是机器》。他认为人的生命运动与机器的机械运动没有本质区别，如果说有些区别的话，只是在于人是一台更加精密的机器，比一般的机器多几个齿轮、多几个弹簧，而在当时，最精密的机器莫过于钟表，于是拉美特利最终的结论是：关节就是齿轮，心脏就是发条，神经就是游丝，因此，人就是钟表。

近代唯物主义这种机械性的特征，在很大程度上受到当时自然科学发展的影响（包括近代唯物主义把原子理解为最微小不可分的基本粒子从而是世界的本原）。在近代，自然科学取得最长足进步的领域莫过于牛顿的机械力学，当时的人们习惯于用机械力学的原理解释世间一切现象，哲学家也是如此。这一点也再次验证了我们前面的结论：哲学以自然科学为基础。从唯物主义的发展历程可见，古代自然科学处于萌芽状态，人们对世界本质的认知也只能依据朴素直观的猜测；近代机械力学的长足发展，使唯物主义世界观具有了机械性的特点；马克思和恩格斯正是基于自然科学的三大发现，才最终创立了辩证唯物主义和历史唯物主义科学世界观。

设问 20　列宁物质定义的两个层次是什么？

讲解　马克思批判了旧唯物主义对物质世界的直观、消极的理解，强调要从能动的实践出发去把握客观世界的意义。恩格斯总结了 19 世纪哲学和自然科学的发展成果，对物质概念作出了初步概括："物、物质无非是各种物的总和，而这个概念就是从这一总和中抽象出来的。"恩格斯在这里强调的是哲学的物质范畴，不是各种物的简单相加，而是对各种物的共同和一般特征的"抽象"。在此基础上，20 世纪初，列宁对物质概念做了全面的科学的定义："物质是标志客观实在的哲学范畴，这种客观实在是人通过感觉感知的，它不依赖于我们的感觉而存在，为我们的感觉所复写、摄影、反映。"①列宁的物质定义，四句话分两个不同的层次对物质进行说明。第一层次是第一句和第三句话，说明物质是标志客观实在的哲学范畴，而"客观实在"的最基本含义就是"不依赖于我们的感觉而存在"。第二层次是第二句和第四句话，说明不依赖于我们的感觉而存在的物质是能够为我们的感觉所感知的，而感觉感知客观实在的过程是"复写、摄影、反映"。因此，建议大家把握这个概念时也按照这样的顺序组合语句，便于在理解的基础上记忆。

设问 21　列宁的物质定义两个层次所回答的共同问题是什么？

讲解　列宁物质定义的两个层次事实上是在回答一个共同的问题，即思维与存在的关系这个哲学基本问题。第一个层次回答的是哲学基本问题的第一方面，即物质与精神哪个第一性，哪个是世界本原的问题。对此，列宁的回答是不依赖于我们的感觉而存在的物质是第一性的，是世界的本原，这是一个彻底的唯物主义的答案。第二个层次回答的是哲学基本问题的第二方面，即物质和精神

---

①　列宁：《列宁专题文集 论辩证唯物主义和历史唯物主义》，人民出版社 2009 年版，第 35 页。

有无统一性、世界是否可知的问题。对此,列宁的回答是精神能够达到对外在于自己的客观世界的彻底认识,这是一个彻底的唯物主义可知论的答案。所以我们说,马克思主义物质范畴从物质与意识的对立统一关系上来把握物质,并对哲学基本问题作出了全面科学的回答,这是一个真正意义上的“哲学物质范畴”。

设问 22 列宁物质定义中“复写、摄影、反映”三个词的顺序能否打乱?

讲解 列宁物质定义中“复写、摄影、反映”三个词的顺序不是随意排列的,它体现了我们的感觉感知客观存在的物质从低级到高级、从感性到理性、从现象到本质的递进过程。无论我们借助的工具如何(是早年的复写纸还是今天的复印机),“复写”的结果总是与原件保持外在形式的完全一致性,因而,“复写”作为认识过程的第一个阶段,代表了我们对对象外在形象的简单摹写。“摄影”被称为“艺术”,意味着这个过程包含了人对对象的包装和改造,“摄影”作为认识过程的第二个阶段,代表了我们在认识对象时开始对对象的外在特征加以主观的改造。“摄影”对对象的改造无论有多大,它最终能够呈现的还只是对象的外在形象,但我们在现实生活中通过对对象的反复接触和了解,是可以达到对对象的本质性认识的,这个过程就是“反映”,因此,“反映”作为认识过程的第三个阶段,代表了我们可以透过现象把握对象的内在本质。由此可见,定义里这三个词的顺序是不能随意打乱的。

设问 23 列宁物质定义中第三句的“不”如果搬到第四句结果如何?

讲解 以往同学们在把握这个定义时,经常会犯的一个共同的错误是把第三句中的“不”搬到了第四句,这样第三句就成为“它依赖于我们的感觉而存在”,第四句就成为“不为我们的感觉所复写、摄影、反映”。出现这种错误,就会对马克思主义哲学物质范畴产生完全相反的讲解:从唯物主义走向唯心主义,从可知论走向不可知论!之所以犯了这样原则性的错误而不能自知,最重要的原因在于没有在理解的基础上记忆概念,只是大概有个模糊的印象,写错了也不知道错在哪里!

设问 24 马克思主义哲学对物质的理解与旧唯物主义的区别何在?

讲解 前面我们分别考察了两种旧唯物主义和马克思主义新唯物主义的物质观,它们都把物质理解为世界的本原,在根本上区别于唯心主义,但在对作为本原的物质的理解上,新唯物主义与两种旧唯物主义存在着明显的区别。孙正聿先生在《哲学通论》中对这一区别做出了解读:人类把握世界有三个层次的概念框架,即常识性质的概念框架、科学性质的概念框架、哲学性质的概念框架。

三种概念框架的性质与水平不同，因此完全相同的名词或语句在不同概念框架中会有根本不同的性质。就"物质"这个概念来说，在常识的概念框架中，"物质"是各种各样的"东西"（个性）；在科学的概念框架中，"物质"是构成世界的"要素"（部分共性）；在哲学的概念框架中，"物质"则是不依赖于人的意识而又为人的意识所把握的"客观实在"（共性）。旧唯物主义哲学将哲学的物质范畴等同于常识（古代朴素唯物主义）或科学（近代机械唯物主义）中的物质概念，马克思主义哲学的物质观第一次真正在哲学意义上（从哲学基本问题出发）理解"物质范畴"。

设问 25 马克思主义哲学物质范畴理论的意义何在？

讲解 马克思主义哲学对物质范畴的界定具有非常重要的意义：第一，它强调物质是不依赖于我们的感觉而存在的"客观实在"，从而坚持了彻底的唯物主义一元论，同二元论和唯心主义一元论划清了界线。第二，它强调物质是可以为我们的感觉所"复写、摄影、反映"的客观实在，从而坚持了唯物主义反映论和可知论，同唯心主义先验论和不可知论划清了界限。第三，它从千差万别的物质中抽象出"客观实在性"这个共同特性，从个性中看到共性，从相对中找到绝对，从暂时中发现永恒，体现了唯物论和辩证法的统一，克服了旧唯物主义特别是形而上学唯物主义物质观的局限性。第四，马克思主义的物质观揭示了自然和社会所共有的物质性本质，建立了统一说明自然历史过程的唯物主义原则，体现了唯物主义自然观与唯物主义历史观的统一，为彻底的唯物主义奠定了理论基础。

设问 26 如何理解运动与物质的不可分割？

讲解 理解马克思主义哲学的运动观，首先需要把握物质与运动的不可分割关系：运动是物质的运动，物质是运动着的物质，离开物质的运动和离开运动的物质都是不可想象的。"没有运动，物质是不可想象的。再则，既然我们面前的物质是某种既有的东西，是某种既不能创造也不能消灭的东西，那么由此得出的结论就是，运动也是既不能创造也不能消灭的。"①第一方面，运动是物质的运动。物质是运动的基础和承担者，我们所认识的各种运动形式都有其物质主体和承担者。例如，机械运动的物质主体是各种宏观物体，物理运动和化学运动的物质主体是各种基本粒子，生物运动的物质主体是各种生命体，社会运动的物质主体是生产方式，思维运动的物质主体是人的大脑，等等。我们所说的运动，就是这些物质主体在运动。第二方面，物质是运动着的物质，运动是物质的根本属性，所有的物质都处于永恒的运动之中，只不过不同的物质运动形式不同，只要

① 恩格斯：《自然辩证法》，《马克思恩格斯文集》第 9 卷，人民出版社 2009 年版，第 514 页。

我们能够认识和把握各种不同的运动形式，我们就能揭示一切物质都处于永恒的运动之中。第三方面，坚持运动是物质的运动，是在运动观上坚持了唯物论，将运动理解为脱离物质的精神运动（例如黑格尔的“绝对精神自身能动”）是运动观上的唯心主义；坚持物质是运动的物质，是在运动观上坚持了辩证法，否认物质运动的观点是形而上学。

设问 27　辩证唯物主义运动观为什么要讲静止？在何种意义上承认静止才是辩证法？

讲解　前面我们把辩证法和形而上学分别界定为发展变化的观点和静止不变的观点，似乎只有形而上学才承认静止的存在。但辩证唯物主义的运动观认为，要正确理解运动也必须承认静止的存在：第一，运动与静止是一对矛盾，二者相互依存，没有静止就无所谓运动，反之亦然。第二，静止是运动的衡量尺度，衡量物质的运动总是以某个相对静止的物质为“参照物”才能进行。有一副对联，上联是“橘子洲，洲旁舟，舟行洲不行”，下联是“天心阁，阁中鸽，鸽飞阁不飞”，形象地说明了静止是运动的衡量尺度的道理。第三，承认事物有保持性质不变的稳定发展过程，才能把握事物的性质从而把不同的事物区别开来。正如恩格斯所说：“物体相对静止的可能性，暂时平衡状态的可能性，是物质分化的本质条件，因而也是生命的本质条件。”[①]因此，辩证法和形而上学的区别不在于是否承认静止，而在于如何理解静止，辩证法承认的是相对静止，把相对的静止夸大成绝对的从而否认运动，就会走向形而上学。

设问 28　如何理解静止的相对性？

讲解　相对静止是物质运动在一定条件下的稳定状态，具体包括两种情形：相对于特定的参照物来说物质没有发生位置移动（空间位置暂时未变）；相对于质变来说事物处于量变过程中（根本性质暂时未变）。第一种情形指的是机械运动中的物质找到特定的参照物，都可以看作处于空间位置暂时未变的相对静止状态，例如人相对于桌子、楼房相对于地面等。第二种情形指的是任何事物在从生到灭的发展中都有保持根本性质暂时未变的量变过程，例如，人一生从婴儿到老年的变化没有改变他作为这个个人的根本性质，社会主义从初级阶段到高级阶段的变化没有改变社会主义社会的根本性质，等等。但这两种静止的情形都是暂时的、有条件的，因而是相对的。第一种情形，相对于特定参照物来说的静止，如果换了参照物或去掉原来的参照物，它们就不是静止的而是运动的，例如，

① 恩格斯：《自然辩证法》，《马克思恩格斯文集》第 9 卷，人民出版社 2009 年版，第 533 页。

相对于桌子来说静止的人自身还在做着生物运动，相对于地面来说静止的楼房还与地球一起做自转公转运动。第二种情形，相对于质变来说量变过程的事物是相对静止状态，但量变本身也是变，例如，“士别三日，当刮目相看”，婴儿的张三和老年的张三不可能完全一样，初级阶段的社会主义和高级阶段的社会主义在生产力发展水平、政治经济体制、社会文化水平等方面必然有很多不同。因此，辩证法所说的静止只是运动的特殊状态，静者“静动，非不动也”！

设问 29　在运动与静止的辩证统一关系问题上需要反对哪些错误观点？

讲解　唯物主义辩证法认为，“动中有静，静中有动”，运动与静止是相互依存、相互渗透、辩证统一的。一方面，承认动中有静，才能更准确地衡量运动、更精确地把握事物的性质从而区分不同的事物，如果否认动中的静，就会把事物看作瞬息万变、不可捉摸的，从而抹杀事物之间的界限，这在哲学上就会陷入相对主义和诡辩论的错误。例如，庄子“方生方死、方可方不可”、古希腊哲学家克拉底鲁“人一次也不能踏入同一条河流”都是这种错误观点的表现。另一方面，承认静中有动，才能避免把相对的静止绝对化，真正坚持辩证法的静止观，如果否认静中的动，把静止理解为绝对不运动，就会陷入形而上学的泥潭。例如，公孙龙“飞鸟之景，未尝动也”、芝诺“飞矢不动”都是由于缺乏联系的观点把相对的静止夸大成绝对的，从而犯了形而上学的错误。

设问 30　如何理解时空的客观性？

讲解　时间是物质运动过程的持续性和顺序性。时间具有一维性的特点，它只有从过去、现在到将来一个方向，不可逆转，永不复反。空间是运动着的物质的广延性和伸张性。空间具有三维性的特点，即任何物体都有长、宽、高三个方向。时间和空间联结起来称为四维时空。

时空与物质运动不可分割。一方面，物质运动离不开时空，时空是运动着的物质的存在形式，物质运动总是在时间和空间中进行的，延续时间和占据空间也是物质存在的标志。正如列宁所说：“世界上除了运动着的物质，什么也没有，而运动着的物质只有在空间和时间之内才能运动。”[①]另一方面，时空离不开物质运动，离开物质运动的抽象时空是不存在的，把时空看作脱离物质运动的“纯粹概念”（黑格尔）就会走向唯心主义。

时空与物质运动的不可分割证明了时空的客观性。列宁强调：“唯物主义既然承认客观实在即运动着的物质不依赖于我们的意识而存在，也就必然承认时

① 列宁：《唯物主义与经验批判主义》，《列宁选集》第 2 卷，人民出版社 2012 年版，第 137 页。

间和空间的客观实在性。”“正如物或物体不是简单的现象，不是感觉的复合，而是作用于我们感官的客观实在一样，空间和时间也不是现象的简单形式，而是存在的客观实在形式。”[①]在这里，列宁还特别区分了客观实在的时间和空间与人类的时空观念，人类的时空观念作为人类对时空的主观认识，是“相对的”“可变的”，但它们“反映着客观实在的时间和空间”，不能因人类时空观念的主观性就否认现实时空的客观性。

设问 31 如何理解时空的相对性？

讲解 时空作为物质运动的存在形式，其客观实在性是绝对的、无条件的，但具体事物的时空特性却是可变的、有条件的，因而是相对的。例如，爱因斯坦广义相对论认为，当物体以接近光速的速度运行时，其时空特性会发生改变，由此可以得出两个重要结论，即著名的“尺缩钟慢”效应，“钟慢”意味着时间拉长，“尺缩”意味着空间变小。在几何学中，既有适用于宏观物体空间特性的欧氏几何，也有适用于宇观物质和微观物质空间特性的两种非欧几何学，前者证明三角形三内角之和等于 180°，而两种非欧几何学则分别证明三角形三内角之和可以大于或小于 180°，三种对空间特性给予不同解读的几何学并行不悖，说明它们所反映的宏观物质、宇观物质和微观物质的空间特性是不同的。理解时空的相对性，才能避免机械使用同一尺度衡量物质的时空特性，从而更加准确地把握具体事物的时空特性。

设问 32 马克思主义通过实践的发现揭示了社会存在有什么重大意义？

讲解 马克思主义认为，人类社会与自然界有着共同的客观实在性。人类社会的客观实在性集中表现在客观的物质实践活动是社会生活的基础和本质。从实践出发理解社会生活的本质，要把握如下两个大的方面：一方面，实践是使物质世界分化为自然界与人类社会的历史前提，又是使自然界与人类社会统一起来的现实基础。从劳动实践中实现了人猿揖别，产生了与自然对立的人类社会，人类又通过生产实践不断地实现着自然界与人类社会的双向物质交换过程，从而把自然界和人类社会统一起来。另一方面，实践是人类社会的基础，是理解和解释一切社会现象的钥匙。社会生活的实践性表现在三个方面：其一，实践是社会关系形成的基础。社会关系包括物质的社会关系（人与自然的关系，人与社会的关系）和思想的社会关系（人与其自身思想的关系）两大类，它们是在人改造自然、改造社会、改造人自身的实践中形成的。其二，实践形成了社会生活的基

① 列宁：《唯物主义与经验批判主义》，《列宁选集》第 2 卷，人民出版社 2012 年版，第 137 页。

本领域。社会生活的三大领域是指经济生活领域、政治生活领域和精神生活领域，它们分别对应着物质生产实践、社会政治实践和科学文化实践三种实践形式。其三，实践构成了社会发展的动力。社会发展的根本动力是生产力，而生产力是在人类创造物质生产资料的实践中得以发展的，因此我们说，物质生产实践是人类最基本的实践活动。

从实践出发理解社会生活的本质、揭示社会存在与自然存在的共同特性，是马克思主义在物质概念上实现的重大变革。在旧唯物主义那里，一直是"物质的自然"与"精神的历史"两分的状态，新唯物主义要克服旧唯物主义的这一缺陷，就必须对人类社会的物质本质做出明确的定位。如前所述，马克思主义唯物主义把实践这种客观的物质活动理解为社会生活的本质，认为人类社会并不是被精神力量所左右，而是建立在客观的实践活动所创造的物质基础之上的，从而创立了历史唯物主义，实现了唯物主义自然观和历史观的统一，使新唯物主义成为彻底的唯物主义。

设问 33　从意识的起源和本质如何解释物质对意识的决定作用?

讲解　从起源上看，意识是自然界长期发展的产物，是物质反应特性从低级向高级发展的结果。在这一过程中，物质的反应特性经历了三次质的飞跃：一是从无生命物质被动、无选择的反应（如岩石风化、铁生锈）到低等生物的刺激感应性（如蚯蚓、植物等的趋利避害本能）的飞跃；二是从低等生物的刺激感应性到高等动物的感觉和心理（如狗、大象类似于人的情感和心理反应）的飞跃；三是从高等动物的感觉和心理到人类意识（如猿类萌芽状态的人类意识与真正人类意识的区分）的飞跃。同时，意识是社会历史的产物。人类意识的产生是自然界长期进化的必然结果，但是，单纯的自然进化不足以促成人类意识的产生，最终促成人猿揖别的是社会实践，特别是劳动。一方面，劳动为意识的产生和发展提供了客观的需要和可能，例如，直立行走、抓握工具、发明火等实践活动都促成了人的大脑的发育，为意识的产生提供客观物质基础；另一方面，在人们的劳动和交往过程中形成的语言促进了意识的发展，劳动这种群体性的活动本身需要交流，而劳动的经验也需要不断传递，这就促使了语言的产生，有了语言这种"思维的物质外壳"，人类意识才真正确立起来。劳动创造了人本身。这就是说先有物质，后有意识，意识是物质世界长期发展的产物，由此证明物质第一性、意识第二性、物质决定意识。

从本质上看，一方面，意识是人脑这样一种特殊物质的机能和属性，离开了人脑这个物质基础，就不可能有人类的意识。尽管我们今天的脑科学并不能完全精确地解读人脑产生意识的过程，但至少可以肯定的一点是，没有健全的大脑就没有健全的意识，例如失忆症、妄想症、抑郁症、语言障碍等精神的疾病都源于大脑的病变。另一方面，意识是客观世界的主观映像，是客观内容和主观形式的统一。这就是说思维的运动依赖于人的大脑这个物质基础，思维的内容来源于客观世界的物质存在，这也证明了物质第一性、意识第二性、物质决定意识。

设问 34 如何理解意识是主观形式与客观内容的统一？

讲解 意识从本质上看是客观世界的主观映像，是主观形式与客观内容的统一。意识形式的主观性主要表现在：意识对客观世界的反映表现为感性认识与理性认识等主观形式（例如，头脑里的桌子是关于现实桌子的形象与概念而不是现实中的桌子本身）；不同主体反映同一客体时可能存在主观差别性（例如，一千个人有一千个哈姆雷特）；主体在反映客体时可能出现主观错误（例如，盲人摸象）。意识内容的客观性主要表现在：意识是有主观差别的，但这些差别都有其客观根源（例如，因为莎翁笔下的哈姆雷特是饱满丰富的人物形象，所以不同的人才能"看出"不同的人物特征）；任何意识都是对客观世界的反映，都有着自己的客观"原型"（例如，鬼、神、龙、麒麟等现实世界中不存在的形象，都是人们根据现实中存在的形象加工改造而成）。正如鲁迅先生所说："天才们无论怎样说大话，归根结蒂，还是不能凭空创造。描神画鬼，毫无对证，本可以专靠了神思，所谓'天马行空'似的挥写了，然而他们写出来的，也不过是三只眼、长颈子，就是在常见的人体上，增加了眼睛一只，增长了颈子二三尺而已。"[①]意识本质问题上要反对两种错误观点：否认意识形式的主观性，把意识看成同物质一样，是庸俗唯物论的观点（"大脑产生意识就像肝脏分泌胆汁一样"）；否认意识内容的客观性，把意识看成是主观自生的东西，则是唯心论的观点。

设问 35 如何理解意识的能动作用？

讲解 物质决定意识，意识对物质具有反作用，这种反作用就是意识的能动作用。马克思指出："最蹩脚的建筑师从一开始就比最灵巧的蜜蜂高明的地方，是他在用蜂蜡建筑蜂房之前，已经在自己的头脑中把它建成了。"[②]意识的能动作用主要表现在：意识活动具有目的性和计划性（例如行动之前先做计划）；意识活动具有创造性（例如盖大楼之前先在头脑中把它造出来，即画图纸）；意识具有指导实践改造客观世界的作用（例如把图纸中的大楼变成现实中的大楼）；意识具有控制人的行为和生理活动的作用（例如意志坚强的人可以战胜疾病，意志薄

① 鲁迅：《且介亭杂文二集》，译林出版社 2013 年版，第 3 页。

② 《马克思恩格斯文集》第 5 卷，人民出版社 2009 年版，第 208 页。

弱的人容易被疾病打倒)。

需要注意的是,意识的能动作用是第二位的,是“反作用”,不能把它夸大为第一位的决定作用。无论是我们的计划、图纸还是改造世界的实践活动,都必须以遵循事物的客观规律为前提,不能完全主观随意地计划或改造,意识控制人的行为和生理活动,也必须是配合科学的医学治疗和科学的生活方式,而不是借助神秘的力量去控制。把握物质与意识的辩证关系,必须同时承认物质的决定作用和意识的反作用,承认前者就是坚持了物质和意识关系问题上的唯物论,承认后者就是坚持了物质和意识关系问题上的辩证法,否则就会犯唯心主义或形而上学的错误。

设问 36 人工智能引发了哪些哲学思考?

讲解 所谓人工智能,就是把人的部分智能活动机器化,让机器具有完成某种复杂目标的能力,它实质上是对人脑组织结构与思维运动机制的模仿,是人类智能的物化。现代社会人工智能迅猛发展,并对人类社会生活产生越来越重大的影响,也引发人们思考一系列的哲学问题。例如,人工智能的出现是否推翻了“人脑是思维的物质基础”的结论?(没有人脑是否也能产生意识?)人工智能与人类意识的异同?(人工智能与人类意识有没有本质区别?)人工智能能否超越或取代人类意识?(人工智能发展的限域?)人工智能异化问题?(人工智能是否最终会主宰人类和宇宙?)对这些问题人类目前尚未给出完全统一和清晰的解答,同学们也可以各抒己见阐发自己的思考。

设问 37 客观规律性与主观能动性辩证关系原理的方法论意义是什么?

讲解 正确认识和把握物质与意识的辩证关系,还需要处理好主观能动性和客观规律性的关系。一方面,尊重客观规律是正确发挥主观能动性的基础和前提;另一方面,只有充分发挥挥主观能动性,才能正确认识和利用客观规律。客观规律性与主观能动性辩证关系的原理对于指导我们在实际生活中正确解决主观与客观、主体与客体、必然性和选择性的关系具有重要的方法论意义。

在社会历史领域,主观能动性与客观规律性的辩证关系具体表现为社会历史趋向与主体选择的关系。社会历史趋向是指社会历史规律的客观性和必然性,主体选择是指历史主体在社会发展中的能动性和选择性。社会历史的发展是规律决定性和主体选择性的统一。

从我们国家的实际来看,当年走社会主义道路就是规律决定性和主体选择性统一的结果。新民主主义革命胜利后,相比较于半封建半殖民地的中国来说,走资本主义道路或者走社会主义道路，都符合前进上升的历史趋向和规律性，但代表全体劳苦大众利益的中国共产党带领中国人民选择了社会主义道路，这体现了历史主体的能动性和选择性。今天，我们坚持和发展中国特色社会主义道路，也体现了社会历史趋向与主体选择的辩证统一。发展道路要与社会生产力水平相适应，不能脱离基本国情，这是社会历史趋向；发展道路不能违背人民群众的利益和愿望，不能脱离各国的政治条件和历史文化传统，这是主体选择。中国特色社会主义就是一条既符合我国的基本国情，又彰显我国历史文化传统的独特发展道路。

设问 38 如何区分狭义的物质观与广义的物质观?

讲解 前面我们系统学习了辩证唯物主义之唯物论部分的四个观点：物质观、运动观、时空观、意识观。物质观通过给物质下定义说明了物质的共同特性是客观实在性，运动观认为物质的根本属性是运动，时空观认为物质的存在形式是时空，意识观则阐明了物质和意识的辩证关系。由此看来，唯物论的四个“观”其实都围绕“物质”这个核心展开，从不同侧面表现马克思主义哲学唯物论对作为世界本原的“物质”的理解，这四个“观”合起来构成了广义的“物质观”。比较而言，以列宁的物质定义为主要内容的物质观可以称为狭义的物质观。

设问 39 如何理解世界的物质统一性?

讲解 关于世界的统一性，有“有无统一性、统一于什么、怎么样统一”三个问题需要解答，马克思主义哲学正是在解答这三个问题时体现出与其他哲学的本质区别。第一，关于世界有无统一性，有两种可能的答案，承认世界有统一性的是一元论哲学，否认世界有统一性的是二元论哲学。马克思主义哲学认为世界有统一性，从而坚持一元论，反对二元论。第二，关于世界统一于什么，有两种可能的答案，统一于物质或统一于精神。前者是唯物主义一元论，后者是唯心主义一元论。马克思主义哲学认为世界统一于物质，从而坚持唯物主义一元论，反对唯心主义一元论。第三，关于世界怎么样统一，也有两种可能的答案，否认多样性的机械统一或承认多样性的辩证统一。前者体现了旧唯物主义哲学机械性的特点，后者体现了马克思主义哲学辩证性的特点。马克思主义哲学认为物质世界是多样性的统一，从而坚持辩证唯物主义一元论，反对旧唯物主义一元论。概括地说，马克思主义哲学同时承认世界的统一性、物质性和多样性，认为“物质世界是多样性的统一”。

设问 40 “世界统一于存在”是不是唯物主义的命题?

讲解 前面我们讲哲学基本问题时说过,哲学基本问题可以表述为思维与存在的关系或物质与精神的关系,在这里思维对应于精神,物质对应于存在。那么这种对应是不是无条件的呢?也就是说存在是不是总是等于物质呢?

为了说明物质与存在的关系,我国学者王金福编了一个故事:哲学家贝克莱、费尔巴哈、休谟一起出游,来到乡村田野,有一农夫作导游。天气炎热,酷暑蒸人,他们想找个地方乘凉。这时农夫指着前面一棵大树说:“前面有一棵大树,你们都看见了吗?”贝克莱、费尔巴哈、休谟同声说:“看到了。”(也就是都承认树的存在)。他们一行四人来到大树底下乘凉。乘凉间,费尔巴哈提出一个问题:“这棵树是什么?是我们的感觉还是不依赖于感觉的客观实在?”贝克莱说:“存在就是被感知,这棵树只是我们的感觉,在感觉之外并没有什么树的存在。”费尔巴哈反驳说:“如果这棵树只是我们的感觉,我们为什么要跑这么多路到这棵树下来乘凉呢?又为什么要感觉到热呢?我们跑到树下来乘凉就表明太阳、树都是不依赖于我们的感觉而存在的。感觉(对树的感觉)是从存在(树的存在)而来的,存在并不来自感觉。”休谟则回答说:“存在(树)是什么,是贝克莱所说的精神,还是费尔巴哈所说的物质,我不知道,也不可能有人知道。我们唯一知道的就是感觉到有这棵树的存在。”农夫则对他们的讨论表示迷惑不解。[①] 从这个故事里我们可以看出,存在这个概念在不同哲学家那里有不同的理解,唯物主义认为存在的是物质,唯心主义认为存在的是精神,而不可知论认为无法回答存在的是物质还是精神的问题,因为它们都是不可知的。因此,存在这个概念只有当它和思维相对应的时候,才代表着物质,离开了这种对应独立看存在,既可能代表物质,也可能代表精神。世界统一于存在并不一定就是唯物主义的命题,世界统一于物质才是真正的唯物主义观点。

① 王金福:《马克思主义哲学体系的反思》,苏州大学出版社 1993 年版,第 315 页。

第三专题　唯物辩证法

设问 1　把握唯物辩证法的联系概念需要注意哪些方面的问题?

讲解　联系是指一切事物、现象之间及事物内部诸要素之间的相互依赖、相互制约、相互影响和相互作用。这个概念有两个关键词:“之间”和“相互”。理解它们时需要注意两个方面的问题:第一,辩证法理解的联系是发生在两个及两个以上的要素或事物之间的,这些要素或事物不是各自孤立的,而是在相互联系中构成一个事物或整个世界的有机整体。第二,辩证法理解的联系是“相互”的,即相关各方的依赖、制约、影响和作用是双向的,而不是仅局限于一方对另一方的依赖、制约、影响和作用。例如,中美贸易摩擦,源于美国挑起旨在制约“中国制造 2025”顺利实现的行动,但也势必对美国自身的经济利益和长远发展造成直接的影响。贸易战没有赢家,长期打下去势必是两败俱伤的结局。

设问 2　马克思主义哲学辩证法强调联系的客观性的理论意义是什么?

讲解　联系的客观性,从理论上说指联系是事物本身固有的客观本性,不是主观臆想的,也不是任意创造的;从实践上说是指无论实践的主体是谁,也无论他是否认识、是否承认联系的客观存在,其实践活动都必然受到这些客观联系的制约和影响。坚持联系的客观性,就是在联系的观点上坚持了唯物论。把客观性作为联系的首要特征,体现了马克思主义哲学辩证法的唯物主义基础,体现了唯物论和辩证法的有机统一,也体现了马克思主义哲学辩证法作为唯物主义辩证法与唯心主义辩证法的本质区别。

设问 3　如何理解普遍联系的“中介性”?

讲解　刚才同学们从事物内部的不同部分和要素之间相互联系、任何事物都同周围其他事物相互联系、整个世界是相互联系的统一整体等从微观到宏观的方面举例说明了联系的普遍存在。需要注意的是,当我们得出“世界万事万物普遍联系”的结论时,并不意味着所有事物之间的联系都是直接发生的,相反,大多数的普遍联系是通过中介来实现的,是通过中间性的联系和过渡性环节而实现的,也就是我们所说的间接联系。例如,达尔文通过田鼠、雄蜂、三叶草这些中间环节找到了看似无关的猫和羊之间的联系，从而提出了著名的“生物链”或“食物链”理论。由此可见，探寻和发现“中介”是理解普遍联系的关键，不理解联系的中介性，就容易否认联系的普遍存在。

设问4　如何理解联系的多样性与世界的统一性的关系？

讲解　世界上的事物是多种多样的，事物之间的联系也是多样的。事物联系的主要方式有直接联系与间接联系、必然联系与偶然联系、内部联系与外部联系、本质联系与非本质联系。需要注意的是，正是联系的多样性决定了物质世界统一的多样性，千差万别的事物在千差万别的联系中存在和发展，由此构成的世界必然是多样性的，不能把物质世界的统一性机械地理解为“等同性”。把握联系的多样性，才能更好地理解“物质世界是多样性的统一”这个辩证唯物主义命题。

设问5　联系的条件性的方法论意义是什么？

讲解　联系具有条件性，条件是对事物存在和发展发生作用的诸要素的总和，也就是与事物的存在和发展发生联系的各种因素的总和。由于这些条件制约和影响着事物的存在和发展，所以在实际工作和生活中要唯物辩证地去看待条件。第一，条件对事物的发展和人的活动具有支持或制约作用，要求我们在实际工作和生活中必须客观地评估各种条件因素，善于利用有利的条件而避开不利的条件，避免不顾客观条件的盲目蛮干。第二，条件是可以改变的，要求我们在实际工作和生活中充分发挥主观能动性，积极创造有利的条件，改变不利的条件，以促成实践目标的实现。第三，改变和创造条件不是任意的，要求我们在实际工作和生活中不能主观任意地去改变条件或创造条件，改变条件或创造条件都必须以尊重客观规律为前提，否则就会犯拔苗助长的错误，对事物的发展造成不利的影响。

在实际工作中坚持唯物辩证法的条件论，就必须反对唯心主义的无条件论和唯条件论。既善于充分利用有利条件，又善于化不利条件为有利条件，这才是科学的态度。可以让学生举自己生活成长、国家发展进步等方面的例子加以理解说明。

设问6　联系与发展的关系是什么？

讲解　前面我们对比辩证法与形而上学时指出，辩证法是用全面联系的观点和变化发展的观点看世界，形而上学是用片面孤立的观点和静止不变的观点看世界。辩证法全面联系的观点和变化发展的观点又是内在联系的，全面联系的观点要求把事物作为一个整体，考察事物内部诸要素之间和事物之间的相互作用和相互影响关系，而正是这些作用和影响的存在，必然导致事物不断的运动、变化和发展。因此，辩证法承认全面联系的观点就必然承认世界的变化发展，形而上学看不到事物内部要素之间和事物之间的相互作用和影响关系，他们眼中的世界只能是静止不变的。用对立统一规律的原理来解释，事物内部诸要素之间的联系构成事物的内部矛盾，事物之间的联系构成事物的外部矛盾，而矛盾是发展的根源和动力。因此，如前所述，辩证法和形而上学对立的焦点在于是否承认矛盾，承认矛盾就是承认联系、承认发展，反之则会否认联系和发展。正如恩格斯所说："我们所接触到的整个自然界形成一个体系，即各种物体相互联系的总体……这些物体处于某种联系之中，这就包含了这样的意思：它们是相互作用着的，而它们的相互作用就是运动。"①

设问7 如何辨析运动、变化和发展的概念?

讲解 运动、变化和发展，是我们在辩证法中经常使用的三个基本概念，在一般意义上说，三个概念的含义是等同的，可以互换，但在需要确切表述的时候，还要注意三个概念之间的区分。前面我们把运动定义为"标志一切事物和现象的变化及其过程"的哲学范畴，这说明运动包括"一切变化"，无论以何种形式，事物和现象只要发生了变化都称为"运动"，因此，变化可以被理解为是对运动的注解或通俗化理解。运动和发展也是既有联系又有区别的概念：运动是宇宙间的一切变化和过程，包括前进上升的变化（新事物取代旧事物）也包括落后倒退的变化（旧事物的复辟）；发展只指前进上升的运动，发展的实质是新事物的产生和旧事物的灭亡。因此，发展一定是运动，但运动不一定都是发展，只有前进上升的运动才是真正意义上的发展。

设问8 内容与形式辩证关系原理的方法论意义是什么?

讲解 内容与形式是从构成要素和表现方式上反映事物的一对基本范畴。内容指构成事物的一切要素的总和，形式指把要素统一起来的结构或表现内容的方式。任何事物都是内容与形式的统一。一方面，内容是事物存在的基础，对形式具有决定作用；另一方面，形式对内容具有反作用。适合内容的形式，对内容的发展起积极的推动作用，不适合内容的形式，对内容的发展起消极的阻碍作用。

内容与形式辩证关系原理的方法论意义在于：它要求我们在实际工作中首

① 恩格斯：《自然辩证法》，《马克思恩格斯文集》第9卷，人民出版社2009年版，第514页。

先要注重事物的内容，反对忽视内容、夸大形式作用的形式主义；又要积极利用合适的形式去促进内容的发展，不能忽视形式对内容的能动促进作用。例如，习近平总书记一贯强调克服政府工作中的形式主义的重要性，在多种场合对形式主义的问题进行敲打。2011 年 3 月，习近平在中央党校开学典礼上引用了一副对联来讽刺文山会海：上联是"你开会我开会大家都开会"，下联是"你发文我发文大家都发文"，横批是"谁来落实"。"形式主义实质是主观主义、功利主义，根源是政绩观错位、责任心缺失，用轰轰烈烈的形式代替了扎扎实实的落实，用光鲜亮丽的外表掩盖了矛盾和问题。官僚主义实质是封建残余思想作祟，根源是官本位思想严重、权力观扭曲，做官当老爷，高高在上，脱离群众，脱离实际。"① "我多次强调，脱贫攻坚工作要实打实干，一切工作都要落实到为贫困群众解决实际问题上，切实防止形式主义，不能搞花拳绣腿，不能搞繁文缛节，不能做表面文章。一段时间以来，一些材料反映，一些地方为了做到精准识贫、精准扶贫，搞了一大堆表格要下面填写。一些基层干部忙于填写各类表格，加班加点，甚至没有时间进村入户调研办实事。"②

设问 9 本质与现象辩证关系原理的方法论意义是什么？

讲解 本质与现象是揭示事物内在联系和外在表现的一对范畴。本质是事物的根本性质，是构成事物的诸要素之间的内在联系。现象是事物的外部联系和表面特征，是事物本质的外在表现。本质与现象有明显的区别：本质是一般的、普遍的、稳定的、深层的，现象是个别的、具体的、多变的、表层的，现象可以直接为人的感官所感知，而本质只有通过理性思维才能把握。同时，本质与现象又是相互依存的。本质决定现象，现象表现本质，不表现为现象的本质和不表现为本质的现象都是不存在的。

本质与现象辩证关系原理的方法论意义主要在于：正确把握本质和现象的关系对于我们的认识活动和科学研究具有重要作用，它要求我们要准确辨别真相和假象，要善于通过现象把握本质，不能被现象或假象所蒙蔽。例如，网络时代，面对海量的网络信息如何辨别真伪、透过现象看本质，是我们每一个现代人需要培养的能力。"有了互联网学习成本变低了"这在一定意义上就是一个假象。你获取知识的路径和门槛变低了，只要有手机、电脑或者其他可以联网的设备你就可以学习。但是，因为互联网上面有庞大的知识，你需要更多的时间去识

① 《习近平关于全面从严治党论述摘编》，中央文献出版社 2016 年版，第 153 页。

② 习近平：《加大力度推进深度贫困地区脱贫攻坚》（2017 年 6 月 23 日），《习近平谈治国理政》第 2 卷，外文出版社 2017 年版，第 87 页。

别和辨认，选择的成本提高了。你看了很多的电子书、很多的信息，甚至你看了很多人专业的教程，或许其中一节课才是对你有益的，其他的都不适合你学习，这其中也是花费了你大量的宝贵时间。甚至可能自诩为“专家”、拥有大量粉丝、知名度很高的网络“大咖”，也会以他发布的片面的、主观的、错误的信息误导你。面对互联网的各种真假难辨、虚实不清、充满诱惑的信息，需要我们培养出超强的自律和自控能力以及学习能力和辨别能力。

设问 10　原因和结果辩证关系原理的方法论意义是什么?

讲解　原因与结果是揭示事物引起和被引起关系的一对范畴。在事物的普遍联系中，引起某种现象的现象就是原因，被某种现象所引起的现象就是结果。原因和结果是相互区别的，在一个具体的因果联系中，原因就是原因，结果就是结果，二者不能混淆和颠倒。但原因和结果又是相互依存和相互转化的。一方面，没有“无果之因”，也没有“无因之果”；另一方面，一种现象在一种联系中是原因，在另一种联系中则是结果，反之亦然。

原因与结果辩证关系原理的方法论意义在于：它要求我们全面把握事物的因果关系，通过自觉的努力，消除不利的原因，使因果关系运动朝着有利于人的发展的方向运行，从而达到我们所需要的结果。例如，习近平总书记在庆祝改革开放 40 周年大会的讲话中指出：“40 年来取得的成就不是天上掉下来的，更不是别人恩赐施舍的，而是全党全国各族人民用勤劳、智慧、勇气干出来的！我们用几十年的时间走完了发达国家几百年走过的工业化历程。在中国人民手中，不可能成为可能。我们为创造了人间奇迹的中国人民感到无比自豪、无比骄傲。”[①]从中国特色社会主义建设历程来看，习近平总书记前一句所表达的是“原因”，后一句所表达的是“结果”。我们之所以能取得别人所无法取得的成就，是因为我们付出了别人所没有付出的努力，西方国家不了解或不正视我们的付出，把我们的发展看成是对他们成果的“窃取”，对我国进行各种各样的“封锁”和打压，这既吓不倒也压不垮中国人民，无论是过去、现在还是将来，我们发展的根本原因都在于我们自己的“勤劳、智慧、勇气”！

设问 11　必然与偶然辩证关系原理的方法论意义是什么?

讲解　必然与偶然是揭示事物产生、发展和衰亡过程中的不同趋势的一对范畴。必然是指事物联系与发展中确定不移的趋势，在一定条件下具有不可避

① 习近平：《在庆祝改革开放四十周年大会上的讲话》，《十九大以来重要文献选编》(上)，中央文献出版社 2019 年版，第 728 页。

免性。偶然是指事物联系和发展中不确定的趋势。必然和偶然相互依存。一方面，没有脱离偶然的必然；另一方面，没有脱离必然的偶然。必然与偶然相互转化。相对于某一过程来说是必然的东西，对另一过程可能成为偶然的东西，反之亦然。

必然与偶然辩证关系原理的方法论意义在于：它要求我们在认识和实践中，必须重视事物发展的必然规律和发展趋势，并以此为依据制定我们的目标和计划，同时也要充分估计到各种偶然因素的作用，善于敏锐地识别和把握机遇，在实践中达到预期的目标。例如，美国社会的撕裂和动荡，看起来是“黑人事件”“亚裔事件”“国会山事件”等一系列偶然事件的结果，但究其实质，却是美国式民主（金钱民主、形式民主、否决民主）所固有的弊端带来的必然结果。（有兴趣的同学可以进一步阅读《人民日报》2021 年 5 月 17 日发表的评论员文章《失序之责谁来负——美式民主痼疾难除》。）

设问 12　现实与可能辩证关系原理的方法论意义是什么？

讲解　现实与可能是反映事物的过去、现在和将来关系的一对范畴。现实是指相互联系着的实际存在的事物的综合。可能是指包含在事物中预示事物发展前途的种种趋势，是潜在的尚未实现的东西。现实与可能相互区别。可能不等于现实，现实已经不是可能。现实与可能相互转化。一方面，现实蕴藏着未来的发展方向，会不断产生出新的可能；另一方面，可能包含着发展成为现实的因素和根据。

可能与现实辩证关系原理的方法论意义在于：它要求我们一方面立足现实，对可能性做出全面的分析和预判；另一方面着眼长远，防止坏的可能变为现实，同时善于创造条件，使好的可能获得实现。例如，我国制定的“十四五”规划及 2035 年远景目标，都是立足于我国前期取得的现实成果、发展的长远需求。长远目标一定要立足现实，不切实际的目标不具有实现的可能性；有了立足长远的目标，才能及时解决现实中存在的问题，最终把“社会主义现代化强国”的目标变成现实。

设问 13　唯物辩证法三大规律的地位与作用如何？

讲解　唯物辩证法认为，事物的发展不是偶然事件的杂乱堆积，而是在其本质和必然联系的作用下表现出一定的规律性，唯物辩证法揭示的事物发展的规律主要有对立统一规律、质量互变规律、否定之否定规律。三大规律都是揭示事物发展的规律，但各自的侧重点不同，由此决定了其在唯物辩证法规律体系中的地位和作用也不同。其中，对立统一规律揭示事物发展的源泉和动力，回答了事物为什么会发展的问题；质量互变规律揭示事物发展的形式或状态，回答了事物怎么样发展的问题；否定之否定规律揭示事物发展的方向和道路，回答了事物发展的总趋势问题。由于对立统一规律解决的是发展的最根本问题，因而它是唯物辩证法的实质与核心，辩证法与形而上学对立的焦点也是在于是否承认矛盾的存在和作用。

设问 14　为什么说对立统一规律是唯物辩证法的实质和核心?

讲解　对立统一规律在唯物辩证法规律体系中居于主导地位，是唯物辩证法的实质与核心，具体原因可以从三个方面讲解：第一，对立统一规律揭示了事物普遍联系的根本内容和永恒发展的内在动力，从根本上回答了事物为什么会发展的问题。唯物辩证法之所以区别于形而上学，最根本的就在于它找到了“矛盾”这个发展的根源与动力，进而能用联系和发展的观点看世界。第二，对立统一规律是贯穿唯物辩证法其他规律和范畴的“钥匙”。唯物辩证法是由三大规律、四组辩证思维方法、五对范畴构成的完整理论体系，而“矛盾”是贯穿其中的中心线索：质量互变规律揭示了量变和质变这一对矛盾的辩证关系，否定之否定规律揭示了肯定和否定这一对矛盾的辩证关系；归纳与演绎、分析与综合、抽象与具体、逻辑与历史是人类进行理性思维时面临的四对矛盾，正确处理它们之间的对立统一关系才能达成科学的思维；内容与形式、本质与现象、原因与结果、必然与偶然、现实与可能则是贯穿事物联系和发展过程的五对矛盾，它们构成事物联系和发展的基本环节。第三，对立统一规律提供了人们认识世界和改造世界的根本方法——矛盾分析法。对立统一规律认为，矛盾普遍存在于一切事物发展的始终，“无时不有、无处不在”。认识事物就是认识矛盾，分析事物就是分析矛盾，解决问题就是解决矛盾，矛盾分析法是贯穿我们认识世界和改造世界全过程的根本方法。

设问 15　辩证矛盾与逻辑矛盾的区别是什么?

讲解　唯物辩证法所说的矛盾是反映事物内部和事物之间对立统一关系的哲学范畴，因此对立统一规律又称为矛盾规律。把握唯物辩证法的矛盾范畴需要注意辩证法的辩证矛盾和形式逻辑的逻辑矛盾的区分。

我国古代有两个成语故事，“自相矛盾”[楚人有鬻矛与盾者，誉之曰：“吾盾之坚，物莫能陷也。”又誉其矛曰：“吾矛之利，于物无不陷也。”或曰：“以子之矛，陷子之盾，何如?”其人弗能应也。夫不可陷之盾与无不陷之矛，不可同世而立。(《韩非子·难》)]与“塞翁失马”[近塞上之人，有善术者，马无故亡而入胡。人皆吊之，其父曰：“此何遽不为福乎?”居数月，其马将胡骏马而归。人皆贺之，其父曰:“此何遽不能为祸乎?”家富良马,其子好骑,堕而折其髀。人皆吊之,其父曰:“此何遽不为福乎?”居一年,胡人大入塞,丁壮者引弦而战。近塞之人,死者十九。此独以跛之故,父子相保。(《淮南子·人间训》)]一个代表的是逻辑矛盾,一个代表的是辩证矛盾,对二者的区别可以做如下概括:第一,逻辑矛盾是思维过程中出现的主观错误。由于思维过程没有遵循应有的逻辑规律,导致前后不能一致,首尾不能相顾,从而陷入自相矛盾的境地。辩证矛盾则是事物自身所固有的对立统一关系,它不以人的主观意志为转移,无论你是否承认、是否认识,它都客观存在。第二,要克服逻辑矛盾的主观错误,必须遵循非此即彼的原则,鱼和熊掌不可兼得。辩证矛盾则既承认矛盾双方的相互对立即“非此即彼”,又承认矛盾双方的相互统一即“亦此亦彼”。承认非此即彼是承认事物之间的本质区别,承认事物的相对静止,避免“方生方死”的相对主义错误,承认亦此亦彼是承认事物之间的联系转化,承认事物的绝对运动,避免“飞矢不动”的形而上学错误。事物正是在对立统一中才能存在与发展。

设问 16 矛盾的“统一性”与“同一性”等同吗?

讲解 对立和统一分别体现了矛盾的两种基本属性,矛盾的对立属性又称斗争性,是指矛盾着的对立面相互排斥、相互分离的性质和趋势;矛盾的统一属性又称同一性,是指矛盾双方相互依存、相互贯通的性质和趋势。

关于“矛盾统一性”范畴,教材中表述为“矛盾的统一属性又称同一性”,其后的讲解都用“同一性”取代了“统一性”,给人的感觉是不仅“统一性”等同于“同一性”,而且在哲学语境中“同一性”的使用比“统一性”更普遍。这种表述是从2007版一直延续下来的“传统”,同时,这种“传统”也一直保持在笔者从教30年来所用过的或见过的各种版本的《马克思主义哲学》或《马克思主义基本原理》教材中,从而使这种表述成为一个无需争辩的“科学定论”。可能编写教材和修订教材的专家学者们也都不会在意这个小细节。事实上,这种表述是禁不起推敲的,在教学中所带来的问题也是显而易见的。其一,在经典作家的相关表述中,“统一性”和“同一性”是作为两个不同的概念存在的,早在20世纪80年代,就有学者对这些表述进行过总结研究。比如,姜刚在《同一性与统一性不是一个概念》一文中就对黑格尔、马克思、恩格斯、列宁的相关表述进行过比较分析,尤其是黑格尔的一段表述最为明确地显示了“统一”与“同一”两个范畴的区分:“这里还要特别提到这个姑且说是不幸的字眼:统一。统一比同一还更关系到主观的反思,它主要被当作关系,是由比较、由外在的反思而发生的。因为比较在两个不同的对象中发现了同一的东西，于是便有了统一。”[①]2009 年，赵秉峰又发文对两个范畴之间的区分进行了更加详细的论证。[②] 这些都是非常值得吸收借鉴的学术成果。其二，就笔者的理解，“统一性”与“同一性”不是等同的关系，而是包含与被包含的关系。“同一”的基本含义是共同点、一致性，与之相对应的范畴是“差异”，“统一”的基本含义是矛盾双方的相互联系、相互渗透、相互转化关系，与之相对应的范畴是“对立”。“同一”是“差异”之外的共同点、一致性，“统一”则是对立面之间的联系、渗透和转化关系。“同一”表述的是事物与现象之间一种静态的比较关系，“统一”则更强调事物与现象之间通过矛盾斗争而实现的动态统一体。“同一性”是“统一性”的基础和前提，没有共同点和一致性，矛盾双方不可能最终统一于一个统一体中。但“统一性”是比“同一性”内涵更丰富、更适合与对立和斗争性相对应、更能体现辩证法本质特征的范畴。西周末年思想家史伯说过：“和实生物，同则不继。以它平它谓之和，故能丰长而物归之”，即“和而不同”，“和”是和谐，是矛盾双方通过斗争实现的互利共赢状态，是“统一性”而不是“同一性”。总之，“统一”包含“同一”但不等于“同一”，正如“对立”包含“差异”但不等于“差异”。其三，教材将“同一性”等同于“统一性”而且以“同一性”为主表述矛盾属性的处理方法，与教材中其他许多方面的理论表述存在着明显的矛盾，如果这两个范畴是相等的，那么在任何情况下应该都能互换，但事实非也，单就对立统一规律来说，就不能表述为“对立同一规律”，其他如“世界的物质统一性”“社会形态更替的统一性”“马克思主义科学性和革命性的统一”“真理与价值的辩证统一”等，其中的“统一”都不能替换成“同一”。基于以上分析，笔者认为，关于矛盾“统一性”的表述应当去掉“矛盾的统一属性又称同一性”的表述，直接解释“统一性”的含义。尽管经典作家也使用过“同一性”范畴，但那只是在特定情况下将其等同于“统一性”，就马克思主义理论体系整体来看，“同一性”范畴使用频率要小很多。从我们的教材来看，除了定义矛盾“统一性”概念时将其等同于“同一性”之外，其他地方使用的都是“统一”而非“同一”，因此在讲矛盾的基本属性时只讲“统一性”就够了，没有必要再解释“同一性”，由此还可以避免学生产生不必要的混乱和误解。

设问 17 如何理解矛盾的统一性？

讲解 矛盾的统一性，指矛盾双方相互依存、相互贯通、相互转化的趋势。

---

① 姜刚：《同一性和统一性不是一个概念》，《哲学动态》，1980 年第 9 期，第 20-22 页。

② 赵秉峰：《科学理解矛盾的同一性和统一性的含义及其相互关系》，《绥化学院学报》2009 年第 6 期，第 27-29 页。

提到矛盾，大家容易直观地想到“斗争”，但矛盾双方首先有统一性才会有斗争，战争中敌我双方你死我活的对立关系，是由于有共同的利益需要争夺才建立起来的，因此我们说，矛盾的斗争性寓于统一性之中。我们以战争与和平这一对矛盾为例，说明矛盾的统一性。首先，战争与和平相互依存，没有战争就无所谓和平，没有和平也就无所谓战争，两者相比较而存在。其次，战争与和平之间存在着相互贯通和转化的趋势。从我国的象形文字来看，“武”字由“止、弋”组成。弋即戈，是一种带长柄的兵器。“武”即武力、战争，而“止戈”的意思却是停止战争，求得和平。从“武”的词源，可以看出我们先民对战争与和平辩证关系精妙理解，拿起武器是为了捍卫和平，也只有拿起武器才能捍卫和平。习近平总书记在2020年10月23日纪念中国人民志愿军抗美援朝出国作战70周年大会上的讲话中指出：“中国人民深知，对待侵略者，就得用他们听得懂的语言同他们对话，这就是以战止战、以武止戈，用胜利赢得和平、赢得尊重。中国人民不惹事也不怕事，在任何困难和风险面前，腿肚子不会抖，腰杆子不会弯，中华民族是吓不倒、压不垮的！”当今中国面临百年未有之大变局，一些国家出于各种狭隘的利益考量一再对中国进行威胁和挑衅，习近平总书记铿锵有力的话语可以说是代表中国人民对这些威胁和挑衅做出的明确的回应，中华民族是爱好和平的民族，我们不会轻易挑起战争，但我们也深知和平不是一味退让就能换来的，我们随时准备为捍卫和平而战！

设问18　如何理解矛盾是事物发展的动力？

讲解　矛盾的统一性和斗争性在事物发展中具有重要作用。统一性在事物发展中的作用主要表现在：第一，矛盾双方相互依存，奠定发展的基础。矛盾双方相互依赖才能存在，有存在才能有发展。第二，矛盾双方相互贯通，提供发展的营养。在矛盾统一体中，双方互相吸取有利于自身发展的因素，在相互作用中共同得到发展。第三，矛盾双方相互转化，决定发展的趋势。事物的发展方向、趋势不是随意的，而是有规律地向自己的对立面转化。矛盾的斗争性在事物发展中的作用主要表现在：第一，量变过程中，斗争性促使矛盾双方力量对比的变化，造成双方力量的不平衡，为对立面的转化、事物的质变创造条件。第二，质变过程中，矛盾双方的斗争是一种矛盾统一体向另一种矛盾统一体过渡的决定力量，直接促成旧事物发展成为新事物。当然，统一性和斗争性在事物发展中的作用不是彼此孤立的，在事物的发展过程中，矛盾的统一性和斗争性相互结合，共同发挥作用，事物的发展是矛盾双方既对立又统一的结果。在不同的条件下，统一性或斗争性可能分别处于主要方面，当统一性处于主要方面时，矛盾双方在和谐共处中共同发展，当斗争性处于主要方面时，矛盾双方在相互对抗中此消彼长。

设问 19 “矛盾是事物发展动力”原理的方法论意义是什么?

讲解 刚才同学们举了工作、生活、学习、自然、社会、国家等多方面的例子,说明了现实生活中矛盾对事物发展的动力作用。我们再从中国和美国的关系角度谈一谈矛盾对于推动两国关系发展的具体作用。从斗争性的角度看,中国与美国的对立主要表现在几个方面:第一,根本社会制度导致的对立,资本主义与社会主义两种制度的对立决定了两国在政治、经济、文化、社会体制等各方面必然存在根本的差异;第二,历史文化传统导致的对立,中国作为东方文化传统的代表和美国作为西方文化传统的代表,在思维方式、生活习惯、价值观念等方面必然存在重大的差异;第三,现实发展需求导致的对立,中国作为世界最大的发展中国家和美国作为世界最大的发达国家,现实发展的需要必然导致两国在资源占有、市场分割、技术优势、国际地位等方面形成竞争态势。但正是在这些对立的方面,两国之间也显示出统一性:第一,资本主义制度与社会主义制度是根本对立的,但二者又可以相互学习借鉴对方有利于自身发展的因素。例如,社会主义发展市场经济,可以学习借鉴资本主义市场经济发展中积累的理论和实践经验,避免走它们走过的弯路;资本主义应对经济危机,可以学习借鉴社会主义宏观调控的机制和策略,尽可能地降低危机造成的负面影响。第二,中西方历史文化传统存在重大的差异,但全球化的今天,文化之间的碰撞与交流日趋频繁,西方文化传统中的独立、自信、创新意识等方面对中国青年产生了积极的影响,东方文化传统中的集体观念、抗争精神和对自然的敬畏等也被美国等西方国家所欣赏。第三,两个大国现实发展的需要必然导致很多领域的竞争,但正是在这些竞争的领域中,也体现了两国的相互依存和贯通关系,经济贸易导致的市场依赖、资源的取长补短导致的资源依赖、技术的相对优势导致的技术依赖,等等,这些依赖关系决定了美国与中国无论怎么对抗都不可能彻底决裂,都是在矛盾统一体中的对抗。从一定意义上说,有一个强大的竞争对手,是保持自身强大的重要前提,这会促使矛盾双方为了保持竞争优势而努力进取,共同发展。

设问 20 如何把握矛盾与和谐的关系?

讲解 正确认识矛盾在事物发展中的作用,还需要正确把握矛盾与和谐的关系。第一,和谐是矛盾的一种特殊表现形式,体现着矛盾双方相互依存、相互促进、共同发展,也就是矛盾统一性占据主导地位、成为矛盾主要方面的情形。第二,和谐并不意味着矛盾的绝对统一,只要是矛盾必然有斗争的属性,而且和谐需要通过斗争来实现、借助斗争来维持,因而这里的统一是相对的、有条件的统一。第三,和谐的本质就在于协调事物内部及事物之间各种因素的相互关系,促成最有利于事物发展的状态，不能以牺牲任何一方为代价换取对方的发展，互利共赢才是真正的和谐。

正确把握矛盾与和谐的关系，正确认识和谐的本质，要求我们在实践中注重发挥和谐对事物发展的作用。中国共产党倡导“和谐社会”“和谐世界”“人类命运共同体”的构想，就是为了促进形成和谐的国内和国际氛围，充分发挥和谐在事物发展中的积极作用，形成互利共赢的发展态势。

设问 21　如何理解矛盾的普遍性和特殊性及二者的辩证关系？

讲解　矛盾的普遍性是指矛盾存在于一切事物的发展过程中，事事有矛盾，矛盾无处不在；每一事物的发展过程中存在着自始至终的矛盾运动，时时有矛盾，矛盾无时不有。例如，在自然界中，机械运动包含了连续性和间断性、离心力和向心力的矛盾；化学运动包含了化合和化分、酸性和碱性、阳离子和阴离子的矛盾；生命运动包含了同化与异化、遗传和变异的矛盾。在人类社会中，任何社会形态都是生产力和生产关系、经济基础和上层建筑的矛盾统一体。在认识领域，也普遍存在着感性和理性、理论和实践、主观和客观、主体与客体、真理和谬误的矛盾。

矛盾特殊性包含三个层面：一是不同事物的矛盾各有其特殊性，例如，中国有中国的矛盾，美国有美国的矛盾；二是同一事物的矛盾在不同发展过程和发展阶段各有不同特点，例如，处在社会主义初级阶段的中国与将来发展到高级阶段时面临的矛盾必然不同；三是不同矛盾在事物发展中的地位有其特殊性，主要矛盾和次要矛盾、矛盾的主要方面和次要方面在事物发展过程中的地位和作用是不同的，例如，当前中国的主要矛盾是“人民日益增长的美好生活需要与不平衡不充分的发展”之间的矛盾，应对和解决这个矛盾，是当前我国一切工作的核心。

矛盾普遍性与特殊性的关系是共性与个性、一般与个别的关系。矛盾普遍性和特殊性首先是对立的，普遍性（共性）是绝对的、无条件的（“无处不在，无时不有”），特殊性（个性）是相对的、有条件的（不同事物、不同阶段有不同的矛盾，不同矛盾有不同的特点），二者不能等同。普遍性与特殊性又是统一的：一方面，二者相互渗透、相互依存，共性寓于个性之中，没有离开个性的共性，也没有离开共性的个性。任何个别无论怎样都是一般，任何一般只是个别的一部分、一方面。（个性能够完全包含共性，共性不能完全包含个性。）另一方面，二者在一定条件下可以相互转化。在一定领域属于普遍性的，换了其他领域可能就成为特殊性，例如，对于人类社会来说，生产力和生产关系、经济基础和上层建筑的矛盾是普遍存在的矛盾，但对于整个世界来说，这两对矛盾就是人类社会的特殊矛盾。

设问 22　矛盾普遍性和特殊性原理的方法论意义是什么？

讲解　矛盾的共性个性、绝对相对的道理，是关于事物矛盾问题的精髓，是正确理解矛盾学说的关键，不懂得它，就不能真正掌握唯物辩证法。矛盾普遍性和特殊性的原理对于我们正确处理学习、生活和工作中的具体问题具有重要的方法论意义，也是马克思主义普遍原理与各国具体实际相结合的哲学基础。在中国共产党领导中国人民进行社会主义革命和社会主义建设的过程中，正是由于恰当地掌握并运用了矛盾普遍性与特殊性的原理，创造性地把马克思主义普遍原理与中国的具体实际相结合，科学地实现了马克思主义的中国化，才取得了一次次历史性飞跃，习近平总书记在 2018 年 5 月 4 日纪念马克思诞辰 200 周年大会上的讲话中将其总结为“三次飞跃”：同中国革命和建设的具体实际结合起来，实现中华民族从东亚病夫到站起来的飞跃，证明了只有社会主义才能救中国！同中国改革开放的具体实际结合起来，实现中华民族从站起来到富起来的飞跃，证明了只有中国特色社会主义才能发展中国！同新时代中国具体实际结合起来，实现中华民族从富起来到强起来的飞跃，证明了只有坚持和发展中国特色社会主义才能实现中华民族伟大复兴！[①]

设问 23　如何理解矛盾分析法？

讲解　矛盾分析法是对立统一规律在方法论上的体现。在唯物辩证法的方法论体系中，矛盾分析法居于核心的地位，是根本的认识方法。

矛盾分析法的具体内容包括：矛盾普遍性与特殊性相统一的方法，“两点论”与“重点论”相结合的方法，在对立中把握统一与在统一中把握对立的方法，批判与继承相统一的方法等。

中国古代思想家用简明的语言表达的矛盾观，对于我们掌握矛盾分析法也具有启迪作用。例如，“物生有两，相反相成”“一分为二、合二为一”“和而不同，执两用中”“尚和去同”等，都体现出矛盾分析法的重要意义。

矛盾分析法的核心要求是善于分析矛盾的特殊性，做到具体矛盾具体分析，具体情况具体分析。

设问 24　质的规定性与量的规定性有什么共同点？

讲解　质是一事物区别于其他事物的内在规定性。量是事物的规模、程度、速度等可以用数量关系表示的规定性。

---

① 习近平：《在纪念马克思诞辰二百周年大会上的讲话》，《十九大以来重要文献选编》（上），中央文献出版社 2019 年版，第 427 页。

质的规定性和量的规定性是一切事物都具有的两种规定性，二者的共性主要表现在如下方面：其一，客观性。质的规定性和量的规定性都是事物本身所固有的，不是人们主观臆想的，也不以人的主观意志为转移。其二，多样性。任何事物都是由多种要素构成的有机整体，由此决定了其质的规定性与量的规定性都是多样的。就一个人来说，智力素质、心理素质、道德素质、身体素质等是其多方面的质的规定性，身高、体重、年龄等是其多方面的量的规定性。其三，可变性。质的规定性和量的规定性都是随着事物的发展而改变的，量的规定性的改变即是量变，质的规定性的改变即是质变，前者是在保持原有事物存在前提下进行的变化，后者则造成了新旧事物的交替。

设问 25　质的规定性和量的规定性有什么区别?

讲解　质的规定性和量的规定性作为事物固有的两种规定性，有共同点，但也有一个根本的区别：质与事物的存在是直接同一的，质的根本改变必然引起新旧事物的交替；量与事物的存在不是直接统一的，一定限度内量的变化不影响事物的存在。因此我们说，区分不同事物的依据是事物的质，不同事物必然有不同的质，由此决定了我们对事物的研究首先要做定性研究；其次，区分同质事物的依据是事物的量，同质的事物可以有不同的量，由此决定了在定性研究的基础上还需要对事物进行定量研究。

把握质与量的这一区别，是正确理解“度”这个概念的前提，对于“一定限度内量的变化不影响事物的存在”这一表述，需要做两方面的讲解：其一，量的变化只要在一定限度内，就不会影响原有事物的存在。一支粉笔和四分之一支、八分之一支、十六分之一支粉笔没有质的区别。其二，量的变化只有在一定限度内，才不会影响原有事物的存在。量的变化不影响事物的存在不是无条件的不影响，一旦量变超出了限度，必然引起新旧事物的交替。无论多么耐用的粉笔，只要坚持不懈地在黑板上划，总有被用完即全部被粉尘所取代的时刻。第一方面的讲解主要用于理解质与量的区别，第二方面的讲解主要用于引出度的概念：所谓“度”就是保持质不改变的前提下量的变化的限度，即量的变化不影响原有事物存在的条件。

设问 26　掌握适度原则的方法论意义是什么?

讲解　度是事物质和量的统一，是事物保持事物质的稳定性的数量界限。度这一哲学范畴启示我们，在认识和处理问题时要掌握适度原则。所谓适度原则，就是使事物的变化保持在适当的量的范围内，既防止“过”，又防止“不及”。黑格尔说：“凡举一切人世间的事物——财富、荣誉、权力，甚至快乐痛苦等——

皆有其一定的尺度，超越这尺度就会招致沉沦和毁灭。”[①]孔子也说过：“吾十有五而志于学，三十而立，四十而不惑，五十而知天命，六十而耳顺，七十而从心所欲，不逾矩。”(《论语·为政》)这些名言都是对适度原则的表达。

再如，“水至清则无鱼，人至察则无朋”也体现了与人相处的适度原则。凡事太较真，无论对什么都看不惯，身边的人没一个能容得下，无异于孤立自己、远离人群，造成自己与他人、与社会格格不入的局面。人非圣贤，孰能无过。与人相处，我们要遵循求大同存小异的原则，有肚量，能容人，就会有越来越多的朋友，做事也能左右逢源，诸事遂愿；相反，如果我们凡事“明察秋毫”，眼里揉不下沙子，无论什么鸡毛蒜皮的小事都要论个是非曲直，人家也会躲你远远的。

设问 27 如何理解“次序的变化”这种量变形式?

讲解 所谓量变就是事物数量的增减和组成要素排列次序的变动，量变有两种基本形式：数量的增减和次序的变化。“次序的变化”是一种特殊的量变形式，在这种形式的量变中，构成事物的成分没有发生数量上的改变，只是通过改变排列顺序和结构方式从而促成质变的发生。例如，乙醇(酒精)和甲醚两种物质都是由两个碳原子、六个氢原子和一个氧原子(C_2H_6O)构成，但由于这些构成成分的排列组合方式不同(即分子结构式不同)，导致两种物质在性质上的众多差异，前者是液体，后者是气体，前者可以以任何比例与水融合，后者则不溶于水。再如，西洋音乐就七个基本音符，而中国传统音乐只有五个基本音符，然而，这些音符的不同排列组合，辅之以切分音符(二分音符、四分音符、八分音符等)及各种装饰音(颤音、琶音、前倚音、后倚音等)，既可以组成催人奋进的雄壮乐曲，也可以组成格调低下的靡靡之音。又如，以“田忌赛马”为代表的各种团体竞技活动，马还是那三匹，队员还是那几个，出场顺序不同，可能导致完全不同的比赛结果。同学们还可以举出类似的其他事例，在理解量变时要注意这种特殊的量变形式的存在。

设问 28 如何理解“爆发式飞跃和非爆发式飞跃”?

讲解 质变是事物根本性质的变化，是事物由一种质态向另一种质态的飞跃。质变有两种基本形式：爆发式飞跃和非爆发式飞跃。

爆发式飞跃，是指解决对抗性矛盾的质变形式。这种飞跃是经过了充分的量变准备之后发生的，此时新旧事物发生激烈的外部冲突，通过一次或几次决定性的打击，摧毁了阻碍新事物诞生和成长的桎梏，使新事物迅速战胜旧事物。自

① 黑格尔：《小逻辑》，商务印书馆 1980 年版，第 235 页。

然现象中的火山爆发、炸弹爆炸、不可控的热核反应都是爆发式飞跃。社会发展过程中不同社会制度的更替，也常常是通过爆发的形式而实现飞跃的。

非爆发式飞跃，是解决非对抗性矛盾的飞跃形式。这种飞跃形式是指，在旧事物向新事物转化时不发生剧烈的外部冲突，而是通过新质要素的逐渐积累和旧质要素的逐渐衰亡而实现的。由旧生物种到新生物种的发展，从猿到人的转化，语言的更新，科学的革命，人的世界观的转变，等等，都是属于这种飞跃形式。

爆发式飞跃和非爆发式飞跃也并不总是界限分明的。一个总的飞跃过程是爆发式的，但不排斥在这个过程中出现个别非爆发式飞跃。例如，解放战争中的三大战役，是实现我国社会形态更替的决定性环节，总体上看是爆发式飞跃的过程，但其中的平津战役，最终是通过和平的方式取得了胜利。

设问 29　为什么说量变与质变区别的根本点在于是否超出度的范围?

讲解　量变和质变作为事物变化的两种形式，也是事物发展过程中呈现出的一对基本矛盾，它们之间是既对立又统一的关系。其对立表现在：量变是渐进的、连续的、不显著的、度范围之内的变化，质变是飞跃的、非连续的、显著的、超出度范围之外的变化。

量变与质变作为事物变化的两种形式或状态，表现出多方面的区别，但二者区别的根本点在于是否超出度的范围，其他区别都是根源于这一方面：量变是度范围以内的变化，此时，事物的性质没有发生根本改变，是同一事物自身发生的变化，因此，量变是连续的、渐进的、不显著的；质变是超出度范围之外的变化，一旦量的变化超出度的范围，就会带来新旧事物的交替，此时，不再是原有事物连续发生的变化，而是产生了新事物，开始了新的变化过程，因此，质变是飞跃的、非连续的、显著的。

这里还需要注意的一个问题是，量变的“不显著”不能等于“微小”，事物量的变化有时候幅度也会很大，例如一个人从婴儿到老人，变化幅度会很大，但只要生命犹在，都是量变过程。量变的不显著只是相对于质变来说的，量变幅度无论多大，都是同一个事物自身发生的变化，相对于新旧交替的质变来说，仍旧是“不显著”的。

设问 30　如何理解量变与质变的相互渗透?

讲解　从理论上说，量变与质变是前后相继发生的两种变化形式，量变引起质变，质变又为新的量变做准备，但在具体事物的发展过程中，由于事物自身的复杂性和各要素发展的不平衡性，量变和质变往往并不是能够截然分开的，而是表现出量变和质变相互渗透、相互包含的情况。质变向量变的渗透即总的量变过程中包含部分质变，具体又分为两种情形：一是阶段性部分质变，事物根本性质没有发生变化的前提下，某些非根本的性质发生了改变从而使事物的发展呈现出阶段性。一个人从童年到少年、青年、壮年和老年，从小学到中学、大学和研究生，这些都是人一生中的阶段性部分质变。从自由竞争资本主义到垄断资本主义、从社会主义初级阶段到社会主义高级阶段，都是社会形态发展中的阶段性部分质变。二是局部性部分质变，事物全局根本性质没有发生改变的前提下，某些局部根本性质发生了改变。我国新民主主义革命时期，一块块革命根据地的建立，相对于处于半封建半殖民地社会的全国而言，就是局部性部分质变。量变向质变的渗透即质变过程中量的扩展。质变从发生到完结有一个过程，在这个过程中，新质在数量上不断减少，旧质在数量上不断增加，直至最终完成新旧交替。解放战争时期的三大战役，逐渐扩大解放区的地盘，逐渐压缩国民党的势力，最终实现全国的解放，就是质变过程中量的扩张的表现。

设问 31 如何理解黑格尔对"谷堆论证"和"秃头论证"的讲解？

讲解 "谷堆论证"和"秃头论证"是古希腊哲人欧布利德提出的两个论题，前一个问的是"一粒谷子能否成为一个谷堆"，后一个问的是"少一根头发能否造就一个秃头"。古希腊人对这两个问题进行过长久的讨论，但都没有给出圆满的答案。黑格尔在《哲学史讲演录》中，从质量互变规律的原理对这两个论题进行了讲解：一粒谷子本不是一个谷堆，但是以一粒谷子为基数，不断增加谷子的数量，最终必然达到一个极限，再增加最后一粒谷子，就成为一个谷堆，从这个意义上可以说，一粒谷子可以成为一个谷堆；少一根头发，本不意味着就是一个秃头，但以一根头发为基数，不断减少头上的头发，最终必然达到一个极限，再拔掉最后一根头发，就成为一个秃头，从这个意义上说，少一根头发可以造就一个秃头。黑格尔的讲解，精确体现了量变和质变相互转化的必要性和必然性：谷子一粒一粒增加和头发一根一根减少是量变过程，这是促成质变的必要前提；增加最后一粒谷子成为一个谷堆和拔掉最后一根头发成为秃头是质变过程，这是量变积累的必然结果。没有量的积累，不可能发生质的飞跃，而量的积累不可能永远进行下去，超越了限度必然发生质的飞跃，"没有拔不秃的脑袋"（"秃头论证"）、"没有啃不倒的大树"（"蚂蚁效应"）、"没有压不死的骏马"（"稻草原理"），讲的都是这样的道理。

设问 32 "温水煮青蛙"的实验告诉我们什么质量互变规律的道理？

讲解 "温水煮青蛙"来源于 19 世纪末美国康奈尔大学科研人员做过的一个"水煮青蛙实验"。当科研人员将青蛙投入 40 摄氏度的水中时，青蛙因受不了突如其来的高温刺激立即奋力从水中跳出来得以成功逃生。当科研人员把青蛙先放入装着冷水的容器中，然后再缓慢加热(每分钟上升 0.2 摄氏度)，青蛙反倒因为开始时水温的舒适而在水中悠然自得。当发现无法忍受高温时，已经心有余而力不足了，不知不觉被煮死在热水中。

“温水煮青蛙”道出了从量变到质变的原理，说明的是由于对渐变的适应性和习惯性，失去戒备而招灾的道理。这也是我们常说的“防微杜渐”的道理，在人的成长过程中，一些小的恶习往往被忽视，而一旦形成根深蒂固的价值取向，可能对人的一生造成重大的消极影响。

设问 33 如何应对现实中的“黑天鹅”和“灰犀牛”事件?

讲解 “黑天鹅”和“灰犀牛”的典故出自美国学者的两本著作。纳西姆·尼古拉斯·塔勒布在《黑天鹅：如何应对不可预知的未来》中说到，在发现澳大利亚的黑天鹅之前，17 世纪之前的欧洲人认为天鹅都是白色的。但随着第一只黑天鹅的出现，这个不可动摇的信念崩溃了。黑天鹅的存在寓意着不可预测的重大稀有事件，它在意料之外，却又改变着一切。人类总是过度相信经验，而不知道一只黑天鹅的出现就足以颠覆一切。然而，无论是在对股市的预期，还是政府的决策，或是普通人日常简单的抉择中，黑天鹅都是无法预测的。作者把“9·11”恐怖袭击事件和次贷危机等都界定为“黑天鹅”事件，即小概率且影响巨大的突发事件。

后来，米歇尔·渥克呼应前书出版了《灰犀牛：如何应对大概率危机》。灰犀牛生长于非洲草原，体型笨重、反应迟缓，你看见它在远处，毫不在意，一旦它向你狂奔而来，憨直的路线、爆发性的攻击力定会让你猝不及防，直接被扑倒在地！所以危险并不都来源于突如其来的灾难或者太过微小的问题，大多只是因为我们长久地视而不见。作者用“灰犀牛”比喻大概率且影响巨大的潜在危机，大到全球性的气候环境危机，小到某个路口频发的交通事故，都是我们平时对明显的问题视而不见的“拖延症”导致的恶果。

从质量互变规律的原理来讲解，“黑天鹅”事件重在突发性、飞跃性，主要是质变，“灰犀牛”事件重在渐进性、累积性，主要是量变。

设问 34 如何用质量互变规律的原理指导我们的学习?

讲解 质量互变规律的原理，对于指导我们的生活、工作、学习都具有重要的方法论意义。作为学生，我们目前最重要的任务就是顺利完成学业并成长为某一领域的专门人才，而这需要经历一个从量的积累到质的飞跃的艰苦过程。著名学者王国维在《人间词话》中所描述的“治学三境界”很好地诠释了治学过程中的质量互变规律。“古今之成大事业、大学问者，必经过三种之境界：‘昨夜西风凋碧树。独上高楼，望尽天涯路’。此第一境也。‘衣带渐宽终不悔，为伊消得人憔悴。’此第二境也。‘众里寻他千百度，蓦然回首，那人却在，灯火阑珊处’。此第三境也。”每一个开始走上治学道路的人，就像是在西风凋碧树的荒凉时节，独自一人登上高楼，望尽茫茫天涯路，心中茫然无序：书山学海无边无际，我到底该先看哪一本书、先钻研哪一门学问呢？但是，尽管书山学海无边无涯，只要你下定决心钻研进去，一本书一本书地读、一门学问一门学问地学，在这个过程中身形消瘦、容颜憔悴了也决不放弃和后悔，这是一个治学中艰难而漫长的量变过程。只要耐得住寂寞、经得起风雨，“蓦然回首，那人却在，灯火阑珊处”这种赏心悦目的境界必然会达到，这便是治学过程中质的飞跃。

用质量互变规律的原理指导我们的学习，要注意避免两种错误倾向：一是急功近利，好高骛远。有些同学对自己现在的学习和未来的人生没有明确的目标和计划，也缺乏实现目标所必需的持之以恒的积累，平时不学习、考试再突击，这种学习态度是不能真正积累起知识的。二是机械积累，缺乏思考。大学阶段还有一些同学完全延续中学时机械记忆的学习方法，对所学的知识一知半解或不求甚解，这种学习方法也是有碍于学习成效的提升的，不经过思考、理解、消化的知识不能成为内在的知识，不可能在将来的实际工作中真正发挥作用，更不可能触类旁通地产生科学的发现和创新，也就是不能实现质的飞跃。正如马克思所说：“在科学上没有平坦的大道，只有不畏劳苦沿着陡峭山路攀登的人，才有希望达到光辉的顶峰。”

设问 35 如何理解“肯定就是否定”和“否定就是肯定”？

讲解 在任何事物内部，都包含着肯定和否定两个方面。肯定的方面是事物中维持其存在的方面，即肯定这一事物为它自身的方面。否定的方面是事物中促使它灭亡的方面，促使它转化为其他事物的方面。

肯定方面和否定方面是既对立又统一的。“肯定就是否定”和“否定就是肯定”所表达的就是二者的统一性：肯定了它是“这个”，也就否定了它是“那个”，反之亦然。如黑格尔所说：“人们总以为肯定与否定具有绝对的区别，其实两者是相同的。我们甚至可以称肯定为否定，反之，也同样可以称否定为肯定。譬如说，财产与债务并不是特殊的独立自存的两种财产。只不过是在负债者为否定的财产，在债权者即为肯定的财产。同样的关系又如一条往东的路同时即是一条往西的路。因此肯定的东西与否定的东西本质上是互为条件的，并且还是存在于它们的相互联系中。”[①]恩格斯则以“零”为例，精辟而深刻地说明了否定即肯定的道理。“零”是对任何一个确定量的否定，但它作为一切正数和负数之间的界限，作为能够既不是正又不是负的唯一真正的中性数，它本身不只是一个非常确定的数，而且比其他一切被它所限定的数更重要，更有丰富的内容。甚至温度表上的绝对零度也决不代表纯粹的、抽象的否定，而是代表了物质的十分确定的状态。[②]

设问 36　如何理解辩证的否定观?

讲解　辩证的否定观区别于形而上学的机械否定观，它对否定的理解主要有四个方面的特征：第一，否定是事物的“自我否定”。在辩证法看来，事物内部客观地存在着肯定因素和否定因素这对矛盾，事物的发展就是二者既对立又统一的结果，因此，所谓否定就是事物内部否定因素成长壮大，最终战胜了肯定因素的过程，从根本上说否定是事物自己对自己的否定，而非外力作用的否定。这里需要注意的是，在现实生活中我们经常看到一些来自外力的否定，如踩死蚂蚁、人意外死亡等，但即使不踩蚂蚁最终也会死，即使没有意外人最终也会死，生命体的死亡是生命体内部生与死这对矛盾对立统一的结果，一旦死亡这个否定因素占据主导地位，生命体就会走向死亡。国家的兴衰、朝代的更替、民族的强弱等都是如此。这说明实现对事物否定的因素归根到底来自事物内部，外力的作用只是加快或延缓了内部否定因素的成长而已。第二，否定是事物“发展的环节”。在事物内部否定因素和肯定因素的矛盾斗争中，否定因素战胜了肯定因素，最终实现对旧事物的否定，因此，通过否定实现了新事物代替旧事物的过程，而发展的实质就是新事物取代旧事物。第三，否定是事物“联系的环节”。否定因素是在旧事物的母体中孕育成长的，当它战胜了旧事物中的肯定因素而实现了对旧事物的否定的同时，也吸收了旧事物中的积极因素作为自身成长和发展的营养，由此实现了新旧事物之间的联系。正如一切在母体中孕育成长的新生命都必然与母体存在千丝万缕的联系一样。第四，辩证的否定实质是“扬弃”。辩证的否定作为事物联系和发展的环节，实现了新事物对旧事物的“扬弃”，既保留、继承旧事物中的积极因素，又克服、抛弃旧事物中的消极因素，这是辩证否定与形而上学“否定一切”或“肯定一切”的否定观的根本区别。

① 肖前、李秀林：《辩证唯物主义原理》，人民出版社 1991 年版，第 252-253 页。

② 肖前、李秀林：《辩证唯物主义原理》，人民出版社 1991 年版，第 254 页。

设问 37 辩证否定观的方法论意义是什么?

讲解 坚持辩证的否定观就是要求我们在现实生活中以“扬弃”的态度对待一切事物,反对“否定一切”“肯定一切”的形而上学否定观。刚才同学们分别举例说明了自己对这个问题的理解,我这里重点说一说交友中的辩证否定观。“在家靠父母、出门靠朋友”“多一个朋友多一条路”,这些俗语彰显的是中国传统文化中对交友的重视。很多人羡慕别人走到哪里都能结交三教九流的朋友,而自己却往往是孤家寡人一个。其实交友之道很重要的一个原则就是以辩证的否定观看待周围的人。“水至清则无鱼、人至察则无朋”,要正视身边的人的缺点和错误,正视他们与自己的区别和差异,“求同存异”。世界上没有两片完全相同的树叶,也没有两个完全相同的人,如果你只愿意与和你相同或相似的人交朋友,你的“友路”就很窄;如果你把朋友看成十全十美的,在发现他的缺点时就容易受伤害;如果你对朋友全然地依赖而失去了自我,你就会在发现他还有其他朋友时感觉到背叛。

设问 38 如何理解否定之否定规律所揭示的事物发展的周期性?

讲解 否定之否定规律揭示事物的发展经过两次否定、三个阶段、形成一个周期,用一般公式表述就是肯定阶段—否定阶段—否定之否定阶段。其中的三个阶段是指肯定阶段、否定阶段、否定之否定阶段,两次否定是指否定阶段对肯定阶段的否定和否定之否定阶段对否定阶段的否定,经过了两次否定后,第三个阶段的事物在外在形式上具有与第一个阶段事物的相似之处,仿佛是向原来出发点的“回复”,从而使事物的发展呈现出周而复始的周期性特点。如:种子—植株—种子,原始公有制—私有制—共产主义公有制,古典朴素唯物辩证法—唯心辩证法—现代马克思主义唯物辩证法,等等。理解事物发展的周期性,需要注意两个方面的问题:一方面,要能解释发生“回复”的原因。从对立统一规律来看,肯定阶段的事物和否定之否定阶段的事物都是作为否定阶段事物的对立面存在的,拥有相同对立面的两个事物之间必然有相似之处;从否定之否定规律来看,两次否定都是“联系的环节”,所产生的新事物必然与之前的旧事物有相似之处。另一方面,要能解释“回复”的实质。这种回复只是“仿佛”回复,并不是原地踏步式地重复第一个阶段,在外在形式相似的同时实质内容却有了更新和发展,两次否定实现的矛盾对立统一,本身就是解决矛盾、发展事物的过程。也正因为如此,否定之否定规律揭示事物发展是前进性和曲折性的统一,所谓曲折性就是周期性和回复性,但是在前进基础上的回复,是发展中的曲折,即螺旋式上升、波浪式前进。

设问 39 用否定之否定规律的原理分析如何正确看待中国特色社会主义的发展过程?

讲解 否定之否定规律的原理对于人们的认识和实践活动具有重要的指导意义。按照否定之否定规律办事,就要求我们树立辩证的否定观,反对形而上学地肯定一切或否定一切,而要对事物采取科学分析的态度,使实践活动符合事物自我否定的辩证本性。同时,又要求我们正确看待事物发展的过程,既要看到道路的曲折,更要看到前途的光明。

否定之否定规律的原理告诉我们,一切事物的发展都是波浪式前进、螺旋式上升的过程,都要经历曲折的道路才能奔向光明的前程,中国特色社会主义的发展过程也是如此。首先,要坚信前途是光明的,对中国特色社会主义建设事业充满必胜的信心。自开启建设中国特色社会主义的伟大征程以来,中国共产党领导全体中国人民艰苦奋斗、励精图治、锐意进取、勇于创新,经受住了各种各样的困难和考验,使中国的面貌发生了翻天覆地的变化。我们创造了世所罕见的“两大奇迹”:一是经济快速发展的奇迹。国内生产总值从 1978 年的 3 678.7 亿增长到 2020 年的 101.6 万亿,年均增长 9.2%,远高于同期世界经济年均增速。二是社会长期稳定的奇迹。依靠中国特色社会主义制度的优势,“中国之治”(与“西方之乱”形成鲜明对比)的治理效能不断彰显,人民安居乐业,社会和谐稳定,我国已经成为国际社会公认的最有安全感的国家之一。40 多年的成就充分证明我们选择的这条中国特色社会主义道路是适合我国国情的发展道路,坚定不移地沿着这条道路走下去,中国一定会成为现代化强国!其次,要明确道路是曲折的,对中国特色社会主义建设事业中可能出现的各种困难和曲折做好充分的思想准备。中国作为一个拥有 14 亿人口的超大型国家,又在探索一条前无古人的道路,我们所面临的困难和风险都是前所未有的,这决定了中国特色社会主义道路不可能一帆风顺。如今,我们正面临国际局势百年未有的大变局,在风云变幻之中,中国特色社会主义建设事业任重道远!最后,要充分认识前进性和曲折性的辩证统一,在坚信前途光明的同时准备走艰难曲折的道路。对中国特色社会主义建设事业既不能盲目乐观、高枕无忧,也不能悲观失望、妄自菲薄,要看到我们所遭遇的困难和曲折只是前进过程中的必然经历,随着中国逐渐强大,这些困难和问题将会逐渐得到解决,而且正是在应对这些困难和问题的过程中,中国特色社会主义才能更快地走向成熟。

第四专题　认 识 论

设问 1　马克思主义认识论的基本原则和立场应当是什么?

讲解　马克思主义认识论的基本原则和立场应当是唯物论和辩证法的统一。辩证唯物主义是贯穿整个马克思主义理论体系的基本原则和立场,马克思主义的认识论就是既唯物又辩证的认识论:它以既唯物又辩证的观点考察实践和认识的本质,认为实践是人类能动改造世界的社会性的物质活动,而认识是主体在实践基础上对客体的能动反映;它以既唯物又辩证的观点考察认识的发展过程,揭示了认识要经历实践——认识——再实践的循环往复、无限发展过程的一般规律;它以既唯物又辩证的观点考察真理本质,认为真理是对客观事物及其规律的正确反映,客观性是真理的本质属性,真理又在绝对性与相对性的辩证统一中不断发展;它以既唯物又辩证的观点考察价值问题,认为价值是在实践基础上形成的主体和客体之间的意义关系,是客体对主体的生活和活动所具有的积极意义,价值具有主体性、客观性、多维性和社会历史性的特点;它以既唯物又辩证的观点考察认识世界和改造世界的辩证关系,认为正确认识世界是有效改造世界的必要前提,同时,人们只有在改造世界的实践中才能不断地深化、拓展对世界的正确认识,揭示了认识世界和改造世界的过程是从必然走向自由的过程。因此,我们在学习马克思主义哲学认识论时,头脑中时刻要有辩证唯物主义这根红线,以此来思考和解答认识论的每一个问题,由此既可以巩固我们前面所学的辩证唯物主义的基本原理,又可以比较容易地理解马克思主义认识论的基本原理,还可以充分体会"辩证唯物主义是贯穿整个马克思主义理论体系的基本原则和立场"这句话的真正含义。

设问 2　马克思主义以前的旧哲学如何理解实践?

讲解　实践的观点是马克思主义认识论首要的和基本的观点,但实践却不是马克思主义者首创的概念,只不过马克思主义哲学对实践本质的理解与其他哲学有根本的区别。了解旧哲学视野中的实践概念,有助于我们在比较中把握马克思主义哲学对实践本质理解的科学性。在马克思主义哲学之外,德国古典哲学中的唯心主义辩证法哲学家比较重视实践问题,他们看到了实践活动的能动性，却否定了实践活动的客观物质性，认为实践活动是精神本原能动地创造物质世界的过程。例如，费希特认为实践是“自我”产生“非我”的活动（主观唯心主义），黑格尔认为实践是绝对精神在自我运动中外化出感性事物的过程（客观唯心主义）。旧唯物主义哲学家由于其机械性和形而上学性的缺陷，一般不太重视实践问题，即使谈到实践也仅仅理解为机械的、被动的活动。例如，费尔巴哈认为实践是饮食男女、适应环境等动物式的本能活动，是（犹太人）对物欲的贪婪和卑污的利己主义活动。还有一些道德哲学家尽管也讨论实践问题，却把实践仅仅理解为个体的道德修养活动。例如，儒家哲学“知行合一”的观点，其中“知”主要是对社会道德规范的认知，“行”主要是对社会道德规范的践行，知行合一就是以社会道德规范为准绳提升自身道德修为的过程。德国古典哲学的开山鼻祖康德，也把实践理解为人的道德修养活动，其著名的“三批判”之一的《实践理性批判》主要研究的就是“善”，是康德的道德哲学或伦理学的代表性著作。

设问 3　马克思主义哲学如何理解实践?

讲解　马克思科学阐明了人类实践的本质及其在认识世界和改造世界中的作用，创立了科学的实践观。他在《关于费尔巴哈的提纲》这份“包含着新世界观的天才萌芽的第一个文献”（恩格斯语）中，集中阐述了科学实践观，指出“人的思维是否具有客观的真理性，这并不是一个理论的问题，而是一个实践的问题”。“人的本质并不是单个人所固有的抽象物。在其现实性上，它是一切社会关系的总和。”“社会生活在本质上是实践的。凡是把理论导致神秘主义方面去的神秘东西，都能在人的实践中以及对这个实践的理解中得到合理的解决。”“哲学家们只是用不同的方式解释世界，而问题在于改变世界。”[①]毛泽东在《实践论》中也阐释了实践的内涵、本质及其在认识中的决定作用。概括地说，马克思主义哲学认为，实践是人类能动地改造世界的社会性的物质活动，具有客观物质性、自觉能动性和社会历史性三个基本特征。

设问 4　马克思主义哲学对实践本质的理解如何区别于旧哲学?

讲解　马克思主义哲学认为，实践是人类能动地改造世界的社会性的物质活动，具有客观物质性、自觉能动性和社会历史性三个基本特征，正是对这三个方面的基本特征的定位，将马克思主义哲学与旧哲学划清了界限。所谓客观物质性，主要是指实践的主体、客体、手段、结果等都是可感知的客观实在，而实践

① 马克思:《关于费尔巴哈的提纲》,《马克思恩格斯文集》第 3 卷，人民出版社 2009 年版，第 499-502 页。

的水平、深度、广度和发展过程,都受着客观条件的制约和客观规律的支配。强调实践是客观物质性活动,就使马克思主义哲学实践观在本质上区别于把实践理解为纯粹精神性活动的唯心主义哲学实践观。所谓自觉能动性,主要是指人的实践活动与动物本能的、被动适应性活动不同,是一种有意识、有目的的能动活动,强调实践的自觉能动性,就使马克思主义哲学对实践的理解与把实践理解为动物式的本能活动的旧唯物主义划清了界限。所谓社会历史性,是指实践是处在社会关系中的人所从事的社会历史性的活动,实践的内容、性质、范围、水平以及方式都受社会历史条件的制约,随着一定社会历史条件的变化而变化。需要注意的是,中国传统儒学的"知行合一"与马克思主义哲学的认识与实践的统一具有可比性,但却不能画等号。中国传统儒学中的"知"作为认识,仅仅局限于对社会道德规范、伦理纲常的认识,而马克思主义哲学所理解的"认识"包括认识自然、认识社会、认识自身等整个世界在内的广大领域。中国传统哲学中的"行"作为实践,仅仅局限于个体的道德修养活动,把外在的道德规范内化为自身的道德要求,并在现实生活中践行之,这主要是一个主体的自我改造过程。马克思主义哲学所理解的"实践"则包括改造自然、改造社会、改造自身等改造整个世界的活动过程,在这个过程中,发挥作用的不可能是彼此孤立的实践个体,而必然是结成一定社会关系而又受到一定历史条件制约的整个人类。

设问 5　人都是主体吗？主体等于主观吗？

讲解　实践主体是指具有一定的主体能力、从事现实社会实践活动的人,具有自主性和能动性。理解"主体"时需要注意主体一定是人,但人不一定都是主体。生物学意义上的人都是可能的主体,但要成为真正的主体,还必须经历一个"成人"(社会化)的过程,有些生物学意义上的人因为先天严重的智力残疾或后天的意外事故,使他们不能完成社会化的过程,不具备从事现实实践和认识活动的主体能力,不具备自主性和能动性,他们就不是现实意义上的主体。

主体是指具有一定的主体能力、从事现实社会实践活动的人。作为主体的人要具有自主性和能动性,也就是具有主观能动性,但主体发挥主观能动性的前提在于主体首先是物质性的客观存在,没有肉体的存在就不可能有精神的活动。"人"是精神与肉体的统一,主体具有主观能动性,但又是物质性的客观存在。因此,主体不等于主观。

设问 6　客体都是客观存在的吗？客体等于客观吗？

讲解　客体是指实践活动所指向的对象,对象性是客体的本质属性。客体作为主体的实践活动所指向的对象总体来说有三大类:自然客体、社会客体、精神客体。自然客体就是自然界，社会客体就是人类社会，这二者的客观存在是非常明确的，关键是人类精神作为精神客体是否也具有客观实在性。事实上，这个答案也是肯定的，能够成为客体的“人类精神”一定是客观化的精神，是以语言、文字等物质载体（物质外壳）呈现出来的人类精神，不经过这样一个客观化过程的精神，不可能成为主体实践和认识活动的对象。因此，客体一定都是客观存在的。

客体是主体的实践活动所指向的对象，对象性是客体的本质属性。一切的客观存在都是可能意义上的客体（可知论），但只有已经进入人的实践和认识领域的客观存在才是现实意义上的客体。客体是客观存在的，但客观存在的不一定都是（现实的）客体。

设问 7 如何理解主体和客体的相互作用?

讲解 在实践中，主体和客体的关系不是一重的而是双重的，不是单向的而是双向的。主体和客体相互作用的关系，包括实践关系、认识关系、价值关系三个方面，而这三个方面都体现出“双重双向”的特征。

实践关系是主体和客体之间改造与被改造的关系。但在实践过程中，不仅是主体改造客体，使客体形态发生实际的变化，以满足人的需要，而且主体本身也被客体所改造，主体总是根据客体的客观要求发展自己的主体能力（如有地种地，无地经商）。认识关系是主体和客体之间反映与被反映的关系。在认识过程中，客体存在、属性和规律的信息进入主体头脑，被主体的意识所反映，一方面意味着客体对主体的意识、观念产生了影响和改造的作用，是客体作用于主体的精神的结果；另一方面，主体在认识反映客观存在的同时，也就在观念地改造着、改变着客体，例如，透过现象在头脑中形成关于客体规律性的认识，依据现实的客体在头脑中创造出现实中不存在的客体。这是主体作用于客体的结果。价值关系是指在实践基础上形成的主体和客体之间的意义关系，是客体对主体的生活和活动所具有的积极意义。价值关系既离不开主体的需要，又离不开客体的特性。主体依据自己的需要并基于客体的特性对客体进行认识和改造，使客体越来越同主体的结构、需要及其发展相接近或一致，这就是客体对主体的价值。

设问 8 主体客体化与客体主体化“双向运动”的意义何在?

讲解 在现实的实践活动中，主体与客体的区分并不都是界限分明的，很多时候我们会看到主体借助自身的力量创造出客观世界中原本并不存在的东西，人类社会中的所有“客观存在”都具有这种“人造”或“人为”的特性，就是我们所谓的“自然”很多也不是天然意义上的自然，而是“人化自然”，例如我们周围的树木花草、自然景观都是人造的。这种主体向客体的运动我们称之为“主体客体化”，即主体的本质力量通过实践活动积淀、凝聚和物化在客体中，形成世界上本来不存在的对象物(客体)。或者简单来说是主体为客体“打上烙印”。同时，我们也经常会看到原本属于客体的东西转化为主体生命结构的因素或主体本质力量的因素，例如，电脑、汽车、挖土机分别延长了人脑、人腿、人手这些主体的器官，作为主体的一部分发挥作用，作为精神客体的某一种精神或理论一旦武装了人的头脑，也会对主体的行为造成直接的影响。这种客体向主体的运动我们称之为“客体主体化”，即客体从客观对象的存在形式转化为主体生命结构的因素或主体本质力量的因素，变成主体的一部分。或者简单来说就是客体为主体“延长器官”成为主体的一部分。马克思说：“在第一种生产中，生产者物化，在第二种生产中，生产者所创造的物人化。”①前者讲的是主体客体化的过程，即通过生产，主体创造出客体；后者讲的是客体主体化过程，即通过消费，客体转化为主体的物质力量或精神力量。

主体客体化与客体主体化的双向运动是人类实践活动两个不可分割的方面，它们互为前提、互为媒介，人类就是通过这种运动形式不断解决着现实世界的矛盾，从而实现对现实世界的改造。具体来说，在主体客体化的过程中，主体在客观世界中打上自身的烙印，创造出客观世界中原本不存在的东西，让客观世界更能满足自身的需求，这是一个主体改造客观世界的实践过程。与此同时，主体又被置身于其中的客观世界所改造，借助于客观世界的力量不断提升自己的主体能力，这是一个主体自我改造的实践过程。正是借助于主体客体化与客体主体化的双向运动，主体才不断化解着与客体的矛盾，提升着自身改造客观世界的能力，从而达成改造客观世界的目的。

设问 9　如何理解实践形式的多样性？

讲解　实践是不断发展的，实践的发展不仅表现为实践的规模不断扩大，实践的结构越来越复杂，而且表现为实践的形式越来越复杂和多样化。人类的实践活动是从物质生产实践这种最基本的实践形式开始的，这是人改造自然、征服自然、满足自身物质需要的实践活动，是人类最基本的、决定其他一切活动的实践活动。适应生产活动的需要、与生产活动同时发生的另一种基本的实践形式是社会政治实践，它是处理社会内部人与人的关系的活动，即人类社会的交往、组织、管理和变革社会关系的活动。生产实践离不开一定的社会关系，总是在社

① 马克思：《经济学手稿》(1857—1858 年)，《马克思恩格斯全集》第 30 卷，人民出版社 1995 年版，第 32 页。

会关系中发展的，因此，处理社会内部关系的活动也是人类的一项基本的实践活动，它被生产实践所决定，又反过来作用于生产实践。随着人类实践领域的不断扩大以及分工的不断发展，科学文化实践从前两种实践活动中分化出来成为独立的实践形式。如果我们把物质生产实践称为改造自然的实践、社会政治实践称为改造社会的实践，那么科学文化实践可以说是改造人自身的实践，通过科学文化实践活动，人不断提升自身的智力、丰富自身的精神、升华自身的境界。这就为物质生产实践和社会政治实践的发展奠定了坚实的基础。

随着社会的快速发展，当代人类实践出现了新的变化，一个突出的表现就是现代信息技术的发展使得当代社会开始产生一种新的实践形式，即虚拟实践。虚拟实践是伴随着信息化和网络化发展而产生的，其实质是主体和客体之间通过数字化中介系统在虚拟空间进行的双向对象化的活动，具有交互性、开放性、间接性等特点。虚拟实践是实践活动的派生形式，具有相对独立性。

设问 10 虚拟实践与现实实践关系如何？

讲解 虚拟实践是实践活动的派生形式，具有相对独立性，但它却不是能完全独立于现实实践之外的第四种实践形式。虚拟实践的主体还是现实世界中生活的人，还是现实实践的主体，虚拟实践的客体还是现实实践的客体，即自然客体、社会客体、精神客体三大类，只不过主体与客体发生关系的场域、主体改造客体的工具不同了，在虚拟空间中主体仍旧是在模拟着现实实践中相同的改造客体的活动，但这种改造的结果也是“虚拟”的，如果不付诸现实的实践活动，虚拟实践不可能真正实现对现实世界的改造。再者，虚拟空间不是“法外之地”，现实生活中的法律规范和道德规范对虚拟空间有同样的约束力，在虚拟实践过程中的违法犯罪和不道德行为同样要受到相应的制裁。

设问 11 如何认识直接经验和间接经验的关系？

讲解 就知识的本源来说，任何知识都不能离开直接经验，一切知识都是某些人的直接经验的结果，而且由直接经验得来的知识是最生动形象、理解透彻的。例如，郑板桥为了能画好竹，长时间坐在竹林中仔细观察，对一天的不同时辰、一年的不同季节、不同的气候条件竹子的形态发生的变化有了清晰明确的认识，在画竹之前已经做到“胸有成竹”，才能把竹子画得如此栩栩如生。但是，对大多数人来说，我们掌握的知识多数还是来自间接经验，一方面，“吾生也有涯，而知也无涯”，不可能事事都通过直接经验去把握；另一方面，前人通过直接经验获得的经得起实践检验的真理性认识，对于后人来说照旧有借鉴价值，不需要事事都通过直接经验去把握。在这里有两个方面的问题需要注意：第一，我们掌握的大多数知识对我们来说是间接经验，与“任何知识都不能离开直接经验”并不矛盾，对我们来说是间接经验的知识，对于第一个发现它的人来说仍旧是直接经验，正是因为每一代人都提供着自己的直接经验，后人的间接经验才能愈来愈丰富。直接经验是源，间接经验是流。第二，我们作为间接经验掌握的知识要想真正地消化吸收，成为自己的知识，还必须经历一个直接经验的过程，也就是说要在实践中练习这些知识的运用、体会这些知识的真谛、把握这些知识的要领。我们学美术的同学需要实地写生，学音乐的同学需要田野采风，学工科的同学需要工厂实习，学文科的同学需要社会实践，都是这个道理。而且，也只有在实践中，在运用这些间接经验的过程中，你才有可能发现问题、提出对前人直接经验的质疑、丰富和发展已有的知识，这样的知识就是你的直接经验了。

设问 12 如何理解恩格斯所说的“社会一旦有技术上的需要，这种需要就会比十所大学更能把科学推向前进”①？

讲解 实践是认识发展的动力主要表现在三个方面：第一，实践的需要推动认识的产生和发展，推动人类的科学发现和技术发明，推动人类的思想进步和理论创新；第二，实践为认识的发展提供了手段和条件，如经验资料、实验仪器和工具等；第三，实践改造了人的主观世界，锻炼和提高了人的认识能力。

恩格斯的这句话集中说明了实践的需要推动认识的产生和发展。表面看来，科学的进步来自大学实验室、研究所、科学院的专家们的研究推进，但探究这些研究的原动力，还是社会的技术需要。世界无限广大，未知领域众多，研究者选择其研究的具体领域或优先次序的依据是社会提出的技术需要，在现实生活中出现了技术难题，这些问题就会提交给“大学”去研究，直至找到解决问题的最佳方案，从而推动了科学的进步。从科学发展的现实来看，应用性学科的发展速度总是快于基础性学科，那是因为应用性学科直接面对更多的技术需要，而且一旦得出了研究成果又能较快地得到运用、检验、完善。而基础性学科因为距离社会的技术需要较远，其发展的动力就不如应用性学科充足，往往需要更有远见、耐得住寂寞、甘愿为人梯的研究者，或者在国家和政府的大力支持下才能推进。

设问 13 如何认识中西方文化中“学以致用”和“学以致知”的区别？

讲解 马克思主义认识论认为，人们通过实践获得认识，不是因为“猎奇”或“雅兴”，不是为认识而认识，其最终目的是为实践服务，指导实践，以满足人们生

① 《马克思恩格斯选集》第4卷，人民出版社2012年版，第648页。

活和生产的需要。

中西方文化在漫长的历史过程中逐渐形成了迥然各异的文化精神。传统中国文化注重现世性的道德修为和建功立业，强调学以致用；传统西方文化注重超越性的精神思辨和批判意识，强调学以致知。赵林先生将其总结为“中西方文化的根本分野在于协调的现实精神（伦理意识）与超越的浪漫精神（宗教意识）的对立”。[①] 例如，与儒家把修身的最终目的理解为“齐家、治国、平天下”不同，笛卡尔把求知的目的理解为“只求改变自己，不求改变世界”。如前所述，正是因为这种文化的差异，导致很多西方人不能理解中国哲学或者干脆否认中国有哲学。在这里我们且不讨论两种文化孰高孰低，单从中国传统文化更加注重学以致用的角度，我们就可以理解为什么马克思主义理论这个来源于西方的理论，能够在中国的大地上生根、发芽、开花、结果，除了它代表广大的劳苦大众的利益之外，还在于它对实践的强调，把认识的目的理解为指导实践，如马克思所说：“哲学家们只是用不同的方式解释世界，而问题在于改变世界”。马克思明确批判那些为了思辨而思辨的哲学家们是“思想上的巨人，行动上的侏儒”。这都体现出马克思主义理论与中国传统文化的内在契合性。

设问 14　如何区分两条根本对立的认识路线？

讲解　在认识的本质问题上，存在着两条根本对立的认识路线：一条是坚持从物到感觉和思想的唯物主义反映论认识路线，另一条是坚持从思想和感觉到物的唯心主义先验论认识路线。

唯物主义认识路线和唯心主义认识路线是两条根本对立的认识路线，它们之间的根本分歧在于是以物质第一性、意识第二性的唯物主义的立场解释认识的本质，还是以意识第一性、物质第二性的唯心主义立场解释认识的本质。这种分歧表现在两个具体的方面：其一，唯物主义坚持物质第一性、意识第二性，因此认为先有物，然后才有人的感觉和思想，感觉和思想是被物质本原派生的，即坚持“从物到感觉和思想”；唯心主义坚持意识第一性、物质第二性，因此认为先有感觉和思想，后有物，物是被感觉和思想派生的，即“从思想和感觉到物”。其二，唯物主义坚持物质第一性、意识第二性，因此认为人的认识不是天生的，而是从后天接触客观事物的过程中获得的，认识是人的大脑对客观事物的反映，即坚持反映论的立场；唯心主义坚持意识第一性、物质第二性，因此认为人的认识先于物质，先于人的实践经验，认识是人天生具有的“天赋观念”，即坚持先验论的立场。由此可见，反映论和先验论的认识路线的对立，归根到底是这两种认识路线

① 赵林：《协调与超越》，武汉大学出版社 2005 年版，第 9 页。

对世界本原问题的不同回答，这再次验证了我们前面的结论：哲学基本问题两个方面的地位和作用不是等量齐观的，其中第一方面（本原问题）是首要的和基本的方面，它决定了哲学家对第二方面（认识问题）的回答。

设问 15 如何理解旧唯物主义认识论是直观、消极被动的反映论？

讲解 旧唯物主义认识论的基本特点是以感性直观为基础，把人的认识看成是消极地、被动地反映和接受外界对象，又称为直观的、消极被动的反映论。

旧唯物主义认识论坚持反映论的立场，根本区别于唯心主义的先验论，但这种反映论仍旧不够科学，带有直观、消极被动的特点，哲学史上的白板说、蜡块说、影像说、流射说都是这种旧唯物主义反映论的代表，我们以"白板说"为例说明其共同特征。"白板说"是近代英国经验论哲学家洛克提出的著名观点，他认为人的大脑（心灵）原来是一块"白板"，上面什么都没有，是外界事物的影像打入大脑留下痕迹，然后人才有了认识。这里需要注意的是三个方面：其一，与同时期的德国唯理论哲学家莱布尼茨大脑是"一块有纹路的大理石"的观点相比较，洛克的"白板说"属于唯物主义反映论，他反对"天赋观念"论，认为人的认识是后天形成的。其二，他认为作为后天形成的认识的内容，只是外界事物的"影像"，我们的认识只能达到对外界事物的影像的"直观"，而不能真正把握其内在本质。其三，他认为在认识的形成过程中，外界事物的影像"打入大脑留下痕迹"认识就自然形成了，作为主体的人并不是主动去探索，而是消极被动地等待"痕迹"的产生。因此我们说洛克的白板说以及其所代表的旧唯物主义认识论是直观、消极被动的反映论。

设问 16 辩证唯物主义反映论为什么能克服旧唯物主义反映论的缺陷？

讲解 认识的本质是主体在实践基础上对客体的能动反映，这是辩证唯物主义认识论对认识本质的科学回答。

旧唯物主义反映论之所以具有直观、消极被动的特点，根本原因在于其两个缺陷：一是离开实践考察认识问题，不懂得认识的产生是主体在实践过程中能动探索的结果，只把认识看作消极被动的过程。二是离开辩证法考察认识问题，不懂得认识的发展需要经历一个从低级到高级的辩证发展过程，只把认识看作是对客观世界的感性直观。

辩证唯物主义认识论具有两个突出特点：一是把实践的观点引入认识论。实践的观点是马克思主义认识论首要的和基本的观点，认为认识是主体在实践活动中能动反映客观世界的结果，同时主体又会把这种能动反映的认识成果运用到实践中去，达到能动改造世界的目的，从而克服了旧唯物主义消极被动的缺陷。二是把辩证法应用于反映论考察认识的发展过程。辩证唯物主义认识论不仅研究认识的本质，而且研究了认识运动的规律，把认识的发展看作是一个实践—认识—再实践的循环往复过程，在这个过程中，作为认识的起点的当然是实践中获得的感性认识（即对外界事物的感性直观），但认识不会仅仅停留在感性阶段，在经历了一系列的辩证发展过程之后，最终感性认识会上升为理性认识，从而达到对事物本质和规律的把握，从而克服了旧唯物主义直观反映论的缺陷。

设问 17　如何理解能动反映的基本特征？

讲解　辩证唯物主义认识论认为，认识的本质是主体在实践基础上对客体的能动反映。这种能动反映不但具有反映客体内容的反映性特征，而且具有实践所要求的主体能动的、创造性的特征。首先，反映特性是人类认识的基本规定性。人的认识不论表现形式多么抽象和复杂，归根结底是对客观对象的反映。反映的摹写性表明了反映的客观性。例如，我们讲意识本质时强调过，意识内容是客观的，无论人类头脑中的意识多么玄幻，都有其客观原型。

其次，能动的反映具有创造性。反映是一种在思维中的能动的、创造性的活动，它不仅可以通过科学的抽象反映出事物的本质和规律，而且还可以根据自己的需要在头脑中塑造出客体未来的理想形态和功能。例如，我们生产任何产品、建造任何建筑物之前都要先进行"设计"，画出"图纸"，即在思维中先把它"造出来"。

能动的反映是反映、摹写特性与能动、创造特性的有机统一。否认反映的摹写性，会导致唯心主义和不可知论；否认反映的创造性，会重复旧唯物主义直观反映论的错误。

设问 18　如何理解感性认识直接性和具体性的特点？

讲解　感性认识是认识的主体依靠感觉器官获得的对客体的现象、外部联系和各个方面的认识。它是认识的初级阶段。感性认识具有直接性和具体性的特点。感性认识有三种形式：感觉、知觉、表象。

感性认识作为认识的低级阶段具有直接性和具体性的特点，这从感性认识的三种形式可见一斑。第一，从"感觉"来看，感觉是主体借助感觉器官与客体发生直接联系而产生的对客体的个别特性的反映。要产生感觉，必须是通过感觉器官直接与客体发生联系，而且每一个感觉器官都只能反映客体的某一方面的特性。例如，眼睛看到红的颜色，嘴巴尝到甜的滋味，鼻子闻到香的味道，手摸到硬的质地，这都是我们各个感觉器官分别感觉到的苹果的个别特性，这个过程是直接的、具体的。第二从“知觉”来看，知觉是在人脑中把关于某一客体的各种感觉综合起来形成的对客体的整体现象的认识。知觉尽管是在头脑中综合形成的，但它还是停留在对感觉获得的外在现象的认识综合。例如，经过刚才的感觉过程，头脑中就形成了关于苹果的外在形象的整体知觉，一个又香又甜又红又硬的苹果。在正常的认识过程中，当主体面临一个对象时是同时调动各个感觉器官获得对它的各个特性的反映，当感觉过程完成时知觉也就形成了，我们通常把感觉和知觉的过程合称为“感知”。第三，从“表象”来看，表象是关于客体的感觉和知觉在大脑中的再现，也就是把过去获得的感觉和知觉储存在记忆中，需要时再提取出来，因此又称为“记忆表象”。触发“记忆表象”尽管并不需要感觉器官直接接触客观事物，而可以通过语言、文字、声音等间接途径，但必须有过前期的直接接触产生感觉和知觉的过程，才能借助一些间接途径触发“记忆表象”，如果从来没有直接接触过一个真实的苹果，别人再怎么说“一个又香又甜又红又硬的苹果”，也不可能触发你关于苹果的“记忆表象”。

设问 19　如何认识理性认识间接性和抽象性的特点?

讲解　理性认识是主体借助抽象思维对感觉材料进行加工改造而获得的对事物的全体、本质、内部联系和规律性的认识，它是认识的高级阶段，具有间接性和抽象性的特征。理性认识的三种形式是：概念、判断、推理。理性认识作为认识的高级阶段具有间接性和抽象性的特点，这从理性认识的三种形式可见一斑。第一，从“概念”来看，概念是对同类事物的共同的、一般特性的反映。“同类事物的共同的、一般特性”依靠感觉器官是无法把握的，它需要借助人脑的抽象思维能力，把感知到的同类事物的外在特征进行分析综合，去掉差别，找到共同点，总结出“一般特性”。“概念”并不存在于现实世界之中，它只是人脑中抽象反映现实世界的结果。例如，水果这个概念，是我们抽象苹果、梨子、西瓜、葡萄等具体存在的一般特性得出的，你所能吃到、看到、摸到的都只是具体存在的苹果、梨子等，却不能吃到、看到、摸到“水果”。第二，从“判断”来看，判断是概念的展开，是对客体内部和客体之间的联系或关系的反映。当我们头脑中形成了一系列的概念之后，就可以借助这些概念判断出各类概念所代表的不同事物之间的区别与联系。例如，掌握了水果这个概念所揭示的一般特征，又掌握了苹果、土豆这些概念所揭示的一般特征，我们就可以做出“苹果是水果”“土豆不是水果”的判断。第三，从“推理”来看，推理是从已知判断按一定的逻辑规则推导出新的判断的反映形式。从已知推出未知，这就更是借助人脑的抽象思维能力才能完成的高级认识活动了，它不仅不再是感觉器官直接接触客观事物的结果，甚至在没有直接接触客观事物之前就可以依据已有的判断对它形成一个初步的认识，然后再在实践中对其进行证实或证伪。

设问 20 如何理解“感性认识有待于发展和深化为理性认识”?

讲解 感性认识作为认识的起点,具有直接具体、生动形象的优势,但它毕竟是对事物外在现象的认识,只有上升到理性认识达到对对象本质和规律的把握,才能用这种认识去指导实践。如果我们仅仅凭感官去感知,而不进行理性的思考,获得的认识也很有可能是错误的。

设问 21 如何理解“理性认识依赖于感性认识”?

讲解 马克思主义认识论强调实践对认识的决定作用,认为实践是认识的来源。“实践出真知”,一切的正确认识都不能只靠书斋里的苦思冥想,而应该从实践中掌握的第一手的感性材料入手进行理性的思考。无数次观察苹果落地,才有了万有引力定律;无数次杀灭病毒的实验,才有了青霉素;无数次改革的试点,才有了中国特色社会主义理论,如此等等。当年邓小平同志提出“摸着石头过河”“白猫黑猫逮着老鼠就是好猫”等论断,都是强调中国的社会主义道路是一条前无古人的路,我们的一切方针政策的制定都要以实践探索中取得的第一手感性材料为基础,安徽小岗村农民冒着危险分田到户,极大地激发了农民的生产积极性,其成功经验的推广就是我们普及全国的“土地联产承包责任制”。开放的初期,我们先在大陆十四个沿海城市进行开放试点,允许它们各自摸索开放的经验,深圳飞速发展的成功经验就是我们推广到全国的“深圳模式”。改革开放进行了四十年,我们现在已经有了一些理论的积累,可以对下一步的工作做一些基于理性的“顶层设计”,但随着改革开放进入“深水区”,还有许多新领域、新问题我们仍旧不能仅靠理性设计,而必须依靠“人民智慧”去获得第一手的感性认识,再进行上升提炼成为理性认识,从而指导新时代中国特色社会主义建设事业。因此,无论我们对自然规律还是对社会规律的把握,都需要借助感性经验的积累过程,闭门造车是不能获得真正的理性认识的。

设问 22 如何理解感性认识和理性认识的相互渗透?

讲解 从理论上来说,感性认识和理性认识作为认识发展的两个阶段是有着先后顺序的,通常是先做感性认识,然后再上升到理性认识,但在现实的认识过程中,二者之间并没有明确的界限。一方面,感性中有理性,人的感觉是渗透着理性的感觉,头脑中原来储备的理性认识会影响我们对新事物的感性认识。正如法国微生物学家路易·巴斯德所说:“在观察事物之际,机遇偏爱有准备的头脑。”同样是观察事物即做感性认识,但不同的人因为其理性知识储备不同,观察出的结果必然不同,如果没有“有准备的大脑”,牛顿不可能从苹果落地“看出”万有引力定律,弗莱明不可能从一团普通的青绿色霉菌“看出”青霉素。对于“∞”这个图形,我们大学生可以“看出”它代表了“无穷”、卧倒的8、没腿的眼睛、两个鸡蛋等,但放在小学生面前,无论他们的想象力多么丰富也不可能“看出”“无穷”这个意义,因为他们头脑中还没有关于“无穷”的理性认识。另一方面,理性中有感性,理性认识的深刻程度又取决于感性认识的丰富程度。正如黑格尔所说:同一句格言,出自阅历浅薄的青年人之口和出自饱经风霜的老年人之口,其内涵是不同的。“格言”是典型的理性认识,不同年龄阶段的人都会背一些格言,但他们对格言内涵的理解却因其感性经验的丰富程度不同而有所区别。“莫等闲,白了少年头,空悲切”这句格言,小学的孩子只是机械的记忆而毫无感觉,我黑头发还没长全怎么会白了少年头?到了大学阶段的年轻人背这句格言时也没有太多的感悟,我们年轻人是早晨八九点钟的太阳,离日暮西山还远着呢!人到中年,看着孩子在自己身边一天一天长大,自己必然一天一天老去,“莫等闲,白了少年头”的紧迫感必然增强起来。而对于老年阶段的人来说,青春不在、壮志未酬、空余悲切,对这句格言的理解才能真正深入精髓。常言道,“不听老人言、吃亏在眼前”,但年轻人是很难做到“听老人言”的,因为他们没有“老人”那样的阅历,必然也不能真正理解和接受老人提出的建议,只有当他自己有了“吃亏”的经历,才能真正认同“老人”的理性认识。由此可见,在现实的认识过程中,感性认识和理性认识并不能截然分开,只有同时充分调动我们的感性认识和理性认识能力,才能使我们对事物的认识既生动形象又深刻透彻。

设问23 在感性认识和理性认识辩证关系问题上要反对哪些错误倾向?

讲解 感性认识和理性认识作为认识的两个阶段是相互依赖、相互渗透、不可分割的。如果割裂二者的辩证统一关系,片面地强调一个而否定另一个,就会产生两种错误倾向:其一,唯理论,即片面夸大理性认识而否认感性认识的重要性。实际工作中的教条主义就是“唯理论”的典型表现,不是一切从实际出发,而是“唯书”“唯理”“唯上”,把现有的理论当作一成不变的教条照搬照抄。其二,经验论,即片面夸大感性认识而否认理性认识的重要性。实际工作中的经验主义就是“经验论”的典型表现,以感性认识的重要性为借口,拒绝理论的指导、拒绝吸取前人的教训、事事都从点滴经验开始,这不仅会犯不必要的错误,而且会大大延缓我们认识世界和改造世界的过程。近代英国哲学家培根曾经做过一个形象的比喻:经验主义像蚂蚁,只注重从外界积累点滴的经验材料而不注重理论的指导和理性的思考;理性主义像蜘蛛,只注重从自身内部吐丝结网、闭门造车,而不注重积累外部的感性经验材料;正确的做法是做蜜蜂,既要外出采蜜即积累感性经验,又要在家酿造即进行理性思考,这样才能获得真正的科学知识。

设问 24 如何认识天文学家第谷和开普勒对天文学贡献的差异?

讲解 从感性认识上升到理性认识,必须具备两个基本条件:第一,投身实践、深入调查,获取十分丰富和合乎实际的感性材料。这是实现由感性认识上升到理性认识的基础。第二,必须经过思考的作用,运用理论思维和科学抽象,将丰富的感性材料加以去粗取精、去伪存真、由此及彼、由表及里的改造制作,形成概念和理论的系统。

丹麦天文学家第谷·布拉赫是天文史上的一位奇人。他对于星象的观测,其精确严密在当时达到了前所未有的程度,其编纂的星表的数据甚至已经接近了肉眼分辨率的极限,这让人瞠目结舌。第谷被誉为“星学之王”。遗憾的是,他坚持观测达 20 年之久,但不善于理论分析,只留下一堆资料,没有发现规律。

第谷发现了开普勒的天文学潜能,邀请开普勒与自己一起做研究,并在学术研究、物质生活、为人处世等方面给予无私的帮助,在临终时还毫无保留地把自己观测了 20 年的天文资料留给开普勒。开普勒踩在“巨人”的肩膀上,有了第谷的一手资料,再加上他的观测、计算、分析,成就了他的辉煌。开普勒发现天体并非做圆周运动,而是做椭圆形运动。开普勒被称为“天空立法者”,他创立的行星运动三大定律,成就了近代天文学的开端。

这师徒二人的传奇故事,验证了上述感性认识上升到理论认识两个基本条件的必要性。第谷投身实践,获取了十分丰富和合乎实际的感性材料,奠定了感性认识上升到理性认识的基础。而开普勒则运用理论思维和科学的抽象,将丰富的感性材料加以去粗取精、去伪存真、由此及彼、由表及里的改造制作,从而揭示了行星运动的一般规律。可以说,行星运动规律的提出及由此推动的现代天文学的发展,是这两位天文学家共同努力的结果,他们两个共同创造了感性认识上升到理性认识的基本条件,促成了感性认识向理性认识的飞跃,缺一不可!

设问 25 如何认识非理性因素在认识中的作用?

讲解 认识活动是一个复杂的运动过程,无论在感性认识还是理性认识中,都有非理性因素的作用。非理性因素主要指认识主体的情感和意志,还包括联想、想象、灵感等。人的认识过程是理性因素与非理性因素协同起作用的结果。非理性因素对于人的认识活动和人的认识能力的发挥具有激活、驱动和控制的作用。

对于情感、意志、想象、灵感这些非理性因素在我们学习和生活中发挥的作用,同学们举了很好的例子加以说明。从我自己人生的体验来看,非理性因素尤其是意志力对于人一生的成长具有非常重要的作用。我认为，人一生，无论是工作、学习还是生活，各方面要想走得顺畅，首先是要有明确的目标，其次是制定可行的计划，最后是借助意志力去实施计划并最终达成既定目标，这也是我50多年学习、工作和生活中始终坚持的原则。例如，考博士时儿子读小学五年级了，我的生活中不仅有工作、学习，还有更重要的就是履行母亲的责任，当时我的目标和计划非常明确：用一年时间复习考上博士，用三年时间拿到博士学位，这样在儿子读初三遇到人生第一个重要转折点时我就能全力以赴地陪在他的身边。有了明确的目标和计划，我便凭借意志力去实现，每天除了工作、照顾儿子的生活和学习以及三四个小时的睡眠时间之外，其余都用在学习上，夜以继日、心无旁骛，最终使我这个没有读过硕士的人以本科学历顺利拿到了博士录取通知书。进入博士阶段的学习后，我又马不停蹄地开始了博士论文的选题、准备材料及写作工作。从开始写论文到最终完成，我用了10个月左右的时间。从写作一开始我就给自己制定了非常明确的目标计划：一天写2 000字，周一到周五写1万字，周六、周日陪儿子。有了目标计划，我就严格执行，上午写不完下午写，下午写不完晚上写，什么时候完成了2 000字的任务，我的一天才算结束。即使到了后期，因长期的紧张工作超出了身体的承受能力，多次因病需要去医院挂水的情况下，我仍旧咬牙坚持，每天至少有半天进行论文的写作。正是有了这份坚守，我才在计划的时间内完成了30万字的博士论文并顺利获得南京大学哲学博士学位。同时，我也能如自己计划的那样陪伴着儿子顺利完成了中考进入了重点高中读书。2007年，我凭借着积累起来的一系列成果晋升为教授，2008年到2009年，我的生活重心再次转移到儿子身上，陪伴他顺利完成高考进入苏州大学学习。人的一生要承担多种角色和任务，只有在人生的每个阶段都能完成其中心任务而不往后拖延，一个一个的任务才都能完成，一个一个的目标才都能实现，人生的道路才能走得比较顺畅，当然，这需要我们拿出强大的意志力排除万难、争取胜利！

设问26 如何理解从认识到实践的飞跃的意义与实现条件？

讲解 从认识到实践，是认识过程的第二个阶段，是认识过程的第二次能动的飞跃。这是认识过程中更为重要、意义更为重大的一次飞跃。第二次飞跃的必要性和重要性在于两个方面：第一，认识世界的目的在于改造世界。认识只有回到实践中去，指导实践，才能达到改造世界的目的。第二，认识的真理性只有在实践中才能得到检验和发展。感性认识上升到理性认识的过程，是在人的头脑中完成的，其形成的理性认识是否是真理，只有在实践中才能得到检验。经过实践检验证明是真理性的认识，也必须借助在实践中获得新的感性认识才能得到进一步的完善和发展。

实现认识向实践的飞跃，需要具备如下条件：第一，确立正确的认识。只有用正确的认识指导实践才能达到改造世界的预期目的。第二，制定科学的方案。只有依据实际情况制定科学可行的计划、措施和手段，才能确保实践过程的顺利进行。第三，进行中间试验。认识指导实践是一个复杂的系统工程，先在小范围内进行中间试验，才能避免盲目上马造成大范围的损失。第四，让理论为群众所掌握。理论只有为群众所掌握，才能转化为改造世界的物质力量，从而达到改造世界的目的。

设问 27 认识过程的两次飞跃与实践对认识的决定作用的关系如何?

讲解 前面我们谈到实践对认识的决定作用主要表现在四个方面：实践是认识的来源、实践是认识的动力、实践是认识的目的、实践是检验认识真理性的唯一标准。而现在我们看到，认识发展过程之所以需要经历两次飞跃，就是由实践对认识的决定作用决定的。其中，实践是认识的来源、实践是认识发展的动力，所以认识活动的第一个阶段就是从实践中获得感性认识，然后上升到理性认识，即完成第一次飞跃；实践是认识的目的、实践是检验认识真理性的唯一标准，因此获得的理性认识必须回到实践中去，既检验认识本身的真理性，又达到指导实践改造世界的目的，即完成第二次飞跃。

设问 28 如何理解认识运动是螺旋式上升、波浪式前进的过程?

讲解 实践与认识的辩证运动，是一个由感性认识到理性认识，又由理性认识到实践的飞跃，是实践、认识、再实践、再认识，循环往复以致无穷的辩证发展过程。这就是认识辩证运动的基本过程，也是认识运动的总规律。人类认识的运动过程，就像自然界和人类社会的运动过程一样，表现出螺旋式上升、波浪式前进的发展规律。

认识过程的前进性：认识运动每完成一个实践—认识—实践的循环，都会取得一定的认识成果，推进人类认识能力的不断提升，是一个带着收获物前进的过程。

认识过程的曲折性：认识运动不可能是直线上升的过程，获得的认识回到实践中去检验时很可能被证明不是真理，又需要重新开始实践—认识的过程，每一个真理性认识的获得都可能经历无数次的失败，而且人类认识世界的过程也可能出现倒退现象，经过实践检验的正确认识有可能在一定时期又被否定。

认识过程是前进性和曲折性的统一。曲折甚至倒退都是正常现象，但倒退必然是暂时的，经历了曲折和失败也必然历练人类的认识能力，从失败中总结经验教训，就有可能获得真理性认识从而推动人类认识的前进。

设问 29 唯物主义真理观与唯心主义真理观的对立表现在哪些方面？

讲解 真理是标志主观与客观相符合的哲学范畴，是对客观事物及其规律的正确反映。所谓正确反映，是指真理是在实践基础上主体认识对客体本质和规律的符合、一致和接近。真理的客观性是指真理的内容是对客观事物及其规律的正确反映，真理中包含着不依赖于人和人的意识的客观内容。也正因为如此，检验认识的真理性，就是检验人的主观认识是否符合客观事物及其规律，只有能把主观与客观联系起来进行比较对照的实践活动才能成为检验真理的客观标准。

唯物主义真理观与唯心主义真理观的根本分歧在于前者坚持客观真理论，而后者坚持主观真理论。具体来说二者的分歧表现在三个方面：第一，真理一元论与真理多元论的对立。唯物主义站在客观真理论的立场上，认为真理是对客观事物及其规律的正确认识，而在同一条件下对同一事物的正确认识只能有一个，就是符合客观事物及其规律的那个才是真理，因此坚持真理一元论。唯心主义站在主观真理论的立场上，认为真理没有客观内容，也无需客观标准，它可以因人而异，“公说公有理婆说婆有理”，因此坚持真理多元论。第二，真理面前人人平等与强权真理论的对立。唯物主义坚持真理内容和真理检验标准的客观性，认为每一个人都有获得真理的平等权利，只要他的认识经得起实践检验，他就可以成为真理的发现者，因此坚持真理面前人人平等。唯心主义否认真理的客观内容和客观标准，认为真理是可以因人的主观意志为转移的，谁的权力大、谁的地位高，谁就可以宣称自己掌握的是真理，而与之对立的观点为异端邪说，这就是强权真理论。第三，真理是有用的与有用就是真理的对立。唯物主义坚持真理的客观性，必然承认真理的价值性，凡是经得起实践检验的真理，指导实践都能取得预期的成果，从而实现真理的价值，因此认为真理是有用的。唯心主义坚持真理的主观性，认为可以用“有用”或“无用”这些主观标准去检验认识的真理性，因此认为有用就是真理。

设问 30 如何理解真理的绝对性和相对性及其辩证关系？

讲解 承认真理是客观的，这是真理问题上的唯物论，承认真理是绝对性与相对性的统一，这是真理问题上的辩证法。任何真理，既具有客观性，又具有绝对性和相对性。

真理的绝对性是指真理主客观统一的确定性和发展的无限性。它有两个方面的含义：一是指任何真理都包含着不依赖于人和人的意识的客观内容。这一点是绝对的、无条件的。承认了真理的客观性也就是承认了真理的绝对性。二是人类认识按其本性来说,能够正确认识无限发展着的物质世界,这一点也是绝对的、无条件的。承认了世界的可知性,也就是承认了真理的绝对性。

真理的相对性是指人们在一定条件下对客观事物及其本质和发展规律的正确认识总是有限度的、不完善的。它具有两个方面的含义:一是任何真理都只是对客观世界的某一阶段、某一部分的正确认识,这是人类认识广度上的有限性,因而,认识有待于扩展。二是任何真理都只是对客观对象一定方面、一定层次和一定程度的正确认识,这是人类认识在深度上的有限性,因而,认识有待于深化。

真理的绝对性与相对性是辩证统一的:第一,二者相互依存,绝对性与相对性是同一真理的两重属性,二者不可分割;第二,二者相互包含,真理的绝对性寓于真理的相对性之中,真理的相对性必然包含并表现着真理的绝对性。第三,真理永远处在由相对向绝对转化和发展中,是从真理的相对性走向绝对性、接近绝对性的过程。任何真理都是相对性向绝对性转化过程中的一个环节,这是真理发展的规律。

设问 31　真理绝对性与相对性辩证关系原理的方法论意义何在?

讲解　如前所述,任何一个具体真理都既具有绝对性又具有相对性,是绝对性与相对性的统一。由此决定了我们对待每一个具体真理的科学态度必须是既"坚持"又"发展"。真理具有绝对性,是经过实践检验的正确认识,因此我们要坚持真理,坚持用真理性的认识指导我们的行动。真理又具有相对性,它只是一定范围、一定程度的正确认识,因此我们要发展真理,在坚持真理时不是将其作为一成不变的教条,而是依据具体的实践去丰富和发展既有的真理。无论是对待自然科学真理还是社会科学真理,是马克思主义这种作为指导思想的真理还是各门具体科学的真理,正确的态度都是既坚持又发展。

由此也要注意反对割裂真理绝对性和相对性关系的两种错误倾向:绝对主义片面夸大真理的绝对性否认其相对性,把真理当作一成不变的教条,这就是实际工作中的教条主义;相对主义片面夸大真理的相对性否认其绝对性,拒绝用真理性的认识指导实践,例如,散布马克思主义"过时论"。这两种错误倾向对于我们正确地认识世界和改造世界都是有百害而无一利的,在我们的现实生活中应该尽量避免这两种错误倾向。

设问 32　实践为什么能成为检验真理的唯一标准?

讲解　在真理的标准问题上存在着"权威标准""众人意见标准""实用标准"

等各种观点，究其本质，都是在主观范围内寻找真理的标准，都属于否认真理客观性的唯心主义主观真理论。马克思主义认识论认为，检验真理的唯一标准只能是客观的实践活动。实践是检验真理的唯一标准，这是由真理的本性和实践的特点决定的。

从真理的本性来看，真理的本性就是主观认识同客观对象相符合。所谓检验认识的真理性就是把主观认识与客观对象联系起来加以比较、对照，确定主观是否符合客观以及符合的程度。从实践的特点来看，实践具有直接现实性的优点。实践是在一定目的、计划指导下进行的，借助于物质手段促成客观事物发生现实变化的过程。因而实践具有把主观和客观联系起来加以比较、对照的功能。

总之，真理的本性要求能把主观与客观联系起来加以比较对照的东西作为检验标准，而实践直接现实性的特点决定了它具有把主观与客观联系起来加以比较对照的功能，因此，实践才是检验认识真理性的唯一标准。

设问 33 如何理解人类实践活动是合目的性与合规律性的统一？

讲解 哲学上的“价值”是揭示外部客观世界对于满足人的需要的意义关系的范畴，是指具有特定属性的客体对于主体需要的意义。价值具有客观性、主体性、社会历史性、多维性等特点。

真理与价值是人类实践活动的双重尺度。实践的真理尺度指人们在实践中所必须遵循的、反映了实践对象的客观规律和本质的真理。实践的价值尺度是指人们在实践中所必须遵循的、以满足人们需要为内容的、特定的实践目标。任何成功的实践都必然是真理尺度与价值尺度的统一。真理与价值是人类实践活动的双重尺度，也就意味着人类实践活动既要遵循真理所揭示的实践对象的客观规律和本质，即合规律性，又要遵循满足人自身需要的实践目标，即合目的性。因此，人类的实践活动是合目的性与合规律性的统一。

马克思在《1844 年经济学哲学手稿》中曾说过：“动物只是按照它所属的那个种的尺度和需要来建造，而人却懂得按照任何一个种的尺度来进行生产，并且懂得处处都把固有的尺度运用于对象；因此，人也按照美的规律来建造。”[①]马克思在这里谈了两个方面的意思：其一，动物只能按照它所属的那个“物种的尺度”来满足自己的需要，而人却能按照“任何一个种的尺度”来满足自己的需要。这里所说的“物种的尺度”和“任何一个种的尺度”实际是客观事物本身规律性的体现，也就是人类实践活动的合规律性。其二，人还可以按照“内在的尺度”来满足自己的需要。所谓“内在的尺度”指的是人自身要求的尺度，是人自身目的、需要

① 《马克思恩格斯文集》第 1 卷，人民出版社 2009 年版，第 163 页。

的体现，它不是外在的、物种所具有的那种尺度，是人根据自己的目的、要求提出的尺度，也就是人类实践活动的合目的性。而且马克思把合规律性与合目的性的统一理解为人的能动的实践活动与动物的本能活动之间的本质区别。

设问 34 马克思主义认识论中的辩证法具体体现在哪些方面?

讲解 马克思主义认识论是唯物辩证的认识论，是运用唯物辩证法的基本原理阐释认识问题得出的科学理论，辩证法的三大规律是贯穿其中的清晰线索。马克思主义哲学认识论揭示了实践与认识、真理与谬误、感性认识与理性认识、理性因素与非理性因素、相对真理与绝对真理、真理与价值、认识世界与改造世界等人类认识活动中的矛盾，是运用对立统一规律解读人类认识；马克思主义哲学认识论揭示了人类认识过程中从感性材料到理性认识、从相对真理到绝对真理、从必然王国到自由王国都是一个从量的积累到质的飞跃的过程，是运用质量互变规律解读人类认识；马克思主义哲学认识论揭示认识的发展是实践—认识—实践的循环往复、认识发展的螺旋式上升和波浪式前进、对待现有认识成果的“扬弃”态度等，是运用否定之否定规律解读人类认识。

第五专题　历史唯物主义

设问 1　存在与社会存在、意识与社会意识关系如何?

解读　社会历史观的基本问题是社会存在和社会意识的关系问题。社会历史观的基本问题是哲学基本问题在社会历史领域的具体体现。对社会历史观基本问题的不同回答是划分历史唯物主义和历史唯心主义这两种根本对立的历史观的唯一标准。

社会历史观的基本问题是哲学基本问题在社会历史领域的具体体现,但我们对存在与社会存在、意识与社会意识的关系问题还需要做更加细致的考察,进而对历史唯物主义社会存在和社会意识这两个基本概念有更加清晰明确的认识。

首先,存在与社会存在是包含与被包含的关系,存在包括自然存在和社会存在,社会存在是存在的一部分。但存在中哪些是自然存在哪些是社会存在呢?例如,我们外面的树,我们眼前的桌子和我们这些人,这些看似自然存在的东西,其实都是社会存在,它们分别属于社会存在中的地理环境、人口因素和生产方式。社会存在在总体上说由两部分组成:一部分是与人类生活相关的自然存在,包括地理环境和人口因素,我们可以称之为"自然的社会存在"或者"人化自然";另一部分是由人类的生产活动创造出来的社会存在,即生产方式,我们可以称之为"人为的社会存在"。而在"人化自然"之外的自然才是自然存在,这主要由两部分构成:一部分是人之前的自然存在,即在人类文明产生之前的自然;另一部分是人之外的自然存在,即尚未进入人类认识和实践领域、尚未打上人类烙印的自然。这两部分统称为"自在自然",与"人化自然"相对应。

说到意识与社会意识的关系,同学们也很容易理解为包含与被包含的关系,其实非也。意识从根本上说就是社会意识。从起源上看,有了人才有意识,而人在本质上是社会性的动物。从本质上看,"意识在任何时候都只能是被意识到了的存在"[①],人类意识所反映的只能是社会存在,只有尚未进入人类意识领域的才是自然存在。因此,意识就是社会意识,在社会意识之外并不存在所谓的"自

① 《马克思恩格斯文集》第1卷,人民出版社2009年版,第525页。

然意识”。在经典著作中，我们经常能看到把意识与社会意识等同互换的情况，道理也是如此。

设问 2　唯心主义历史观有哪些表现形式？

解读　唯心主义包括主观唯心主义和客观唯心主义两种基本形态，其历史观也有各自的特点：主观唯心主义认为人的主观精神是世界的本原，而在社会历史进程中能起决定作用的“主观精神”就是帝王将相、英雄豪杰的精神，是他们凭借自身的意志主宰着人类社会的发展轨迹，也主宰着期间芸芸众生的命运，因此主张“英雄史观”和“唯意志论”；客观唯心主义认为在人之外的神秘精神力量是世界的本原，是这些“神”创造了人类社会，并为社会之中的人“预定”了不可抗拒的命运，因此主张“神学史观”和“宿命论”。但正如我们前面所说，主观精神和客观精神并没有本质的区别，从本质上说，客观精神只不过是主观精神的“异化物”而已，因此，两种唯心主义的历史观在本质上没有区别，所谓的“神”只不过是帝王将相、英雄豪杰创造出来强化自身权威的工具，在这个意义上，唯心主义历史观可以统称为“英雄史观”。

设问 3　如何理解唯心史观的两个根本缺陷？

解读　唯心史观作为一种本质错误的历史观，其根本缺陷主要表现为两个方面：其一，至多考察了人们活动的思想动机，而没有进一步考究思想动机背后的物质动因和经济根源；其二，根本否认社会历史的客观规律，根本否认人民群众在社会历史发展中的决定作用。而这两个缺陷又是内在关联的：唯心史观只考察人们活动的思想动机，认为人的思想和精神是社会历史中起决定作用的因素，那么在芸芸众生中能以自己的思想和精神在历史上打上自身烙印的就只有少数的帝王将相、英雄豪杰，因此唯心史观必然主张“英雄史观”。历史唯物主义进一步考究了思想动机背后的物质动因和经济根源，把物质生产力的发展理解为人类社会的根本动力，而推动物质生产力发展、创造人类社会物质财富的主体只能是人民群众而不可能是少数个人，因此唯物史观必然主张“群众史观”。

设问 4　如何认识地理环境对人类社会的制约和影响作用？

解读　地理环境是指人类生存和发展所处的与地理位置相联系的各种自然条件的总和，包括气候、土壤、地形地貌、矿藏和动植物分布等。地理环境是人类社会生存和发展永恒的、必要的条件，是人们生活和生产的自然基础。地理环境对人类社会的制约和影响作用具体表现在如下方面：第一，地理环境为人类提供生活资料和生产建设的资源。具体包括空气、阳光、水分、土壤等生态资源，植物、动物等生物资源以及人类生产生活必需的各种矿物资源，这些资源是人类生存和发展的基础。第二，地理环境给不同地区和国家的经济发展带来特色。俗话说“靠山吃山，靠水吃水”，一个国家和地区经济发展的特色不是单纯主观设计的结果，而是在很大程度上取决于其地理位置、自然资源、气候条件等因素。例如，平原广阔的地方适合发展农业生产，水资源丰富的地方适合发展渔业生产，草原广阔的地方适合发展畜牧业，等等。再如，目前有不少的乡村发展采摘、农家乐等特色农业，但这些特色农业需要具备一些地理环境条件，如具备种植水果、蔬菜等作物或发展养殖业的基本条件，临近城市且交通便利，水、电、气等基础设施齐全且卫生条件较好，不具备这些环境条件盲目搞特色农业，并不具有真正的特色，更不可能持久。第三，地理环境的优劣对社会发展起着加速或延缓的作用。在古代，人们靠天吃饭，自然环境优越的地方就有文明的发展，例如，四大文明古国都是在大江大河的冲积平原上发展起来的。到了今天，人们改造自然环境的能力大大提升了，但环境的优劣照旧对社会发展起着加速或延缓作用。我国东南沿海和西北内陆经济发展的不平衡性，在很大程度上就是受到地理环境制约和影响的结果。

设问 5 如何认识建设“美丽中国”的重要意义？

解读 地理环境以系统整体的形式影响和制约着社会的发展，保持自然生态平衡，地理环境才能对社会发展起到积极的促进和影响作用。正是基于对这一点的深刻认识，我们国家在中国特色社会主义建设的内容里增加了“生态文明建设”，党的十九大报告中又把建设“美丽中国”作为中国特色社会主义建设的总体目标任务的一部分，足以见出我们对生态文明建设的高度重视。早在马克思、恩格斯的时代，就注意到了应当合理调节人与自然之间物质变换关系、避免自然界“对人进行的报复”、促进“人类同自然的和解”等问题。然而通观近现代人类发展史，尤其是在西方现代化的早期，基本上都存在在对环境的恶意破坏、对资源的恶性掠夺现象，由此导致了与经济高速发展不相适应的环境的急剧恶化。在经过了太多失败的教训之后，越来越多的有识之士开始致力于保护环境的工作，普通百姓也意识到没有良好的生态环境的生活不是真正现代化的生活，各国的政府也开始重视生态文明建设问题。中国作为一个历史悠久的农业大国，在其文明的发展过程中始终重视对自然环境的保护和尊重，强调利用自然规律为人类服务，这也是我们今天要继承和发扬的优秀传统文化的一部分。尤其对于今天正在建设社会主义现代化强国的中国来说，“美丽”是现代化强国的必备条件。“绿水青山就是金山银山”，像爱护眼睛一样爱护生态环境，形成绿色、低碳、环保的生活和生产方式，创造良好的生活生产环境，才能真正实现现代化强国的建设目标，也才能确保中华文明的永久可持续发展。

设问6 如何认识人口因素对人类社会的制约和影响作用?

解读 人口因素是重要的社会物质生活条件，对社会发展起着制约和影响作用。具体表现为如下方面：第一，一定数量的人口是社会物质生产的必要前提。人是从事物质生产活动和其他一切社会活动的主体，是一切社会关系的承担者，没有人就没有社会。第二，人口的数量对社会发展和社会进步起加速或延缓作用。恩格斯把人口的生产和再生产与物质资料的生产和再生产，并称为人类社会赖以存在和发展的两种生产和再生产。人口因素对社会发展的加速或延缓作用正是取决于人口的数量、密度和增长速度与经济、社会发展之间能否保持平衡。两种生产和再生产保持平衡，人口因素对社会发展就起促进作用，两种生产和再生产的平衡被打破，人口因素对社会发展就起阻碍作用。这种不平衡的情况通常表现为“人太多”或“人太少”两个极端。例如，中国属于传统的人口大国，“一个大数字除以十三亿变成小数字”，“一个小问题乘以十三亿变成大问题”，我国在粮食、钢铁、煤炭等多项指标位居世界前列、GDP总量位居世界第二的情况下，仍旧属于人均GDP较低的发展中国家，而且我们改革开放中遭遇的问题比任何一个国家都要复杂，这是人口基数过大给我们带来的负面影响。但另一方面，像德国、澳大利亚、日本等发达国家，长期处于人口负增长，也带来了劳动力短缺、人口老龄化，甚至是种族延续等一系列严峻的问题。目前，伴随着人口出生率的下降，我国人口老龄化问题也日益凸显。第三，人口的质量、职业构成、受教育程度和技术熟练程度等状况，对社会发展产生重要影响。在现代社会，高素质的劳动者是国家竞争力的关键，人口质量问题成为制约人口因素作用越来越重要的方面。

设问7 如何理解我国近年来人口和生育政策的变迁?

解读 联合国人口署发布《世界人口展望》2017年修订版，预计本世纪末中国人口将出现倒“V”型反转，在低生育率状态下加速下滑跌破10亿至6.13亿。在不到百年时间里，从人口大爆炸反转为人口大坍塌。《中国统计年鉴2016》对全国1%的人口进行的抽样调查显示中国目前出现了低生育情况。中国2015年的总和生育率仅为1.05，比人口达到世代更替水平所需的2.1低了整一半。

按国际上通行的看法，一个地区60岁以上老人达到总人口的10%，或65岁老人占总人口的7%，即意味着这个国家或地区进入老龄化社会。2021年第七次全国人口普查数据显示，我国60岁及以上人口占比超过18%，已经进入老龄化社会。

我国在20世纪70年代末全面推行计划生育政策,1982年将计划生育定为基本国策,2002年9月开始施行《中华人民共和国人口与计划生育法》。2011年11月出台双独二孩政策,2013年11月出台单独二孩政策,2015年10月全面放开二孩政策,2021年5月实施三孩政策。至此,我国的生育政策正式确定为"全面放开三孩"。与"独生子女"政策相比,这些年我国生育政策的调整可谓动作快、力度大,也充分反映了我国当前人口问题的严峻性,青年学子对此也要给予高度关注。

设问8 为什么说生产方式才是社会存在中起决定作用的因素?

解读 在社会存在三要素中,地理环境、人口因素是人类社会的自然前提,对社会的存在与发展发挥着重要的制约和影响作用,但是,无论是地理环境还是人口因素,都不能脱离社会生产而发挥作用,都要受到社会发展水平的制约,尤其是受到物质资料生产方式的制约。例如,生产力和科技水平制约着人类利用和改造自然环境的能力,也制约着人口本身的质量和素质。更重要的是,地理环境和人口因素都不能决定社会的性质和社会形态的更替。例如,社会形态的更替速度远远快于地理环境变迁速度,不同性质的国家可能存在相同或相似的人口问题。因此,地理环境和人口因素都不是社会存在中起决定作用的因素。

生产方式是生产力与生产关系的统一体,物质生产方式是社会存在和发展的基础及决定力量。首先,物质生产劳动及生产方式是人类社会赖以存在和发展的基础,是人类其他一切活动的首要前提。满足我们人类自身需要的大多数东西,都是物质生产劳动创造的,即使其原材料来自自然,也需要经过生产劳动的加工改造才能满足人的需要。其次,物质生产活动及生产方式决定着社会的结构、性质和面貌,制约着人们的经济生活、政治生活和精神生活等全部社会生活。我们的整个社会生活,归根结底建基于人类生产实践中形成的人与自然、人与社会、人与其自身精神的关系,"社会生活在本质上是实践的"。最后,物质生产活动及生产方式的变化发展决定整个社会历史的变化发展,决定社会形态从低级向高级的更替和发展。社会形态的更替都是从生产力的发展开始的,生产力的发展必然导致生产关系的变革,最终导致社会形态的变迁。

设问9 如何理解社会意识及其结构?

解读 社会意识是社会生活的精神方面,即社会精神生活过程及一切意识要素的总概括,是对社会存在的反映。社会意识具有复杂的结构,可以从不同的角度对其进行划分。根据不同的主体,社会意识可以分为个人意识和群体意识,个人意识是以个人为主体的意识，是个体社会实践的产物；群体意识是以群体为主体的意识，是群体实践的产物。根据不同的层次，社会意识可以分为社会心理和社会意识形式。社会心理是低层次的社会意识，是自发的、不系统、不定型的社会意识，具体表现为感情、风俗、习惯、成见和自发的倾向等，以感性认识为主；社会意识形式是高层次的社会意识，是自觉的、系统的、定型的社会意识，包括政治、法律、道德、艺术、哲学、宗教、科学等，以理性认识为主。在社会意识形式中，又存在意识形态和非意识形态之分。

设问 10　如何区分意识形态与非意识形态的社会意识形式?

解读　意识形态与非意识形态的社会意识形式，作为高层次的社会意识同属于社会意识形式，但二者之间又有着本质的区别。这主要表现在两个方面：第一，二者与经济基础的关系不同。意识形态是属于上层建筑的社会意识形式，主要包括政治法律思想、道德、宗教、艺术、哲学等大部分社会科学(思想上层建筑)。作为思想上层建筑，意识形态直接反映和反作用于经济基础。非意识形态的社会意识形式是不属于上层建筑的其他社会意识形式，包括自然科学、技术科学以及形式逻辑、语言学等一部分社会科学。非意识形态的社会意识形式不是上层建筑，因此不直接反映和反作用于经济基础。第二，意识形态具有阶级性，非意识形态的社会意识形式不具有阶级性。意识形态作为思想上层建筑直接反映经济基础，而经济基础是建立在一定生产力基础之上的生产关系，生产关系是生产过程中人与人之间的经济关系，在阶级社会里这种经济关系必然具有阶级性，因此意识形态也必然具有阶级性。非意识形态的社会意识形式直接反映的不是生产关系而是生产力，生产力是生产过程中人与自然之间的物质关系，这种关系不具有阶级性，因此非意识形态的社会意识形式也不具有阶级性。在现实社会生活中，资本主义国家的意识形态与社会主义国家的意识形态存在着本质的差异，意识形态领域的斗争始终都很尖锐，大学生一定要具有意识形态斗争的敏感性，坚持用社会主义意识形态武装自己，自觉抵制资本主义意识形态的侵袭。

设问 11　如何厘清社会意识各组成部分之间的关系?

解读　在前面我们对社会意识的结构进行分析时，涉及了多个相似的、容易混淆的概念，在学习过程中一定要注意区分。这里，我们可以用包含与被包含关系分组厘清社会意识各组成部分之间的关系：其一，社会意识与社会意识形式。社会意识包含但不等于社会意识形式，社会意识形式一定是社会意识，但社会意识并不一定是社会意识形式，它还包括社会心理，社会意识形式是除社会心理之外的社会意识。其二，社会意识形式与社会意识形态。社会意识形式包含但不等于社会意识形态，社会意识形态一定是社会意识形式，但社会意识形式不一定是社会意识形态，它还包括非意识形态的社会意识形式，社会意识形态是除非意识形态社会意识形式之外的社会意识形式。第三，社会意识形态与社会意识形态诸形式。社会意识形态包括政治法律思想、道德、宗教、艺术、哲学等诸种形式，其中的每一种都是社会意识形态的一个组成部分，但不等于全部的社会意识形态。

设问 12 如何解释宋词婉约派与豪放派词作风格的差异？

解读 历史唯物主义认为，在社会存在与社会意识的辩证统一关系中，社会存在是起决定作用的因素，这种决定作用具体表现为：社会存在是社会意识内容的客观来源，社会意识是社会物质生活过程及其条件的主观反映；社会意识是人们进行社会物质交往的产物；随着社会存在的发展，社会意识也相应地、或迟或早地发生变化和发展。

同样在宋朝，同样是词这种艺术形式，却出现了婉约派和豪放派两种风格迥异的词作流派。婉约派清切婉丽，“当时明月在，曾照彩云归”（宴几道《临江仙》），豪放派激越豪迈，“金戈铁马，气吞万里如虎”（辛弃疾《永遇乐》），从审美观念这个侧面表现出社会存在对社会意识的决定作用。人们的审美观念是社会物质社会过程及其条件的主观反映，随着社会历史条件的发展变化，人们的审美观念也会相应地发生变化。婉约派鼎盛于北宋时期，这一时期，人们生活较为安定，这种和平安逸的生活环境，使人们有闲情逸致去抒发那种花前月下、伤春悲秋、生离死别的儿女情长，因而，以“儿女情长”为主旋律的婉约派词作广泛流传。而到了南宋时期，战火连绵、都城南迁，“儿女情长”渐渐退出了饱受战乱之苦的人们的生活，取而代之的是“保家卫国”的豪迈气概，豪放派词作由此大放异彩。如法国艺术史家丹纳在其《艺术哲学》中所说：艺术“作品的产生取决于时代精神和周围的风俗”，一个时代的美只能是与这个时代相适应的美。不仅艺术创作者的艺术灵感来自时代，而且艺术欣赏者的审美倾向也受时代的影响。[①] 北宋时期同时有婉约派与豪放派两种风格，但婉约派受到更多人的喜爱和追捧，而到了南宋，豪放派因更能表达当时社会生活的主旋律而异军突起。可见，人们的审美观念是社会物质生活过程及其条件的主观反映，只有能充分彰显“与这个时代相适应的美”的艺术作品才能受到这个时代的人们的认可。

① 丹纳著，《艺术哲学》，江苏文艺出版社 2012 年版，第 37 页。

设问 13 如何理解"经济上落后的国家在哲学上仍能够演奏第一提琴"?

解读 历史唯物主义认为,在社会存在与社会意识的辩证统一关系中,社会意识在从根本上受到社会存在决定的同时,还具有自己特有的发展形式和规律,即相对独立性。主要表现在:社会意识与社会存在发展的不平衡性和不完全同步性;社会意识内部各种形式之间的相互影响及各自具有的历史继承性;社会意识对社会存在能动的反作用,先进的社会意识对社会存在的发展起着积极的促进作用,落后的社会意识对社会存在的发展起着消极的阻碍作用。

恩格斯于 1980 年 10 月 27 日写给康拉德·施米特的信中,有一段关于社会意识相对独立性的著名表述:"但是,每一个时代的哲学作为分工的一个特定的领域,都具有由它的先驱者传给它而它便由此出发的特定的思想资料作为前提。因此,经济上落后的国家在哲学上仍然能够演奏第一提琴:十八世纪的法国对英国(而英国哲学是法国人引为依据的)来说是如此,后来的德国对英法两国来说也是如此。但是,不论在法国或是在德国,哲学和那个时代的文学的普遍繁荣一样,都是经济高涨的结果。经济发展对这些领域也具有最终的至上权力,在我看来是无疑的,但是这种至上权力是发生在该领域本身所规定的那些条件的范围内:例如在哲学中,它是发生在这样一种作用所规定的条件的范围内,这种作用就是各种经济影响(这些经济影响多半又只是在它的政治等等的外衣下起作用)对先驱者所提供的现有哲学资料发生的作用。经济在这里并不重新创造出任何东西,但是它决定着现有思想资料的改变和进一步发展的方式,而且这一作用多半也是间接发生的,因为对哲学发生最大的直接影响的,是政治的、法律的和道德的反映。"[①]这段文字对于我们理解社会意识的相对独立性具有重要的指导意义:首先,恩格斯强调了社会意识的历史继承性。从哲学这种社会意识形态来说,每一个时代的哲学的起点是"它的先驱者传给它而它便由此出发的特定的思想资料",这也可以理解为一个民族哲学思维的传统。而对于德国来说,擅长、崇尚理性思维就是其民族传统,从德意志民族在其发展的历史上曾经涌现出的众多哲学家可见一斑。其次,恩格斯强调了社会意识与社会存在发展的不平衡性,"经济上落后的国家在哲学上仍然能够演奏第一提琴"。以当时的德国和英法相比较,英国和法国的资本主义经济发展水平都高于德国,但从哲学思维来说,德国古典哲学是当时哲学的最高成就,是英国和法国的近代哲学所无法超越的。再次,恩格斯强调社会意识的独立性是相对的,"不论在法国或是在德国,哲学和那个时代的文学的普遍繁荣一样,都是经济高涨的结果。经济发展对这些领域的最终的支配作用,在我看来是无疑的"。社会意识的相对独立性以社会存在的

① 《马克思恩格斯选集》第 4 卷,人民出版社 1995 年版,第 703 页。

决定作用为前提。德国古典哲学产生时期的德国经济尽管落后于当时的英国或法国,但毕竟产生了新兴资产阶级的力量并开始酝酿资产阶级革命,这是一个新旧交替、激烈动荡的时代,更能激发人们的思想火花,而且,德国古典哲学也是吸收和借鉴了英国和法国革命经验的。正如马克思所说:“康德哲学是法国革命的德国理论”,黑格尔毕生思想激进和保守的起伏,也与法国大革命的成败密切相关。可以说,德国古典哲学是英国和法国的社会革命实践、德国的资本主义经济发展这些社会存在因素,反映在擅长理性思维传统的德国人头脑中的结果。最后,恩格斯强调了社会意识内部各种形式之间的相互作用,“对哲学发生最大的直接影响的,则是政治的、法律的和道德的反映”。经济基础对意识形态的决定作用有些是直接的,例如社会的政治、法律和道德,有些是间接的,例如哲学。哲学作为意识形态中相对远离现实经济生活的因素,更多的是受到直接反映社会经济发展的政治、法律和道德的影响,而间接地反映社会经济生活。

设问 14 如何理解当前加强中国特色社会主义文化建设的重要意义?

解读 党的十九大报告中第一次在中国特色社会主义的内容中增加了“文化”板块,至此中国特色社会主义成为包含“道路”“制度”“理论”“文化”四方面内容的完整体系,把中国特色社会主义文化集中概括为“优秀传统文化、革命文化、社会主义现代文化”三个方面的内容,彰显了中国特色社会主义文化建设的重要地位。但社会发展有着全方位的衡量指标,精神和文化需求又是人类区别于动物的最典型特征,社会的文化氛围没有得到改善,人们的文化素质没有得到提升,民族的文化意识没有得到彰显,社会主义现代化的目标就不能说真正实现。当前在我国生产力水平极大提高、综合国力迅速增强的大背景下,“文化”作为社会意识的能动反作用尤为突出,文化建设的滞后将直接影响我国经济建设和综合国力进一步实现质的提升,在这样的关键时刻强调文化建设的重要性,也体现出中国共产党对社会存在与社会意识辩证关系原理的深刻领会和切实践行。

文化是社会意识的重要组成部分,在保持自身相对独立性的同时也对社会存在发挥着重要的能动反作用。先进文化对社会发展的重要作用主要表现在:第一,文化为社会发展提供思想保证。先进文化为社会发展指明变革方向并能够保证社会沿着正确方向前进。第二,文化为社会发展提供精神动力。中国特色社会主义文化是凝聚和激励全国各族人民的重要力量。传统文化中“钻木取火”“大禹治水”“愚公移山”“精卫填海”等故事和传说,彰显了中华民族自立自强、不畏艰难、永不言败的大无畏精神,这种精神深入中华民族的骨髓,直至今日仍旧保持着愈战愈勇、愈压愈强、百折不挠的精神和勇气。这些年我国在科学和技术领域里的突飞猛进在很大程度上就是西方国家对我们技术封锁的结果。第三，文化为社会发展提供凝聚力量。社会力量的凝聚有赖于文化认同，文化通过它在社会中占主导地位的思想道德观念和规范体系，整合和统一其他思想道德观念，教化社会成员，规范人们行为，保持社会认同，凝聚社会共识，促进民族意识和民族精神的形成。有了坚定的文化认同，无论人在世界何处，都能以作为中华民族的一员而骄傲，都能为伟大复兴中国梦的实现作出应有的贡献。第四，文化为社会发展提供智力支持。文化主要是脑力劳动和智力活动的产物，体现着人类认识世界的科学成果，并对人类改造世界的活动具有智力支撑作用。自然科学和技术快速发展并顺利实现向现实生产力的转化，将促进我国创新型国家建设，增强我国在国际舞台的竞争力，最终实现社会主义现代化强国的目标。哲学社会科学的长足进步，则可以提升我们民族的思维能力、精神品格、文化素质，并确保社会主义意识形态的本质不被侵蚀。

设问 15 如何理解“生产工具是区分社会经济时代的客观依据”？

解读 劳动资料，也称劳动手段，是人们在劳动过程中所运用的物质资料或物质条件，其中最重要的是生产工具。生产工具是区分社会经济时代的客观依据。例如，封建经济时代和资本主义经济时代的区别，不在于生产馒头还是面包，而在于用手工生产馒头和面包还是用机器生产馒头和面包，正如马克思所说：“各种经济时代的区别，不在于生产什么，而在于怎样生产，用什么劳动资料生产。”①作为生产力中的重要因素，生产工具对划分各种经济时代的决定性作用，也说明了生产力对生产关系的决定作用。历史上的各种生产关系都是适应一定生产力发展需要而产生的，有什么样的生产力，就会产生什么样的生产关系，正如马克思所说：“手推磨产生的是封建主的社会，蒸汽磨产生的是工业资本家的社会。”②

设问 16 如何理解“科学技术是第一生产力”？

解读 “科学技术是第一生产力”这个命题体现了科学技术在现代生产力发展中的重要性。科学技术上的发明创造，会引起劳动资料、劳动对象和劳动者素质的深刻变革和巨大进步；科学技术应用于生产的组织管理，能够大幅度提高管理效率；科学技术为劳动者所掌握，可以极大提高劳动生产率，从这个意义上说，科学技术是先进生产力的集中体现和主要标志，是第一生产力。

---

① 《马克思恩格斯文集》第 5 卷，人民出版社 2009 年版，第 210 页。

② 《马克思恩格斯文集》第 1 卷，人民出版社 2009 年版，第 602 页。

正确理解“科学技术是第一生产力”这个命题，特别需要注意的是，一方面，生产力在本质上是人改造自然的客观物质力量，构成生产力的各基本要素都是客观物质要素，作为一种社会精神生活现象，科学技术不是生产力的独立要素。历史唯物主义认为，生产力是人类社会发展的“元动力”，如果这个本原动力中直接包含了精神的因素，就违背了历史唯物主义的一般原则。另一方面，科学技术作为一种精神力量只是潜在的生产力，并不是直接的生产力，如果它只是停留在精神或理论的层面，它永远也不能变成现实的生产力。科学技术只有通过渗透到生产力的物质要素中去（即把科学技术用于革新生产工具、扩大劳动对象的范围、提升劳动者的素质等）才能从潜在的生产力转化为现实的生产力。这个渗透转化的过程也就是完成了科学技术从精神力量向物质力量转化的过程。

设问 17 如何理解“生产关系”？

解读 历史唯物主义认为，生产关系是人们在物质生产过程中形成的不以人的意志为转移的经济关系，是社会关系中最基本的关系。

在对生产关系概念的理解中，需要注意如下方面的问题：第一，生产关系与生产力概念的比较。生产力体现的是生产过程中人与自然的关系，生产关系体现的是生产过程中人与人的关系；生产力是客观物质力量，生产关系是客观物质关系；生产力是人类社会发展和进步的最终决定力量，生产关系是人类社会关系中最基本的关系；作为生产力与生产关系统一体的生产方式，是社会存在和发展的基础和决定力量。第二，生产关系有狭义和广义之分。生产关系从狭义上说包括三个方面，即生产资料所有制关系、生产中人与人的关系、产品的分配关系，从广义上说包括四个环节，即生产、分配、交换、消费。狭义的生产关系是指一个具体生产过程中所产生的人与人之间的关系，而广义的生产关系是指在生产和再生产的连续循环中所产生的人与人之间的关系。第三，在生产关系中，生产资料所有制关系是最基本的，决定生产关系的性质。历史上在社会中占统治地位的生产关系，依据生产资料所有制的性质区分为两种基本类型：以生产资料私有制为基础的生产关系和以生产资料公有制为基础的生产关系。第四，生产关系的“双重身份”。相对于生产力，它是“生产关系”；相对于上层建筑，它是“经济基础”。生产力和生产关系这两个概念由来已久，但经济基础和上层建筑这两个概念是马克思、恩格斯的原创，目的在于更形象地表达物质条件和经济因素对人类社会其他方面的基础和决定作用。

设问 18 如何理解生产力与生产关系矛盾运动原理的方法论意义？

解读 历史唯物主义认为，生产力是生产的物质内容，生产关系是生产的社会形式，二者的有机统一，构成社会的生产方式。生产力与生产关系的关系是：生产力决定生产关系，生产关系对生产力有能动反作用。

生产力与生产关系的相互作用是一个过程，表现为二者的矛盾运动，这种矛盾运动中内在的、本质的、必然的联系，就是生产关系一定要适合生产力状况的规律。这一规律具有重要的方法论意义，是马克思主义政党制定路线、方针、政策的重要依据。从我国改革开放的实际来看，这一规律是我们进行经济体制改革的理论依据。

前面我们谈到，马克思、恩格斯依据当时资本主义发展的现状，提出“发达国家共同胜利论”，认为社会主义革命必须首先在几个发达的资本主义国家同时进行才能取得胜利。同时，他们又依据新的社会主义制度对旧的资本主义制度“扬弃”的原则，设想社会主义制度应当实行与资本主义私有制基础上的商品经济不同的公有制计划经济。但是，由于现实的社会主义国家都是在经济文化相对落后的基础上建立社会主义制度的，缺乏马克思、恩格斯所设想的发达生产力这个基本前提，实行单一公有制计划经济的结果就是生产关系不符合生产力发展的要求，成为阻碍生产力发展的因素。改革开放初期，我国尽管经过了 30 多年的社会主义建设，人均 GDP 却只有 150 美元左右。

1978 年 12 月 20 日十一届三中全会公报指出：“实现四个现代化，要求大幅度地提高生产力，也就必然要求多方面地改变同生产力发展不适应的生产关系和上层建筑，改变一切不适应的管理方式、活动方式和思想方式，因而是一场广泛、深刻的革命。”由此拉开了以经济体制改革为核心的改革开放的序幕。我国的经济体制改革从根本上说就是依据生产力与生产关系矛盾运动原理，变革不符合我国生产力发展要求的生产关系以使其成为促进生产力发展的因素，从而达到解放、发展生产力的目的。经济体制改革的具体措施主要是打破过去单一公有制计划经济的困局，在保障公有制主体地位的前提下鼓励多种经济成分同时并存，改变经济管理体制中权力过于集中、政企不分、权责不明等弊端，以达成“充分发挥中央部门、地方、企业和劳动者个人四个方面的主动性、积极性、创造性，使社会主义经济的各个部门各个环节普遍地蓬蓬勃勃地发展起来”（十一届三中全会公报）的目标。在经济体制改革方针指引下，中国特色社会主义建设 40 多年的实践取得了一个又一个举世瞩目的重大成就：2010 年我国 GDP 总量超过日本成为世界第二，2019 年我国人均 GDP 突破 1 万美元大关，以“墨子”号量子卫星为代表的高科技领域迅猛发展，以高铁为代表的基础设施建设领先世界，中国正从世界舞台的边缘走近世界舞台的中央。实践再次证明，建立健全适合生产力发展要求的生产关系就能起到解放、发展生产力的作用。

2019 年 10 月 28 日十九届四中全会公报对我国经济制度和经济体制的最

新表述为:“坚持和完善社会主义基本经济制度,推动经济高质量发展。公有制为主体、多种所有制经济共同发展,按劳分配为主体、多种分配方式并存,社会主义市场经济体制等社会主义基本经济制度,既体现了社会主义制度优越性,又同我国社会主义初级阶段社会生产力发展水平相适应,是党和人民的伟大创造。必须坚持社会主义基本经济制度,充分发挥市场在资源配置中的决定性作用,更好发挥政府作用,全面贯彻新发展理念,坚持以供给侧结构性改革为主线,加快建设现代化经济体系。要毫不动摇巩固和发展公有制经济,毫不动摇鼓励、支持、引导非公有制经济发展,坚持按劳分配为主体、多种分配方式并存,加快完善社会主义市场经济体制,完善科技创新体制机制,建设更高水平开放型经济新体制。”这一表述充分肯定了我国经济体制改革基本方针的正确性,同时又体现出中国共产党基于中国特色社会主义建设实践具体要求对相关理论不断完善、提升和推进,也是中国共产党在创造性地运用马克思主义基本原理的基础上发展马克思主义理论的成果。

设问 19 如何理解经济基础是“生产关系的总和”?

解读 经济基础是指由社会一定发展阶段的生产力所决定的生产关系的总和。理解这个概念需要注意如下方面的问题:第一,经济基础在本质上就是生产关系。在历史唯物主义语境中,作为在生产过程中建立起来的人与人之间的经济关系,生产关系具有“双重身份”:相对于生产力是生产关系,相对于上层建筑是经济基础。经济基础与上层建筑是马克思主义理论体系中独创的概念,意在形象地表达社会物质基础对其上的政治制度和意识形态的决定性作用,地基打的牢固其上的建筑才能稳固。第二,经济基础是生产关系的总和。在社会的一定发展阶段上往往存在多种生产关系,例如,当今中国就同时并存社会主义性质的公有制、资本主义性质的私有制、封建性质的私有制(个体手工劳动)等多种生产关系,作为我国经济基础的不是其中某一个生产关系,而是这些生产关系的总和共同构成我国的经济基础。第三,占统治地位的生产关系决定经济基础的性质从而决定社会的性质。尽管在社会的一定阶段上往往同时并存多种生产关系,但各种生产关系的地位和作用却是不同的,其中占统治地位的生产关系决定经济基础的性质从而决定社会的性质。例如,在当今世界同时并存的社会主义和资本主义国家,其经济基础从总体上说都是社会主义性质的公有制、资本主义性质的私有制、封建性质的私有制等多种生产关系的总和,但因占统治地位的生产关系的不同,决定了社会主义国家和资本主义国家经济基础的性质以及社会性质的根本差异。

设问 20 如何理解国家既是一个历史范畴又是一个政治范畴?

解读 上层建筑是建立在一定经济基础之上的意识形态(思想或观念上层建筑)以及相应的政治法律制度、组织和设施(政治上层建筑)。在上层建筑中,政治上层建筑居于主导地位,国家政权是核心。

国家作为历史范畴的基本含义是它在历史上产生也将在历史上走向消亡。国家不是从来就有的,而是社会发展到一定历史阶段的产物。按照马克思的分析,国家是"社会陷入了不可解决的自我矛盾、分裂为不可调和的对立面而又无力摆脱这些对立面"时的产物,[①]也就是说国家是阶级对立的产物,而在马克思看来,阶级本身就是一个历史范畴,人类社会从无阶级的原始社会经历了阶级对立社会之后必将走向消灭阶级对立的共产主义社会。因此,伴随着阶级对立产生而产生的国家也必将伴随着阶级对立的消灭而走向消亡。马克思认为,"无产阶级专政"将是国家的最后一种"过渡形态",其后国家将逐渐走向消亡,当然,国家消亡是一个漫长的历史过程。

国家是政治范畴的基本含义是国家在本质上是阶级统治的暴力工具。它是经济上占支配地位的阶级为维护其根本利益而建立起来的强制性的暴力机关,其存在的根本目的是保障统治阶级的政治统治。尽管国家也承担社会管理的职能,但国家在管理社会生活时并没有失去其阶级统治的性质,其社会管理的相关制度和政策必定是适应统治阶级要求并首先保障统治阶级利益的,一旦社会其他利益集团威胁了统治阶级的根本利益和统治地位,国家必然对其进行强力镇压。

设问 21 如何理解国家是"同社会相异化的力量"?

解读 恩格斯在《家庭、私有制和国家的起源》中指出:国家从起源上看是阶级对立和阶级矛盾的产物,"为了使这些对立面,这些经济利益相互冲突的阶级,不致在无谓的斗争中把自己和社会消灭就需要一种表面上凌驾于社会之上的力量,这种力量应当缓和冲突,把冲突保持在'秩序'的范围内"[②]。也就是说国家本身是社会发展的结果,国家的权利是社会赋予的,国家机器本来应当是为社会服务的,但是在长期的历史发展过程中它逐渐成为一种独立于社会之外并"凌驾于社会之上"的力量,具体表现为政治权力对公民权利的压榨、国家工作人员以权谋私、国家在社会管理职能上的疏忽或不作为等,这样国家就成为一种"从社会中产生但又自居于社会之上并且日益同社会相异化的力量"。马克思在《法兰

① 《马克思恩格斯文集》第 4 卷,人民出版社 2009 年版,第 189 页。
② 《马克思恩格斯文集》第 4 卷,人民出版社 2009 年版,第 189 页。

西内战》中指出，以巴黎公社为代表的无产阶级专政国家是国家的过渡形态，“公社体制会把靠社会供养而又阻碍社会自由发展的国家这个寄生赘瘤迄今所夺去的一切力量，归还给社会机体”[①]，实现国家与社会的统一，才能最终消灭国家这种异化力量。

设问 22 如何理解经济基础与上层建筑矛盾运动原理的方法论意义?

解读 历史唯物主义认为，在经济基础与上层建筑的辩证统一关系中，经济基础决定上层建筑，上层建筑反作用于经济基础。经济基础与上层建筑的矛盾运动构成了上层建筑一定要适合经济基础状况的规律，这一规律是我们在深化经济体制改革、完善社会主义经济基础以促进生产力发展的同时，加快上层建筑领域的改革，以适应生产力发展和巩固经济基础的要求的重要理论依据。

中国特色社会主义经济建设、政治建设、文化建设、社会建设、生态文明建设“五位一体”总体布局的确立，就是我们党科学领会和创造性地运用历史唯物主义经济基础与上层建筑矛盾运动原理的结果。在改革开放初期，提法主要是物质文明和精神文明“两个文明”“两手抓”，十六大报告提的是“三位一体”(经济建设、政治建设、文化建设)，到了十七大提出了“四位一体”(经济建设、政治建设、文化建设和社会建设)，十八大进一步拓展到“五位一体”(经济建设、政治建设、文化建设、社会建设、生态文明建设)，十九大进一步明确了“五位一体”的总体布局，这个总体布局意味着中国进入二十一世纪后，从局部现代化到全面现代化，从不断协调的现代化到全面协调的现代化。“五位一体”总布局是一个有机整体，其中经济建设是根本，政治建设是保证，文化建设是灵魂，社会建设是条件，生态文明建设是基础。只有坚持“五位一体”建设全面推进、协调发展，才能形成经济富裕、政治民主、文化繁荣、社会公平、生态良好的发展格局，把我国建设成为富强民主文明和谐美丽的社会主义现代化强国。

2019 年 10 月 31 日中国共产党第十九届中央委员会第四次全体会议通过的《中共中央关于坚持和完善中国特色社会主义制度、推进国家治理体系和治理能力现代化若干重大问题的决定》(以下简称《决定》)指出:“中国特色社会主义制度是党和人民在长期实践探索中形成的科学制度体系，我国国家治理一切工作和活动都依照中国特色社会主义制度展开，我国国家治理体系和治理能力是中国特色社会主义制度及其执行能力的集中体现。”《决定》还对国家治理体系和治理能力现代化提出了具体目标要求:坚持和完善党的领导制度体系，提高党科学执政、民主执政、依法执政水平;坚持和完善人民当家作主制度体系，发展社会

① 《马克思恩格斯文集》第 3 卷，人民出版社 2009 年版，第 157 页。

主义民主政治；坚持和完善中国特色社会主义法治体系，提高党依法治国、依法执政能力；坚持和完善中国特色社会主义行政体制，构建职责明确、依法行政的政府治理体系；坚持和完善繁荣发展社会主义先进文化的制度，巩固全体人民团结奋斗的共同思想基础；坚持和完善统筹城乡的民生保障制度，满足人民日益增长的美好生活需要；坚持和完善共建共治共享的社会治理制度，保持社会稳定、维护国家安全；坚持和完善生态文明制度体系，促进人与自然和谐共生，等等。《决定》再次体现我们党对加强上层建筑领域改革的重要性的清醒认识，以及通过上层建筑领域改革促进经济基础发展从而实现现代化强国的坚定决心。

设问 23　如何全面准确把握社会形态概念内涵?

解读　“社会形态”这个概念对同学们来说是比较陌生的概念，准确把握社会形态概念内涵可以从三个方面的比较中进行：第一，社会形态与生产方式。这两个概念的可比性表现在内容和形式两个方面，从形式来说，生产方式和社会形态都是“矛盾统一体”；从内容来说，生产方式是生产力与生产关系的统一体，而生产力与生产关系的矛盾构成人类社会第一对基本矛盾。社会形态是经济基础与上层建筑的统一体，而经济基础与上层建筑的矛盾构成人类社会第二对基本矛盾。因此，把握了“社会基本矛盾”的内涵，也就容易把握生产方式和社会形态这两个概念。第二，社会形态与经济形态。社会形态作为经济基础与上层建筑的统一体，包括经济形态、政治形态和意识形态，其中经济形态是社会形态的基础，马克思、列宁经常把“社会形态”与“经济的社会形态”在同一意义上使用，说明“生产关系总和”是社会形态的本质方面，但同时也要认识到政治形态和意识形态是社会形态不可分割的组成部分。从理论简明性的角度可以把社会形态与经济形态等同，从实践完整性的角度社会形态应当被理解为是由经济形态、政治形态、意识形态构成的统一整体。第三，社会形态与社会制度。一定的社会形态总要以一定的社会制度形式呈现出来，社会制度能够集中体现社会形态的性质，所以人们在日常生活中往往用社会制度来指代社会形态。例如，我们通常说的人类社会发展经历了原始社会、奴隶社会、封建社会、资本主义社会、共产主义社会五种社会制度的更替，其实就是五种社会形态的更替。我们通常说某个国家是社会主义制度，某个国家是资本主义制度，其实表达的也是它们属于某种社会形态。党的十九届四中全会强调坚持和完善社会主义制度的重要性，正是因为社会制度是社会形态性质的集中体现，坚持和完善社会主义制度才能彰显我国社会形态的社会主义性质。

设问 24　如何理解社会形态的更替是必然性与人们的历史选择性的统一?

解读　历史唯物主义认为,社会形态更替遵循如下一般规律:第一,社会形态的发展是自然历史过程,社会形态具有类似于自然界的客观性、辩证性、可知性的特征;第二,社会形态的更替是统一性与多样性的统一;第三,社会形态的更替是必然性与人们的历史选择性的统一;第四,社会形态的更替是前进性与曲折性的统一。

社会形态更替的客观必然性主要是指社会形态依次更替的过程和规律是客观的,其发展的基本趋势是确定不移的。生产力与生产关系矛盾运动的规律性,从根本上规定了社会形态更替的客观必然性。但社会规律与自然规律相比,一方面都具有客观性、辩证性、可知性等共性特征,另一方面还具有鲜明的个性特征,即自然规律的作用是在自然界"自发"实现的,而社会规律的作用则是通过人的自觉活动实现的。同其他社会规律一样,社会形态更替的规律也是人们自己的社会行动的规律。规律的客观性并不否定人们历史活动的能动性,并不排斥人们在遵循社会发展规律的基础上对某种社会形态的历史选择性。

我们常说,中国走社会主义道路是"历史的选择",集中体现了社会形态的更替是必然性与人们的历史选择性的统一:中国新民主主义革命胜利后,面临着走社会主义道路还是走资本主义道路两种可能的发展趋势,无论是走社会主义道路还是走资本主义道路,较之前的半封建半殖民地社会来说,都是符合社会形态更替和历史进步的客观要求的。但我们最终选择了走社会主义道路,这是中国共产党和全体劳苦大众在对中国的实际、国际的局势、人民群众的根本利益等方面综合考虑前提下发挥主体能动选择性的结果。当然,人们的历史选择性要以遵循社会历史发展的客观规律为前提,在当时的历史条件下,选择社会主义或资本主义都是符合历史规律的,但如果选择复辟封建制度就违背历史规律从而不可能真正推动历史进步了。

设问 25　如何理解历史唯物主义"社会发展动力系统"理论?

解读　历史唯物主义认为,推动社会历史发展的动力不是单一的,而是多方面的,各方面的动力又具有内在关联,由此形成一个相互依存、相互作用的大系统,社会历史的发展正是系统中各要素相互作用的结果。

首先,社会发展动力系统中的各个要素对社会历史发展发挥的作用是不同的。生产力是社会发展的最终决定力量,社会基本矛盾是社会发展的根本动力,阶级斗争是阶级对立社会发展的直接动力,革命是历史的火车头(质变),改革是推动社会进步的有效途径和手段(量变),科学技术革命是推动经济和社会发展的强大杠杆("最高意义上的革命力量"),人民群众是历史的创造者。

其次，社会历史发展动力是“一元多维”的，这是社会历史发展动力系统中各要素之间的相互作用的集中表现。历史唯物主义认为，推动社会历史发展的唯一本原（“一元”）性动力只能是生产力，其他各种动力都要通过直接或间接作用于生产力才能发挥推动社会历史发展的作用（“多维”）。例如，社会基本矛盾中，生产关系通过直接反作用于生产力、上层建筑通过直接反作用于生产关系间接反作用于生产力而发挥作用；阶级斗争集中表现了阶级社会中生产力和生产关系、经济基础和上层建筑的矛盾，代表新的生产力和生产关系的阶级通过斗争战胜代表旧的生产力和生产关系的阶级，新的社会形态才能建立；社会革命的实质是革命阶级推翻反动阶级的统治，用新的社会制度代替旧的社会制度，解放生产力、推动社会发展；改革是社会历史发展中的量变过程，是社会制度的自我完善，正如我们社会主义改革的根本目的是“解放发展生产力”一样，任何社会形态的改革都因其能解放发展生产力而发挥推动历史进步的作用；科学技术是第一生产力，是先进生产力的集中体现和主要标志，每一次的科学技术革命都促成了生产力的飞跃发展，从而发挥了推动社会历史进步的作用；人民群众是历史的创造者，最根本的原因在于人民群众是生产力的主体，是人类社会赖以存在和发展的物质财富的创造者。

第六专题　劳动价值论

设问 1　何谓经济学?

解读　经济学是一门古老的科学，从古希腊罗马时期就产生了西方经济思想。历史上关于经济学的概念有很多不同的界定，例如，“财富说”认为经济学就是研究国民财富的性质和原因以及财富增长之道的学说(英国的亚当·斯密)；“人的欲望及其满足说”认为理论经济学是研究人类为满足其欲望而展开其预筹活动的条件的学说(奥地利的门格尔)；“宏观经济行为说”认为经济学是研究整个经济体系运行并促成该体系中之全部资源达到最适度就业的学说，等等。

按照美国著名经济学家萨缪尔森的定义，经济学研究的是社会如何利用稀缺的资源以生产有价值的商品，并将它们分配给不同的个人。他认为经济学有两大核心思想：物品是稀缺的，社会必须有效地(“经济地”)利用它们的资源。经济学主要关注三个问题：生产什么(有限的资源用到哪里)、如何生产(怎么更有效率地利用有限的资源)、为谁生产(有限的资源优先分配给谁)。[1] 从总体上看，这种对经济学的界定属于“微观经济行为和宏观研究合流说”，他们以稀缺法则为起点，把经济学分为微观经济学和宏观经济学两部分。微观经济学以资源配置为研究对象，因为资源是稀缺的，要对稀缺的资源配置；宏观经济学以资源利用为研究对象，因为在资源配置中会有资源的不合理利用，出现资源闲置或浪费问题，对稀缺资源的合理利用，就需要国家干预。而资源配置和利用又可以有不同的解决模式和方式，这就涉及经济体制问题。当代不少经济学者主张建立混合经济体制。在这种体制中既有市场机制发挥作用的自由市场经济，又有国家对经济生活进行干预和宏观控制的经济。

综上所述，经济学的定义应该是研究在一定经济体制下，稀缺资源配置和利用的科学，该定义涉及四个问题：一是稀缺资源，这是经济学产生的基础和研究的出发点；二是资源配置，属于微观经济学的研究对象；三是资源利用，属于宏观经济学的研究对象；四是经济体制，因为无论是微观经济学还是宏观经济学都涉及经济体制问题。

---

① 保罗·萨缪尔森、威廉·诺德豪斯著，萧琛等译：《宏观经济学》，华夏出版社 1999 年版，第 2 页。

设问 2　何谓政治经济学?

解读　对于政治经济学这门学科的特殊性可以从两个维度把握:第一,从学科属性和学科特征来说,政治经济学是经济学的三级学科。一级是经济学,二级是理论经济学,政治经济学是理论经济学的分支,是三级经济学科。理论经济学是相对于应用经济学的二级经济学学科,是研究经济学中的一般理论问题,揭示经济活动一般规律的科学。应用经济学是运用经济理论研究某一具体经济领域的特定经济问题并加以应用的科学。理论经济学,除政治经济学外,还应包括生产力经济学、比较经济学、世界经济学、经济理论史等。

第二,从历史沿革和研究内容来说,政治经济学是与自然经济学和家庭经济学相区分的商品经济学。政治经济学中的"政治"(politics)一词,源于希腊文的politikos,含有"社会的""国家的""城市的"等多种意思。法国重商主义者蒙克莱田在1615年出版的《献给国王和王后的政治经济学》一书中首先使用该词,目的是说他所论述的经济问题已经超出了自然经济的范畴。1775年,卢梭为法国《百科全书》撰写了"政治经济学"条目,把政治经济学和家庭经济学区分开来。从人类历史的演进来看,原始社会、奴隶社会、封建社会都是自然经济占主导地位的经济形态,到了资本主义社会商品经济才成为占主导地位的经济形式。因此,作为区别于自然经济学的政治经济学严格来说是伴随着资本主义的确立而产生的,也是专门针对资本主义经济现象进行研究的经济学。

马克思、恩格斯创立的马克思主义政治经济学,沿袭了以政治经济学研究资本主义商品经济经济现象的传统,正如马克思在《资本论》开篇所言:"我要在本书研究的,是资本主义生产方式以及和它相适应的生产关系和交换关系。"①从教科书的体系来看,第四章和第五章是马克思主义政治经济学部分,它们的标题分别是"资本主义的本质及规律""资本主义的发展及其趋势",体现出马克思主义政治经济学旨在通过对资本主义经济现象的研究揭示资本主义的本质和发展规律。

设问 3　何谓马克思主义政治经济学?

解读　理解马克思主义政治经济学的直接参照系是资产阶级政治经济学,马克思、恩格斯创立马克思主义政治经济学是对资产阶级古典政治经济学"扬弃"的结果。首先,英国古典政治经济学是马克思主义政治经济学的直接理论来源,英国古典政治经济学对资本主义生产关系的分析和关于劳动创造价值的理

① 《马克思恩格斯文集》第5卷,人民出版社2009年版,第8页。

论，对马克思和恩格斯创立马克思主义政治经济学产生了重要影响，劳动价值论成为马克思主义政治经济学的基础性理论。其次，马克思主义政治经济学作为代表无产阶级利益和诉求的经济学，从根本上克服了资产阶级的阶级局限性。古典政治经济学在本质上是代表资产阶级利益和诉求的经济学，因为其“附着在资产阶级的皮上”[①]，不可能真正揭示资本主义的矛盾和问题，不可能去探究剩余价值的起源这个“爆炸性的问题”。而马克思则致力于以政治经济学探究资本主义生产关系的本质，从而揭示资本主义各种矛盾和问题的根源，并进而找寻解决这些矛盾和问题的根本出路。因此，资产阶级政治经济学回避的问题，正是马克思主义政治经济学要深入探究和解答的问题，在劳动价值论的基础上创立剩余价值学说，是马克思、恩格斯对政治经济学的最重大贡献。

设问 4　马克思主义政治经济学产生和发展的历程有哪些?

解读　1867 年马克思出版《资本论》第 1 卷，标志着马克思主义政治经济学理论体系的创立，其后，马克思主义政治经济学经历了由后来的马克思主义者不断丰富和发展的过程。

作为马克思主义政治经济学的创始人，马克思和恩格斯确定了马克思主义政治经济学的研究对象、研究方法、基本范畴和基本原理，尤其在创立生产商品的劳动二重性学说、创立科学的剩余价值理论、发现资本积累的一般规律和历史趋势、揭示资本主义灭亡和社会主义胜利的必然性等方面作出了突出的理论贡献。

列宁对发展马克思主义政治经济学的贡献突出表现在：对于垄断阶段的资本主义的深刻剖析，形成了帝国主义经济理论；亲自领导俄国无产阶级革命，并在革命胜利后努力探索社会主义经济建设的道路，形成了向社会主义过渡和社会主义建设理论。例如，1921 年 3 月，针对当时苏维埃俄国经济危机严重、人民群众生活艰难的实际，列宁毅然决定从战时共产主义政策过渡到以发展商品经济为主要特征的新经济政策，这标志着列宁正在探索一条符合俄国国情的社会主义建设道路，也为包括中国在内的其他社会主义国家依据自己国情进行的经济体制改革提供了理论指导。

列宁逝世后，斯大林领导了苏联向社会主义过渡和进入社会主义社会后的经济建设。在这一时期，苏联党和人民对社会主义经济建设进行了积极探索，虽然有曲折和教训，但也积累了重要经验，推动了马克思主义政治经济学在社会主义条件下的发展。例如，社会主义工业化思想，为后来的反法西斯战争胜利奠定

① 《马克思恩格斯文集》第 5 卷，人民出版社 2009 年版，第 622 页。

了物质基础;农业集体化的思想,引导农村和农民走社会主义道路;斯大林组织编写《政治经济学教科书》,对社会主义经济理论进行了初步探索;形成以高度集中的社会主义计划经济为主要特征的苏联模式,曾经促进了苏联社会主义制度的巩固和发展。

以毛泽东同志为核心的中国共产党第一代中央领导集体,领导中国人民夺取了新民主主义革命的胜利,实现了新民主主义到社会主义的过渡,建立了社会主义制度,开始了全面的社会主义建设。在这个过程中形成的毛泽东思想,是马克思列宁主义基本原理同中国革命和社会主义建设实际相结合的产物,其中蕴含的经济思想丰富和发展了马克思主义政治经济学。例如,新民主主义革命理论中的"三大经济纲领"思想(包括没收封建阶级的土地归农民所有、没收官僚垄断资本归新民主主义国家所有、保护民族工商业)、新民主主义向社会主义过渡理论中的"三大改造"思想(即逐步实现国家对农业、手工业和资本主义工商业的社会主义改造)、探索社会主义建设道路中的"四个现代化"思想(即工业现代化、农业现代化、国防现代化、科学技术现代化),等等。

自1978年改革开放以来,中国共产党在领导中国特色社会主义建设过程中,形成的中国特色社会主义理论体系,创造性地提出在社会主义条件下发展市场经济,系统回答了在当代中国如何解放和发展社会主义生产力,不断满足人民日益增长的物质文化需要等一系列基本问题,形成了社会主义经济体制改革和对外开放、社会主义初级阶段经济制度和分配制度、社会主义经济管理和宏观调控等一系列中国特色社会主义经济理论,丰富和发展了马克思主义政治经济学。

设问5　马克思主义政治经济学的研究对象是什么?

解读　马克思主义政治经济学的研究对象是生产关系,正如马克思在《资本论》第一卷第一版序言所言:"我要在本书研究的,是资本主义生产方式以及和它相适应的生产关系和交换关系。"我们在历史唯物主义部分讨论过生产关系的"双重身份":相对于生产力是生产关系,相对于上层建筑是经济基础,因此对生产关系的研究必然要联系生产力和上层建筑。

生产关系是在生产过程中形成的人与人之间的经济关系。广义的生产关系包括生产、分配、交换、消费四个相互联系的环节。因此,马克思主义政治经济学所研究的不是物,而是人,不是人与自然的关系,而是人与人之间的关系。马克思主义政治经济学要研究在生产、分配、交换、消费四个环节中建立起来的人与人之间的经济关系,从而揭示社会经济现象的内在规律。

设问 6　马克思主义政治经济学的鲜明特征有哪些?

解读　马克思主义政治经济学的最鲜明特征在于它体现了科学性和阶级性的高度统一。

首先,马克思主义政治经济学运用辩证唯物主义和历史唯物主义的科学世界观和方法论,深刻剖析了资本主义经济的内在矛盾,揭示了资本主义生产的本质,揭示了经济社会发展的客观规律,具有严谨的科学性。

其次,马克思主义政治经济学公开主张和维护无产阶级的利益,是与资产阶级政治经济学有着本质区别的无产阶级的政治经济学,具有鲜明的阶级性。这种鲜明的阶级性主要体现在它的批判性和革命性上。马克思主义政治经济学的批判性,主要表现在两个方面:其一,创立剩余价值理论对资本主义剥削本质的批判;其二,阐发自己政治经济学理论观点时对资产阶级政治经济学的批判。马克思主义政治经济学的革命性则表现在揭示了无产阶级和资产阶级对立的经济根源,找到了"无产阶级"这个资本主义社会的掘墓人,提供了无产阶级推翻资产阶级的革命武器,进而敲响了资本主义的丧钟。

设问 7　马克思主义政治经济学的主要任务是什么?

解读　马克思主义政治经济学的任务主要有三个方面:

第一,研究资本主义生产关系及其发展和变化规律。

对于资本主义社会,政治经济学研究的主要任务是,揭示资本主义生产关系的本质及其内在矛盾,论证资本主义必然灭亡的客观规律,为无产阶级革命提供思想武器,并对未来建立共产主义社会的条件进行探索。

当然,政治经济学对资本主义的分析也要与时俱进,不能仅限于一般的研究资本主义走向灭亡的历史必然性,还要注重研究当代资本主义的新现象和新问题,揭示其新的发展变化规律。深刻阐明资本主义为延缓自身灭亡所进行的调整和改良,在一定程度上适应和促进了生产力的发展,但并没有改变资本主义社会所固有的矛盾,没有改变社会主义代替资本主义的客观历史趋势。

第二,研究社会主义生产关系及其发展变化规律。

总结社会主义经济建设和改革的经验,研究社会主义生产关系和社会主义建设规律,提出社会主义经济建设的方针政策和理论原则。马克思主义政治经济学研究社会主义经济规律,主要包括三方面的内容:一要研究探索最有利于社会主义社会生产力发展的、社会主义生产关系的具体形式和相应的经济政策;二要研究总结新中国成立以来,特别是改革开放以来社会主义经济发展和经济体制改革的丰富经验;三要研究借鉴有益于社会主义建设的一切经济学成果。

第三,在研究资本主义和社会主义生产关系发展和变化规律的基础上,马克思主义政治经济学还要揭示经济运动的普遍规律。

恩格斯在《反杜林论》中指出，政治经济学作为一门科学，“它首先研究生产和交换的每个个别发展阶段的特殊规律，而且只有在完成这种研究以后，它才能确立为数不多的、适用于生产一般和交换一般的、完全普遍的规律”①。马克思主义政治经济学所揭示的贯穿于人类社会发展始终、在每个社会经济形态都起作用的一般经济规律，最主要的就是生产关系一定要适合生产力发展状况的规律和上层建筑一定要适合经济基础发展状况的规律。因此我们可以说，马克思主义政治经济学既是对辩证唯物主义和历史唯物主义的“最深刻、最全面、最详尽的证明和运用”，也标志着历史唯物主义的最终完成。在这里，我们能够再次体会到列宁说马克思主义理论体系各个组成部分是“一块整钢”的深刻含义。

从我们教科书的体系来说，马克思主义政治经济学部分，主要涉及的是对资本主义生产关系发展和变化规律的研究，其中第四章主要按照《资本论》的线索阐释马克思、恩格斯关于商品经济的一般规律和资本主义商品经济特殊规律的相关理论，第五章主要阐释列宁的帝国主义经济理论，并揭示当代资本主义的新变化和新问题。

设问 8　学习马克思主义政治经济学主要学什么？

解读　由于历史和认识的原因，马克思主义政治经济学的学习和研究在我国经历了一个十多年的沉寂期。在 2014 年 7 月 8 日召开的经济形势专家座谈会上，习近平同志就做出了“各级党委和政府要学好用好政治经济学” 的重要指示。2015 年 11 月 23 日习近平同志主持中共中央政治局第二十八次集体学习（主题是“马克思主义政治经济学基本原理和方法论”）并发表讲话，习近平同志强调：“马克思主义政治经济学是马克思主义的重要组成部分，也是我们坚持和发展马克思主义的必修课。”“学习马克思主义政治经济学基本原理和方法论，有利于我们掌握科学的经济分析方法，认识经济运动过程，把握社会经济发展规律，提高驾驭社会主义市场经济能力，更好回答我国经济发展的理论和实践问题，提高领导我国经济发展能力和水平。”并要求我国学术理论界和实际部门为马克思主义政治经济学的创新发展贡献中国智慧，不断开拓当代中国马克思主义政治经济学的新境界。至此，学术界再次掀起了研究马克思主义政治经济学的热潮。在近些年的考研政治试题中，政治经济学部分所占的比重也有不断提升的趋势。

我们学习马克思主义政治经济学主要“学”三个方面的内容：第一，马克思主

① 《马克思恩格斯文集》第 9 卷，人民出版社 2009 年版，第 154 页。

义政治经济学的基本原理。这是完整准确掌握马克思主义整体理论体系的重要保障。马克思主义政治经济学是马克思主义哲学唯物论和辩证法的基本原理在分析资本主义经济社会现象中的具体运用,也是马克思主义哲学历史唯物论完成的标志。马克思主义政治经济学对资本主义经济社会现象的剖析,是“资本主义必然灭亡、社会主义必然胜利”的科学社会主义结论的必然前提,也是科学社会主义勾画未来理想社会的直接参照系。也就是说政治经济学在马克思主义基本原理理论体系中发挥着承上启下的作用,没有对政治经济学基本原理的系统学习和科学领会,也就不可能真正掌握马克思主义基本原理的其他两个部分。

第二,马克思、恩格斯的政治经济学揭示的市场经济的一般规律。这是指导社会主义市场经济走良性发展道路的重要保障。例如市场经济的价值规律、各大部类按比例生产的规律等,这些规律同样适用于解释社会主义市场经济的问题。再如,马克思、恩格斯在政治经济学研究中体现出对实体经济的高度重视,三卷《资本论》在逻辑安排上都是围绕着实体经济的发展展开的:第一卷研究的是物质产品的生产过程;第二卷研究的是创造物质财富的产业资本的循环、周转;第三卷研究资本主义生产总过程,分析商业资本、银行资本等其他资本形式是如何在服务于实体经济的过程中参与剩余价值的分割的。党的十九大报告中强调“深化供给侧结构性改革。建设现代化经济体系,必须把发展经济的着力点放在实体经济上,把提高供给体系质量作为主攻方向,显著增强我国经济质量优势”,这与马克思、恩格斯当年对经济问题的认识和判断是一致的。

第三,马克思、恩格斯的政治经济学所坚守的唯物主义立场和辩证方法。这是我们今天发展马克思主义政治经济学的重要保障。《资本论》从总体来看主要阐释的是马克思和恩格斯的政治经济学思想,但他们的政治经济学本身就是建立在辩证唯物主义和历史唯物主义科学世界观和方法论基础之上的,在这部巨著的开篇,表达了很多我们今天归属于辩证唯物主义和历史唯物主义的著名观点。例如,“我的观点是把经济的社会形态的发展理解为一种自然史的过程。不管个人在主观上怎样超脱各种关系,他在社会意义上总是这些关系的产物。”[①]“观念的东西不外是移入人的头脑并在人的头脑中改造过的物质的东西而已。”[②]“辩证法在对现存事物的肯定的理解中同时包含着对现存事物的否定的理解,即对现存事物的必然灭亡的理解。辩证法对每一种既成的形式都是从不断运动中,因而也是从它的暂时性方面去理解;辩证法不崇拜任何东西,按其本

① 《马克思恩格斯文集》第5卷,人民出版社2009年版,第10页。

② 《马克思恩格斯文集》第5卷,人民出版社2009年版,第22页。

质来说，它是批判的和革命的。"[①]而且，马克思、恩格斯在政治经济学研究中所坚持的矛盾分析法、实证研究法和求真务实的科学态度，仍旧是我们今天研究社会主义政治经济学并发展马克思主义政治经济学必须坚守的基本原则和立场。这也正是我们今天学习马克思主义政治经济学主要的方面。

中国特色社会主义进入新时代，我国的改革也进入"深水区"。目前，中国全面深化改革涉及政治、经济、文化、社会、生态文明和党的建设等各个领域，有许多亟待解决的重大问题。按照马克思主义经济基础决定上层建筑的基本原理，政治、文化、社会、生态文明和党的建设等各个领域的改革可以对经济领域的改革起到巨大的推动作用，但是这些领域的改革要想持续坚持下去，也必须要有经济领域的成功改革为之提供坚实的基础。中国改革的许多重大问题的解决，都急需马克思主义特别是马克思主义政治经济学为其提供理论指导。中国特色社会主义的经济建设，依靠照搬照抄西方经济学的理论是行不通的，必须在坚持马克思主义政治经济学基本原理的前提下，在改革的实践中不断发展中国特色社会主义政治经济学。正因为如此，习近平总书记才强调我们今天仍旧"要学好用好马克思主义政治经济学"。

设问9　商品经济与自然经济的区别表现在哪些方面?

解读　商品经济的发展经历了简单商品经济(私有制和个体劳动)和发达商品经济(私有制和雇佣劳动)两个阶段，资本主义(市场经济)是商品经济的高级或发达形态。剖析以私有制为基础的简单商品经济的内在矛盾及其运动规律，就自然成为揭示资本主义本质的出发点。在这里，我们首先考察商品经济和自然经济的区别。

商品经济与自然经济是有着本质区别的经济形式，二者的区别主要表现在如下方面：第一，生产主体。自然经济主要是以分散的、单一的经济单位(如家长制的农民家庭、原始村、封建领地等)为主体从事生产活动；商品经济主要是以集中的、多元的经济单位(如手工作坊、机械化工厂、现代化集团公司等)为主体从事生产活动。第二，生产条件。自然经济生产力水平低下，排斥分工，生产规模狭小；商品经济则是在生产力水平有了较大程度的提升、社会分工越来越细致的条件下发展起来的经济形式。第三，生产目的。自然经济是自给自足的经济形式，生产目的是为了直接满足生产者个人或经济单位的需要，即实现所生产物品的使用价值；商品经济是以交换为目的而进行生产的经济形式，生产的目的是通过交换而实现生产物品的价值。第四，存在时间。自然经济是原始社会、奴隶社

① 《马克思恩格斯文集》第5卷，人民出版社2009年版，第22页。

会、封建社会的基本经济形式;商品经济出现于原始社会末期,在奴隶社会和封建社会有所发展,但不占主导地位,在资本主义社会,商品经济才成为普遍的经济形式。

设问 10　如何理解商品经济产生的历史条件?

解读　商品经济产生的社会历史条件有两个:一是社会分工(不同的生产者生产不同的产品),二是私有制(生产资料和劳动产品属于不同的所有者)。

商品经济是以交换为目的进行生产的经济形式,商品经济产生的基本前提是有交换产品的要求,因此分析上述两个条件时要重点考虑"交换产品的需求"是如何产生的:在社会分工的条件下,不同的生产者生产不同的产品,在私有制的条件下,不同生产者生产的产品都归生产者自己所有,因此,生产者要满足自己各方面的需要只能以自己生产的产品与其他生产者进行交换,这种交换的需要最初只在小范围存在,而且往往是以直接的物物交换形式进行,随着生产力越来越发达,社会分工越来越细致,加上交换中逐渐产生了作为一般等价物的货币,交换产品的需要才越来越普遍,到了资本主义社会,"交换"几乎成为生产的唯一目的,商品经济成为占主导地位的经济形式。

理解这两个条件时需要注意的问题是,两个条件必须同时具备、缺一不可,才出现了交换产品的要求,商品经济得以产生:一方面,如果只有社会分工而没有私有制,例如,改革开放前的社会主义制度,有社会分工但实行完全的公有制,不同的生产者生产不同的产品,但这些产品都不归生产者所有而归国家所有,生产者不占有自己生产的产品,无法与别人交换,生产者的需要是由国家统一以计划供应的形式满足的,也无需与别人交换。另一方面,如果只有私有制而没有社会分工,例如,奴隶社会、封建社会也是以私有制为基础的社会形态,但由于生产力低下,社会分工极不发达,对于大多数生产者来说,他们的各种需要都是由自己的生产满足的,无需交换,他们生产的产品除了满足自身需要以外几乎没有剩余,无法交换。

设问 11　物品成为商品的充分必要条件是什么?

解读　商品是用来交换的能满足人们某种需要的劳动产品。物品成为商品必须满足三个条件:第一是劳动产品(价值);第二是能满足人们的某种需要的(使用价值);第三是用来交换的(交换价值)。

需要注意的是,上述三个条件合起来才能构成商品的充分必要条件,即物品要成为商品必须三个条件同时满足。正如马克思在《资本论》中所讨论的:"一个物可以是使用价值而不是价值。在这个物不是以劳动为中介而对人有用的情况下就是这样。例如，空气、处女地、野生林等。一个物可以有用，而且是人类劳动产品，但不是商品。谁用自己的产品来满足自己的需要，他生产的虽然是使用价值，但不是商品。……最后，没有一个物可以是价值而不是使用物品。如果物没有用，那么其中包含的劳动也就没有用，不能算作劳动，因此不形成价值。”[①]在这里，马克思分三种情形讨论了商品的充分必要条件问题：第一种情形，一个物可以有使用价值，但如果它不是劳动产品，就不会作为商品实现其价值。例如，空气、处女地、野生林等，对人类来说具有很高的使用价值，但如果它们没有经过人的劳动加工，只是作为自然物而存在，它们就不能成为商品。第二种情形，一个物可以有使用价值，而且也是劳动产品，但如果生产者用这个物品来满足自己的需要而不是用来交换，这个物也不能成为商品。例如，自然经济条件下生产的物品都是如此。第三种情形，一个物可以是劳动产品，但如果劳动的过程没有创造出使用价值（“其中包含的劳动没有用”），这个物也不能作为商品去进行交换。例如，商品经济条件下生产的残次品就是如此。概括地说，一个物品要成为商品，必须既是劳动产品，又是用来交换的劳动产品，而且是因有使用价值才能交换的劳动产品。

在《资本论》中，马克思讨论过一些特殊的“商品”：“哪些本身没有任何价值，即不是劳动产品的东西（如土地），或者至少不能由劳动再生产的东西（如古董，某些名家的艺术品等等）”也可以作为商品出售。“要出售一件东西，唯一的条件是，它可以被独占，并且可以让渡”。[②] 但是，我们在讨论商品经济的一般规律时所说的商品就是必须同时具备上述三个条件的物品，那些特殊的商品不在研究之列。

设问 12　如何理解“使用价值是商品的自然属性”？

解读　使用价值是商品能满足人的某种需要的有用性。使用价值是商品的自然属性，有两个方面的含义：其一，商品反映的是人与自然之间的物质关系，商品之所以能满足人的某种需要，是人依据自然物的自然属性对其加工改造的结果，要解释某种商品为什么能满足人的这种而不是那种需要，例如，为什么面包能充饥照相机却不能，只能从形成商品的原材料的自然属性才能给予解释。其二，使用价值是商品与一切劳动产品共有的属性，创造使用价值是人类一切劳动的“自然”（“天然”）诉求，即使人类生产的目的不是为了交换而是为了满足自身的需要，也必须生产出使用价值来才能达到生产的目的，否则这种劳动就是做无用功。

---

① 《马克思恩格斯文集》第 5 卷，人民出版社 2009 年版，第 54 页

② 《马克思恩格斯文集》第 7 卷，人民出版社 2009 年版，第 714 页。

设问 13 如何理解“价值是商品的社会属性”?

解读 价值是凝结在商品中的无差别的一般人类劳动,即人的脑力和体力的耗费。不同的商品因能满足人的不同需要而具有不同的使用价值,商品的使用价值在质上是不同的,不能比较大小,但在现实的生活中,我们又看到不同使用价值的商品可以进行交换,那么是什么决定了不同使用价值的商品可以交换?不同使用价值的商品进行交换时交换的是什么?这就需要我们去寻找不同使用价值商品背后共同的东西。这个在本质上共同的东西就是所有的商品都是劳动产品,都凝结了人类的劳动,也就是都耗费了一定的脑力和体力,而同样作为人类的不同生产者其脑力和体力在本质上是相同的,由此决定了同样作为劳动产品的不同使用价值可以进行交换,不同使用价值进行交换时交换的就是不同生产者的脑力和体力劳动,交换的比例取决于凝结在商品上的体力和脑力劳动量的大小。由此可见,商品价值体现的是商品的社会属性,商品交换的过程就是交换生产者脑力和体力的过程,通过商品交换建立起了不同商品生产者之间的社会关系。

设问 14 如何理解“一切商品对他们的占有者是非使用价值,对他们的非占有者是使用价值”?

解读 在私有制条件下,商品的“占有者”是商品的生产者或者因雇佣劳动而拥有商品占有权的资本家,对于商品“占有者”来说,生产商品的目的不是获得使用价值,而是获得价值。商品的“非占有者”就是商品的消费者,他们购买商品的目的是占有商品的使用价值。也就是说,商品的使用价值不是在生产者这里实现的,而是交换完成后在“他人”(消费者)那里实现的。对于商品的占有者来说,要想让自己商品的价值得到顺利实现,“不仅要生产使用价值,而且要为别人生产使用价值,即生产社会的使用价值”①。决定商品占有者选择生产何种使用价值的因素,不在于商品占有者本身对其“有用”或“无用”的判断,而在于“非占有者”或社会的需求,这就是在开始生产之前要做充分的市场调查的原因。

设问 15 如何理解马克思所说“作为使用价值,商品首先有质的差别,作为交换价值,商品只能有量的差别,因而不包含任何一个使用价值的原子”②?

解读 使用价值有质的区别,不同使用价值满足人的不同需求,不能比较大小。价值无质的区别,它是凝结在商品中的一般的无差别的人类劳动,它决定了不同使用价值的商品可以进行交换。但价值有量的区别,依据生产商品的劳动

① 《马克思恩格斯文集》第5卷,人民出版社2009年版,第54页。

② 《马克思恩格斯文集》第5卷,人民出版社2009年版,第50页。

时间的多少衡量劳动量的多少,进而衡量价值量的大小。它决定了各种使用价值进行交换的比例。

马克思在这里强调交换价值(价值)“不包含任何一个使用价值的原子”,是为了划清价值和使用价值之间的界限,从而为后面的生产商品的劳动二重性、资本主义商品生产的两重性、不变资本和可变资本的区分等一系列理论埋下了伏笔:具体劳动作为生产物质资料的劳动过程,只是转移生产资料的价值,形成新的使用价值,抽象劳动作为价值增值过程,不仅补偿劳动力自身的价值,而且生产出大于自身价值的剩余价值。即,资本家的生产资料在生产过程中只与具体劳动和使用价值有关,而价值(包括劳动力自身的价值和剩余价值)则完全是由工人的抽象劳动创造的,“不包含任何一个使用价值的原子”,也就是与资本家提供的生产资料完全无关。

设问 16　如何理解商品使用价值与价值的对立统一?

解读　商品都有价值和使用价值两个因素或两种属性,是价值与使用价值的矛盾统一体。

二者的对立表现在:首先,使用价值与价值是商品的两种不同属性。使用价值作为商品的自然属性,反映的是人与自然之间的物质关系。价值作为商品的社会属性,反映的是人与人之间(劳动者)的社会关系。其次,商品的使用价值和价值二者不可兼得。要获得价值就必须放弃使用价值,反之亦然。例如,一只羊,对于它的占有者来说其用途可以有两个:吃或者卖,但二者不可兼得,如果你吃了它即占有了它的使用价值就不能再卖,如果你卖了它即占有了它的价值就不能再吃。

二者的统一表现在:作为商品,必须同时具有使用价值和价值两个因素,使用价值是价值的物质承担者,价值寓于使用价值之中。一方面,没有使用价值的物品是不能作为商品进行交换从而实现其价值的,因此,物品要实现其价值必须找到使用价值这个“物质承担者”;另一方面,价值作为“脑力和体力的耗费”是在商品生产过程中凝结在商品之中的,看一个作为成品的具体商品时,只能看出其有用性即使用价值,而不能“看”出其凝结了多少脑力和体力,这个脑力和体力是寓藏于使用价值之中的,只有在商品交换的过程中才能得到体现。

商品使用价值和价值的这种对立统一关系,决定了解决二者矛盾的唯一途径只能是“交换”:其一,只有交换成功,才能解决商品使用价值和价值“不可兼得”的矛盾,使商品的价值在商品占有者这里得到实现,同时使商品的使用价值在商品消费者那里得到实现。其二,只有交换成功,寓藏于使用价值之中的价值才能得到体现,如果交换不成功,物品就只能体现为使用价值而不能体现为价值，商品生产的目的就无法实现。

设问 17　交换价值为什么不是商品的独立要素？

解读　交换价值是一种使用价值同另一种使用价值相交换的量的关系或比例。在解读商品概念时，我们分析了一个物品成为商品的充分必要条件有三个：第一是劳动产品（价值）；第二是能满足人们的某种需要的（使用价值）；第三是用来交换的（交换价值）。但在讲商品二因素时，我们又说价值和使用价值是商品的两个因素或两种属性，这就带来了一个问题：既然物品成为商品必须三个条件同时具备，那么商品为什么不是三个属性而是两个属性，即交换价值为什么是物品成为商品的必要条件却不是商品的独立要素？

这个问题需要通过比较交换价值与使用价值和价值的关系才能得到解答。具体来说，三者的关系表现为：其一，使用价值是交换价值的物质承担者。（有使用价值才能与别人交换。）其二，价值是交换价值的基础或内容。（价值决定了交换价值的大小或比例。）其三，交换价值是价值的表现形式。（商品价值的大小是通过交换价值的多少来体现的，而且只有通过交换才能实现商品的价值。）由此可见，交换价值既不能离开使用价值也不能离开价值而独立存在（相反，价值和使用价值却是可以相对独立的，不能实现价值的物品照样可以实现使用价值），因而交换价值不能作为商品的独立要素。在《资本论》中，马克思经常把价值和交换价值作为等同的概念使用，价值是内容，交换价值是在交换中表现出的价值。

设问 18　商品为什么会有价值与使用价值两个因素？

解读　商品都有价值和使用价值两个因素或两种属性，如果要进一步追问商品的两个因素从何而来，就需要考察生产商品的劳动。马克思以上衣这种商品为例，分析了其使用价值和价值的来源。“上衣是满足一种特殊需要的使用价值。要生产上衣，就需要进行特定种类的生产活动。这种生产活动是由它的目的、操作方式、对象、手段和结果决定的。由自己产品的使用价值或者由自己产品是使用价值来表示自己的有用性的劳动，我们简称为有用劳动……每个商品的使用价值都包含着一定的有目的的生产活动，或有用劳动。”“如果把生产活动的特定性质撇开，从而把劳动的有用性质撇开，劳动就只剩下一点：它是人类劳动力的耗费……商品价值体现的是人类劳动本身，是一般人类劳动的耗费。”[①] 在这里，马克思所分析的就是生产商品的劳动的二重性。一方面，上衣作为满足

① 《马克思恩格斯文集》第 5 卷，人民出版社 2009 年版，第 55-57 页。

特殊需要的使用价值，是“特定种类的生产活动”的结果，如果把上衣和椅子两种不同的使用价值进行比较，就会发现，其使用价值的区别正是在于其各自的“特定种类的生产活动”在“目的、操作方式、对象、手段和结果”上都是有区别的。正是这种具体的、特殊的、有差别的劳动过程形成了商品不同的使用价值。因此，具体劳动是指生产一定使用价值的、具体形式的、有差别的劳动。另一方面，如果把生产上衣的劳动“特定性质撇开，从而把劳动的有用性质撇开”，我们还可以发现生产上衣的劳动与生产其他商品的劳动的共性，“它是人类劳动力的耗费”，正是这种抽象的、一般的、无差别的人类劳动凝结在商品上形成了商品的价值。抽象劳动是指撇开一切具体形式的、无差别的、形成价值的一般人类劳动。

任何一种劳动，一方面是特殊的具体劳动，另一方面又是一般的抽象劳动，这就是劳动的二重性。正是劳动的二重性决定了商品的二因素。而且，具体劳动（“有用劳动”）的异质性决定了商品使用价值在本质上不同，抽象劳动（“一般劳动”）的同质性决定了不同使用价值的商品可以按照一定比例交换。

设问 19　如何理解具体劳动和抽象劳动的对立统一？

解读　具体劳动与抽象劳动作为生产商品的劳动的二重属性也是对立统一的关系。一方面，具体劳动和抽象劳动是生产商品的同一劳动的两个方面，不是两次劳动，也不是独立存在的两种劳动。另一方面，具体劳动和抽象劳动是生产商品的同一劳动的两个不同方面，具体劳动是具体的、特殊的、有差别的，抽象劳动是抽象的、一般的、无差别的；具体劳动反映的是人与自然之间的关系，是劳动的自然属性，抽象劳动反映的是人与人之间的社会关系，是劳动的社会属性。

再深入一步来说，“纺纱工人的劳动，就它的抽象的一般的属性来说，作为人类劳动力的耗费，把新价值加到棉花和纱锭的价值上，而就它的具体的特殊的有用的属性来说，作为纺纱的过程，把这些生产资料的价值转移到产品上，从而把这些价值保存在产品中。由此就产生了劳动在同一时间内所得出的结果的二重性”①。也就是说，具体劳动是劳动“转移或保存”价值（从而形成新的使用价值）的属性，抽象劳动是劳动“创造价值”（从而实现价值增值）的属性。正是因为揭示了具体劳动和抽象劳动这种功能上的本质区别，马克思才能实现从劳动价值论向剩余价值学说的飞跃。

具体劳动与抽象劳动的矛盾关系决定了只有通过交换，具体劳动才能还原为抽象劳动从而解决二者之间的矛盾：交换的过程也就是界定劳动的具体形式

---

①　《马克思恩格斯文集》第 5 卷，人民出版社 2009 年版，第 233-234 页。

背后所隐含的脑力和体力消耗程度的过程，交换的完成则意味着具体劳动者的劳动以抽象劳动的形式得到了他人的认可。

设问 20　如何理解“劳动是财富之父，土地是财富之母”（劳动不是物质财富的唯一源泉）？

解读　在《资本论》第一卷中，马克思指出：“劳动并不是它所生产的使用价值即物质财富的唯一源泉。正像威廉·配第所说，劳动是财富之父，土地是财富之母。”①理解上述话语必须注意两个方面的问题：一方面，劳动不是物质财富的唯一源泉，“不论财富的社会形式如何，使用价值总是构成财富的物质内容。”②因此这里的“劳动”是指生产使用价值的劳动即具体劳动。具体劳动形成使用价值是人改造自然使其满足自身需要的过程，因而必须借助于物的自然属性才能完成。另一方面，尽管劳动不是使用价值的唯一源泉，但劳动是价值（及剩余价值）的唯一源泉，这里的劳动是指抽象劳动（人类脑力和体力的耗费）。只有在真正理解劳动二重性理论的前提下才能对上述话语进行精确解读，决不能把“劳动不是物质财富的唯一源泉”等同于“劳动不是价值的唯一源泉”。

设问 21　为什么说劳动二重性理论是理解政治经济学的枢纽？

解读　在《资本论》中，马克思指出：“商品中包含的劳动的这种二重性是首先由我批判地证明的。这一点是理解政治经济学的枢纽。”③“枢纽”字面的意思是桥梁和纽带，马克思所说的劳动二重性理论是“理解政治经济学的枢纽”的意思，主要在于劳动二重性理论是揭开剩余价值秘密的关键，因而也是连接马克思政治经济学劳动价值论和剩余价值学说的桥梁和纽带。

马克思劳动价值论的直接理论来源是英国古典资产阶级政治经济学的劳动价值论，但古典经济学家只是一般意义上讨论劳动是价值的源泉，马克思第一次把生产商品的劳动分为具体劳动和抽象劳动两个方面进行考察，其中具体劳动是消耗生产资料的过程，在这个过程中把生产资料的价值转移到新的商品上，形成新的使用价值。抽象劳动则是消耗劳动者的体力和脑力的过程，在这个过程中，把本来外在于商品的劳动者的脑力和体力凝结于商品之上，形成商品的新价值，从而使新商品的价值大于原有生产资料的价值，即实现价值增值。

当资产阶级政治经济学家在一般意义上讲劳动价值论时，资产阶级对“劳动

---

① 《马克思恩格斯文集》第 5 卷，人民出版社 2009 年版，第 56 页。

② 《马克思恩格斯文集》第 5 卷，人民出版社 2009 年版，第 49 页。

③ 《马克思恩格斯文集》第 5 卷，人民出版社 2009 年版，第 54-55 页。

创造价值”的理解是：由资本家提供的厂房、机器、原材料、技术培训等因素在劳动过程中发挥着决定性作用，没有这些劳动条件劳动就无法进行，因此还是资本家投入的成本为他们带来了价值增值（利润）。也就是说他们把“劳动不是物质财富的唯一源泉”等同于“劳动不是价值的唯一源泉”。

当马克思把生产商品的劳动区分为具体劳动和抽象劳动时，对“劳动创造价值”就有了全新的解读：生产资料的价值只是在具体劳动中被转移到新的商品中去，而总价值量不变。原来外在于生产资料的劳动力的价值则通过抽象劳动凝结在新的商品中，创造新价值而且实现价值的增值。因此是雇佣工人的抽象劳动创造了新价值从而实现了价值增值，而这个新价值中超过劳动力自身价值之外的部分被资本家无偿占有了，这就是剩余价值。

由此可见，马克思在继承英国古典政治经济学劳动创造价值的理论的同时，创立了劳动二重性理论，第一次确定了什么样的劳动形成价值、为什么形成价值以及怎样形成价值，阐明了具体劳动和抽象劳动在商品价值形成中的不同作用，从而为揭示剩余价值的真正来源、创立剩余价值理论奠定了基础。这正是劳动二重性理论是“理解政治经济学的枢纽”的意义所在。

设问 22　马克思主义政治经济学在商品的二因素中会更加关注哪一个？为什么？

解读　一切商品都具有价值和使用价值两个因素，但这两个因素在马克思主义政治经济学中的关注度是不同的，马克思主义政治经济学更加关注商品的价值因素，在这里，使用价值只是作为价值的物质承担者才进入人们的视野。究其原因主要在于两个方面：一方面，使用价值是商品与其他劳动产品共有的因素，而价值是商品所独有的因素。因而，价值因素必然成为以商品经济为研究核心的马克思主义政治经济学的关注焦点。另一方面，使用价值是商品的自然属性，体现的是人与自然之间的关系。价值则是商品的社会属性，体现的是商品经济条件下人与人之间的社会关系。而马克思主义政治经济学研究资本主义商品经济的目的是揭示人与人的经济关系以及背后所隐藏的政治关系、阶级关系，从而揭示资本主义生产关系的本质，而这一目的只有通过研究商品的价值因素才能实现。

从我们教科书的体系来看，下面研究的都是价值序列：价值质与量的规定性、价值形式的发展、价值规律的作用，等等。

设问 23　什么是价值的质的规定性？

解读　在教科书中“商品价值量的决定”部分开头指出：“商品的价值包括质

的规定与量的规定两个方面。价值的质的规定回答的是价值的实体是什么，价值的量的规定则回答价值的大小由什么决定和怎样决定”。但是在这里，并没有解释价值的质的规定性（即价值的实体）是什么。事实上所谓价值的质的规定性即价值的实体就是凝结在商品上的一般人类劳动即抽象劳动，这是价值的本质所在。对此有两个方面的问题需要注意：其一，在我们把握一切科学知识时都有一个一般的思路和方法，即凡举事物或现象的本质问题，都可以从其定义入手给予解答。定义即“概念”是我们前面认识论中所讲的理性认识的一种形式，其内涵就是“同类事物的一般本质”，也就是说定义或“概念”所表达的就是一般本质，即事物或现象的质的规定性。其二，从质上看，价值是指凝结在商品中的一般人类劳动（抽象劳动）。不同商品的价值从质上看是无差别的，因而决定了不同使用价值能相互交换。但如果仅仅考察商品价值质的规定性，所有的商品都应当以 1∶1 的比例进行交换，但我们知道现实的商品交换并非如此，因此我们还需要进一步研究决定商品交换的比例的因素，即价值量。

设问 24 个别劳动时间与社会必要劳动时间之间的差异对商品生产者有什么影响?

解读 价值量是凝结在商品中的一般人类劳动（抽象劳动）量。价值量是由劳动者生产商品所耗费的劳动量决定的，而劳动量则按照劳动时间来计量。决定商品价值量的不是生产商品的个别劳动时间，而只能是社会必要劳动时间。

个别劳动时间指个别商品生产者或个别企业生产某种商品的劳动时间。社会必要劳动时间是在现有的社会正常的生产条件下，在社会平均的劳动熟练程度和劳动强度下制造某种商品所需要的劳动时间。在现实的生产过程中，不同生产者的个别劳动时间并不总能与社会必要劳动时间相等，一般表现为等于、大于和小于三种情形，但无论个别劳动时间是否等于社会必要劳动时间，生产出的商品都是按照社会必要劳动时间决定的价值量进行等价交换的。因此，对于个别劳动时间等于社会必要劳动时间的生产者来说，劳动得到正常补偿；对于个别劳动时间短于社会必要劳动时间的生产者来说，就会多赢利，即获得在他节省出的劳动时间里创造的商品的价值；对于个别劳动时间长于社会必要劳动时间的生产者来说，就会亏损，社会认为他超出的劳动时间是做了无用功（没有创造价值）。

一般从直观上大家比较容易看出“多赢利”或“亏损”这个结论，但要用政治经济学的原理分析这个结论的关键，在于“无论个别劳动时间是否等于社会必要劳动时间，生产出的商品都是按照社会必要劳动时间决定的价值量进行等价交换”，抓住了这一点，才能把直观的结论上升为理性的分析。分析的结论是：缩短个别劳动时间是生产者发财致富的必由之路！这个结论在后面的学习中还会经常作为前提使用。

设问 25　社会必要劳动时间是定量还是变量？受什么因素的影响？

解读　生产商品所需要的社会必要劳动时间随着劳动生产率的变化而变化。

劳动生产率是劳动者生产使用价值的效率。劳动生产率提高意味着单位时间生产的使用价值数量增加，单位商品社会必要劳动时间减少。因此，劳动生产率与社会必要劳动时间成反比，劳动生产率提高，单位商品社会必要劳动时间减少，劳动生产率降低，单位商品社会必要劳动时间增加。

影响劳动生产率高低的因素主要有劳动者的平均熟练程度、生产工具的革新及自然条件等，而这些因素正是计量社会必要劳动时间的相关因素。

设问 26　劳动生产率的提高对商品价值量产生何种影响？

解读　劳动生产率提高—单位时间生产商品数量增加—单位商品社会必要劳动时间降低—总价值量不变（总劳动时间不变，总价值量不变）—单位商品价值量降低。

例如，原来劳动生产率的情况下，1 小时生产 2 双皮鞋，假定创造价值量 8 元，单位商品价值量即每双皮鞋 4 元。在把劳动生产率提高 1 倍的情况下，1 小时生产 4 双皮鞋，工作 1 小时创造的总价值量不变即仍旧是 8 元，单位商品价值量即每双皮鞋 2 元。

商品的价值量与生产商品耗费的社会必要劳动时间成正比，与劳动生产率成反比：劳动生产率提高，单位时间生产商品数量增多，生产每件商品所需要的社会必要劳动时间减少，单位商品的价值量降低（总劳动时间不变，总价值量不变）；反之，就升高。

设问 27　劳动生产率的提高对商品生产者个人及社会分别产生什么影响？

解读　通过上面的分析我们看到，劳动生产率与商品价值量成反比，劳动生产率提高单位商品价值量降低，也就是说劳动生产率越高意味着生产的商品越“不值钱”。那么到底是什么因素促动着从个别生产者到全社会都倡导大力提高劳动生产率呢？

从个别生产者来说，个别生产者提高劳动生产率—个别劳动时间少于社会必要劳动时间—单位商品价值量不变（社会必要劳动时间决定价值量）—总价值量增大。例如，一般劳动生产率的情况下，1 小时生产 2 双皮鞋，创造总价值量 8

元，单位商品价值量即每双皮鞋 4 元，个别生产者率先提高劳动生产率，半小时就生产了 2 双皮鞋，1 小时可以生产 4 双皮鞋，按照单位商品价值量 4 元销售，创造总价值量就是 16 元。（这在剩余价值理论中就是个别生产者通过提高劳动生产率获得超过一般水平的超额剩余价值。）

但个别生产者通过提高劳动生产率获得超额收益的情况不是一劳永逸的，收入的差距必然引发生产者之间的竞争，一旦大多数生产者都提高劳动生产率，意味着社会必要劳动时间降低，单位商品价值量下降，对于个别生产者来说“超额收益”就不存在了，但劳动生产率的普遍提高对个别生产者以及全社会仍旧有利。

从全社会来说，劳动生产率的提高意味着商品越来越丰富而价格越来越下降，也就是说消费者可以享受更多价廉物美的商品，同时生产者可以借助“薄利多销”来获利。生产者也是消费者，全社会劳动生产率的提高意味他们生产中需要消费的劳动力、原材料及工具等价格下降，从而使他们的生产成本降低收益增加。（这在剩余价值理论中就是全社会劳动生产率的提高使生产者获得相对剩余价值。）

正是由于这些主观上的逐利动因，在客观上起到了提升整个社会劳动生产率的作用。

设问 28　简单劳动和复杂劳动的区分如何影响价值量？

解读　前面我们讨论商品价值量的决定时指出，社会必要劳动时间决定商品的价值量，那么社会必要劳动时间相等的情况下生产商品的价值量就应该相等，但事实并非如此。例如，在现代生产流水线上生产一辆汽车的社会必要劳动时间跟手工生产一把椅子的社会必要劳动时间不会有太大的差距，但汽车的价值量远远大于椅子；同样一天工作 8 小时，有些工种工资高有些工种工资低。社会必要劳动时间相等的情况下生产商品的价值量不等的影响因素主要是简单劳动和复杂劳动的区分。

简单劳动指在一定社会条件下，不需要经过任何专门的训练，一般劳动者都能胜任的劳动，即简单劳动力的支出和耗费。复杂劳动指具有一定技术专长的劳动，而获得这些技术专长和知识，需要经受专门的培养和训练。

理解简单劳动和复杂劳动对商品价值量的影响，需要注意三个方面的问题：第一，在相同的劳动时间里，复杂劳动创造的价值大于简单劳动创造的价值。如前面的例子中汽车的价值量大于椅子的价值量，就是因为相比较之下，生产椅子的劳动属于简单劳动，生产汽车的劳动属于复杂劳动。当然，简单劳动与复杂劳动的界限不是固定不变而是不断变化的，曾经木匠生产椅子的劳动也是作为复杂劳动的"技术活"。第二,形成商品价值量的劳动是以简单劳动为尺度的。少量的复杂劳动等于多量的简单劳动。之所以以简单劳动为尺度计量复杂劳动,最重要的原因是计算方便。例如,以椅子为尺度计量汽车的价值量,只要把椅子的价值量乘以 N 倍就可以了,但如果以汽车为尺度衡量椅子的价值量,就必须计算汽车价值量的 N 分之一,如果二者差距大(即分母很大)计算会很不方便。因此马克思指出:"比较复杂的劳动只是自乘的或不如说多倍的简单劳动,因此,少量的复杂劳动等于多量的简单劳动。"[①]第三,复杂劳动转化为简单劳动是在商品交换过程中自发实现的。理论上来说,少量的复杂劳动等于多量的简单劳动,但二者的交换比例并不是完全固定的,而是在商品交换过程中受供求关系等因素的影响"自发实现"。例如,大学教授的工资作为大学教授复杂劳动的报酬是相对固定的,但在一年的不同时节,当他以自己的工资与菜农的简单劳动产品进行交换时,比例是变动的。冬、春季蔬菜因比较稀缺而价格较高,夏、秋季蔬菜因比较丰富而价格较低,拿同样的工资在不同季节可以买到的蔬菜量是不同的。

设问 29　研究商品价值量的影响因素有什么现实意义?

解读　"商品价值量的决定"并不是一个纯粹的理论问题,同时也是一个关乎我们日常生活的现实问题,具体来说它所回答的就是我们在现实生活中可能产生疑惑的"为什么不同商品有不同的价格"的问题。商品经济价值规律决定了商品交换以价值量为基础进行等价交换,也就是说我们在市场上看到的商品价格就是由价值量决定的,影响商品价值量的因素也就是影响商品价格的因素。从上述研究我们发现,商品价值量的确定是一个复杂的系统工程,需要考虑社会必要劳动时间、劳动生产率、复杂劳动和简单劳动、市场供求关系等多方面的因素。商品生产者在给自己生产的商品定价时要做充分的理论评估和市场调研,也就是要在统筹考虑上述因素后作出科学的决策,而且在商品销售过程中还要根据上述因素的变动适时调整商品的价格。

设问 30　什么是价值形式?价值形式的一般本质是什么?价值形式发展的最终结果是什么?

解读　(1)交换价值是价值的表现形式,价值形式的发展过程与交换发展的历史过程是一致的。在人类社会交换活动发展的历史上,商品的价值曾经通过多种形式来表现,研究价值形式的发展过程,就是回答一种商品的价值如何从

① 《马克思恩格斯文集》第 5 卷,人民出版社 2009 年版,第 58 页。

最初用另一种商品来表现发展到用金银来表现的问题。

(2) 对价值形式的一般本质，我们可以通过梳理价值形式的发展过程进行考察。商品价值形式的发展经历了四个阶段：第一，简单的或偶然的价值形式，即商品价值偶然地、简单地通过另一个商品表现出来。这是商品交换的最初形式，表现为直接的物物交换，例如，一只绵羊换两把斧子。但是在这个交换过程出现的两种商品的作用是不同的，绵羊作为等待表现价值的商品处于相对价值形式一端，斧子作为处于充当表现绵羊价值的材料处于等价形式一端，绵羊的价值要想得到表现，必须找到斧子这个“等价物”，而斧子不表现自身的价值，只是充当表现绵羊价值的材料，起等价物的作用。在这个简单价值形式中已经包含了一切价值形式一般的本质规定，即用等价物表现商品的价值。在以后的交换发展中，以等价物表现商品的价值这个一般本质始终未变，区别只是在于作为等价物的商品发生了变化。第二，总和的或扩大的价值形式，即一种商品的价值可以通过许多商品表现出来。在这种价值形式中，商品交换仍旧表现为直接的物物交换，仍旧是以等价物表现商品的价值，只是处于等价物一端的商品由原来的一种发展为多种。例如，一只绵羊可以换 2 把斧子或 2 匹布或 10 斤茶叶或 1 两黄金，等等。这表明交换的范围扩大了，有更多的生产者加入了交换的行列，交换成功的比例也大大增加。第三，一般价值形式，即一切商品价值都通过一种商品表现出来。这是以一般等价物为媒介的物物交换，一种商品固定充当“一般等价物”，起到货币的作用。例如，可以把 2 把斧子或 2 匹布或 10 斤茶叶或 1 两黄金等商品先换成一只绵羊，然后再用绵羊换其他的商品。此时绵羊就发挥了“一般等价物”的作用。有了这种“一般等价物”，使交换范围进一步扩大，交换成功的比例进一步提升，毕竟只要人们手中掌握了这种“一般等价物”就可以在任何地方换到任何想要的其他商品。

(3) 价值形式发展的最终结果就是产生了货币这种固定充当一般等价物的商品，即上述价值形式发展的第四个阶段，货币形式，即一般等价物固定在黄金或白银上，一切商品的价值都通过黄金或白银表示。在前述交换的第三个阶段，已经出现了作为交换媒介的“一般等价物”，但作为一般等价物的商品又经历了一个不断变化的过程，贝壳、布帛、牲畜、粮食、食盐等商品都曾经充当过一般等价物，但是，最终黄金或白银因其价值量大且便于储存、便于分割、便于携带等自然优势成为固定充当一般等价物的商品。需要注意的是，黄金或白银在没有成为固定充当一般等价物的商品之前就一直在交换中存在，只不过那时人们用其他的商品换回黄金或白银，只是为了用它打造首饰或器皿，而不是用它再换其他的商品，因此“金银天然不是货币”。但是，一旦在交换过程中发展出“货币”这种固定充当一般等价物的商品，货币就一直被固定在黄金或白银上，因此“货币天然是金银”。

设问 31　马克思研究货币的起源(揭开货币的谜)有什么重要意义?

解读　在《资本论》中,马克思指出:“谁都知道——即使他别的什么都不知道,——商品具有同它们的使用价值的五光十色的自然形式形成鲜明对照的、共同的价值形式,即货币形式。但是在这里,我们要做资产阶级经济学从来没有打算做的事情:指明这种货币形式的起源……这样,货币的谜就会随着消失。”[①]在这里,马克思明确表示,他研究“货币的起源”这个“资产阶级经济学从来没有打算做的事情”的目的是为了揭开“货币的谜”。

“货币之谜”在于,在现实生活中货币似乎是充满“魔力”的东西,它象征着财富、权力、地位、荣誉,似乎可以实现人的一切梦想,化腐朽为神奇,让人们把它作为神一样来崇拜,“人为财死,鸟为食亡”。

马克思研究价值形式的发展过程,得出货币是长期交换过程中形成的固定充当一般等价物的商品的结论。这说明:首先,货币也就是一种商品,没有什么天然的“魔力”;其次,货币作为一般等价物的功能是人赋予它的,而不是它自身具有的;最后,商品经济条件下对货币的崇拜,在根本上也是一种“异化”现象,人被自己的创造物所奴役。

设问 32　如何理解货币作为商品的特殊性?

解读　货币是在长期交换过程中形成的固定充当一般等价物的商品。也就是说,货币在本质上是一种商品,它与其他商品一样具有价值和使用价值两个因素或两种属性。但货币又不是一般的商品,它是固定充当一般等价物的特殊商品,而其特殊性集中表现在货币这种商品在价值和使用价值上都具有两重性:从使用价值来看,货币首先具有黄金或白银的自然属性决定的使用价值,即打造首饰或器皿等;其次具有货币的社会职能决定的使用价值,即作为一般等价物充当交换的媒介。从价值来看,黄金或白银作为商品也是劳动产品,其价值首先表现为凝结在其上的一般人类劳动,由生产中耗费的社会必要劳动时间决定其价值量;其次货币作为固定充当一般等价物的商品还代表着其他一切商品的价值,其他一切商品只有换成货币其价值才能得到实现。

货币价值和使用价值的这种两重性,在历史上曾经给人们带来很大的困扰。从本质上说,货币商品不能既是商品,又是货币,当它执行货币职能时(即充当交换的媒介),它就不能执行商品职能(即打造首饰或器皿),反之亦然。但交换发

---

① 《马克思恩格斯文集》第 5 卷,人民出版社 2009 年版,第 62 页。

展的历史上，曾经存在过相当长的货币（金银）同时执行两种职能的情况，在贵金属直接作为货币发行时就是如此。这种情况带来的直接恶果就是金属货币在流通中被截做他用，或者被恶意克扣分量，长而久之就会出现金属货币入不敷出的问题。货币符号的出现，在一定意义上就是为了解决贵金属因同时承担两种职能而入不敷出的问题。例如，我国宋朝出现了世界上第一种纸币——“交子”，就是因为从唐朝末期开始出现了金属货币入不敷出的问题。货币产生后的发展先后经历了贵金属货币、铸币、纸币、信用币、电子货币、数字货币等形式。无论货币形式发生了什么变化，今天的货币制度仍然是金本位制，其他的都只是货币符号。

设问 33 如何理解货币的职能？

解读 货币有五种职能，即价值尺度、流通手段、贮藏手段、支付手段和世界货币。其中，价值尺度和流通手段是最基本的职能。“价值尺度”是指货币以价格形式表现商品的价值（即商品上的“价格标签”，作为观念上的货币而存在）；“流通手段”是指货币作为商品流通的中介促成卖和买（流通中实际使用的货币）；“贮藏手段”是指货币退出流通而作为财富的象征保留在所有者手中（只能是贵金属而不能是观念上的货币或纸币）；“支付手段”是指货币作为赊买赊卖中偿还债务的手段或者是作为支付赋税、租金、工资的手段（可以是观念上的货币）；“世界货币”是指货币作为世界贸易中的价值尺度、流通手段、贮藏手段、支付手段。

1918 年，著名经济学家马寅初在一次演讲时，有一位老农问他：“马教授，请问什么是经济学？”马寅初笑着说：“我给这位朋友讲个故事吧。有个赶考的书生到旅店投宿，拿出十两银子，挑了该旅店标价十两银子的最好房间，店主立刻用这些银子到隔壁的米店付了欠单，米店老板转身去屠夫处还了肉钱，屠夫马上去付清了赊账的饲料款，饲料商赶紧到旅店还了房钱。就这样，十两银子又到了店主的手里。这时书生来说，房间不合适，要回银子就走了。你看，店主一文钱也没赚到，大家却把债务都还清了，所以，钱的流通越快越好，这就是经济学。”在这个故事中，作为“旅店标价”的“十两银子”，就是货币在执行价值尺度的职能，而书生“拿出十两银子”，就是货币在执行流通手段的职能，旅店店主、米店老板、屠夫、饲料商还“欠单”的十两银子，就是货币在执行支付手段职能。这个故事是对货币职能非常通俗而又形象的解读。

设问 34 如何理解供给侧结构性改革“去杠杆”？

解读 党的十九大报告中关于深化经济体制改革的要求可以概括表述为

“三去”（去产能、去库存、去杠杆）、“一降”（降成本）、“一补”（补短板），其中的“去杠杆”指的是降低负债率，避免陷入债务危机的风险。

经济“杠杆”，指用较少本金获得较高的收益。对生产性企业来说运用经济杠杆就是以借贷的方式获得发展所需资金。财务杠杆是企业经营的必要手段，关键在于负债率的高低。负债率过低，对持续经营不利；过高，带来过大的财务风险和经营风险，甚至导致企业破产清算。

供给侧结构改革的“去杠杆”就是减少实体经济“资产负债率”。这一方面要求企业自身提高风险防范意识，减少投机心理；另一方面要求国家加强对金融机构的监管，严控高杠杆、高风险融资项目。

设问 35　为什么说商品与货币的矛盾是商品二因素内在矛盾的外在化？

解读　本来使用价值和价值是一切商品共有的两个因素，使用价值与价值的矛盾是商品的“内在矛盾”。但是，货币产生后使整个商品世界分为商品和货币两极：一极是商品，它们分别代表不同的使用价值；另一极是货币，它只代表商品的价值。这样就将商品二因素的内在矛盾发展为外在商品与货币的对立，一切商品只有转化为货币，商品使用价值与价值的矛盾才能解决，商品的价值才能实现。

但是，货币的出现并没有也不可能解决商品经济的基本矛盾，即私人劳动和社会劳动的矛盾，反而使这个矛盾扩大和加深了。商品生产者私人劳动生产的商品未必都适合社会的需要并转化为社会劳动的一部分，也就是说商品未必都能顺利交换为货币，因此，把商品换成货币是“商品的惊险跳跃”。“这个跳跃如果不成功，摔坏的不是商品，但一定是商品占有者。”①如果商品生产者生产的商品不能顺利交换为货币，商品的价值就无法实现，他们生产的目的就无法实现，长而久之，必然面临破产的命运。

设问 36　如何理解价值规律的主要内容和客观要求？

解读　价值规律是商品生产和商品交换的基本规律。这一规律的主要内容和客观要求是：商品的价值量由生产商品的社会必要劳动时间决定，商品交换以价值量为基础，按照等价交换的原则进行。

理解价值规律的主要内容和客观要求，需要注意三个方面的问题：第一，所谓“等价交换”，从本质上说是指价格等于价值，即商品交换时价格以价值量为基础。但由于所有商品生产者生产商品的价值量都是由社会必要劳动时间决定

① 《马克思恩格斯文集》第 5 卷，人民出版社 2009 年版，第 127 页。

的，因此“等价交换”也就意味着所有生产者生产的同种商品在市场销售时价格相等。第二，价值规律是商品经济条件下强制起作用的一般规律。在商品经济条件下，只要生产者进入市场从事交换活动，就必然受到价值规律的制约。例如，同样的一把椅子，社会必要劳动时间决定的价值量为10元，在大多数生产者都卖10元时，如果有少数的生产者要卖8元，长而久之可能使他入不敷出或者被认定为“恶性竞争”“扰乱市场”；如果有少数的生产者要卖12元，他的商品大多数情况下会无人问津或被认定为“哄抬物价”。无论是这两种情况中的哪一种，其交换行为都是不可持续的，最终都要回到价值规律的框架中来。第三，价值规律对市场的调节作用是自发实现的(“自然规律”)，即亚当·斯密所谓“看不见的手”。尽管商品生产和商品交换中的确存在着价值规律这个“基本规律”，但由于这个规律是隐形的、潜在的，参与交换活动的人们也是自发的(而不是自觉的)接受这个规律的调节，导致价值规律作用的实现往往要经历一个比较长的时间段，在此期间商品市场经常可能出现各种杂乱无章和无序性，情况严重时就表现为各种类型的经济危机。价值规律往往要通过“经济危机”这种极端的调节方式，迫使商品经济回归其预设的轨道。

设问37 如何理解价值规律的表现形式?

解读 从客观要求来看，价值规律要求价格等于价值，但在实际的商品交换中，价值规律的表现形式是，商品的价格围绕商品的价值自发波动。

导致价格围绕价值自发波动的原因主要是受供求关系变动的影响：当供过于求时，价格下跌，低于价值；当供不应求时，价格上涨，高于价值；只有在供求平衡时，价格和价值才相等。但在现实的商品经济中，供求平衡的情况是非常少见的，大多数情况下都是供求不平衡。因而价格始终在围绕价值上下波动。

价格围绕价值自发波动并不违背价值规律：首先，价格的波动总是以价值为中轴线进行，价格这个“木偶”始终被价值这个“绳线”所牵扯，其波动只能在价值许可的一定范围内进行。其次，商品市场价格总是以价值为基础，这表现为各种商品之间总有一定的比价。例如，常言道“汽车卖个白菜价”，这只是形象地表达由于各种原因汽车价格相较之前下降了，但绝对不意味着汽车真能跟白菜一个价，无论是汽车的价格还是白菜的价格都是以价值为基础的，无论汽车怎么降价或白菜怎么涨价，其价值决定了二者的价格不可能相等而只能保持在一定的比例之中。最后，由于商品价格的变动只能以价值为中轴线，涨到一定的程度一定会降，降到一定的程度一定会涨，从商品价格变动的长期看，去掉最高值和最低值而求平均值，商品价格与价值是一致的。由此看来，价格围绕价值自发波动不仅不违背价值规律，反而是价值规律的表现形式，它向我们展现出在现实的市场活动中价值规律是如何发挥基础性和决定性作用的。

设问 38　为什么说价值规律在自发调节生产资料和劳动力在社会各生产部门之间的分配比例的同时也可能导致资源浪费?

解读　价值规律自发调节生产资料和劳动力在社会各生产部门之间的分配比例,但也可能导致社会资源浪费。价值规律调节生产资料和劳动力在社会各生产部门之间的分配比例,是通过价格围绕价值上下波动来实现的。例如,当某种商品出现供过于求时,导致价格下跌、利润减少,生产者就会减少生产或退出某个生产领域,生产资料和劳动力也会从这个生产领域退出;当足够多生产资料和劳动力从某个生产领域退出后,这个领域又会出现供不应求的情况,导致价格上涨、利润增加,又会吸引一些生产资料和劳动力回归这个生产领域。由此看来,价值规律通过价格围绕价值上下波动的形式实现了对生产资料和劳动力在社会各生产部门之间的分配比例,促进了"哪里需要就到哪里去"的资源流动格局。

但是,价值规律调节生产资料和劳动力在社会各生产部门之间的分配比例时,也可能导致比例失调或资源浪费这个消极后果,主要原因就是价值规律的调节作用是自发实现的。在私有制商品经济条件下,每个生产者都是根据自己对市场需求及自身生产能力的判断决定生产什么或生产多少的,他事先并不充分了解其他生产者的生产情况,所以,当某种商品供不应求时,可能有很多生产者一起涌入这个生产领域,当产品进入市场时才发现已经供过于求了,这就会导致资源浪费。或者当某种商品供过于求时,可能有很多生产者一起退出这个生产领域,导致某种商品因比例失调而大幅涨价。我国市场经常出现的"蒜你狠""豆你玩""姜你军"现象就是价值规律这个消极作用的表现。

设问 39　为什么说价值规律在自发地刺激社会生产力发展的同时也会阻碍技术进步?

解读　价值规律要求商品的价值量由生产商品的社会必要劳动时间决定,商品交换以价值量为基础,按照等价交换的原则进行。由此,对于技术水平先进、生产力水平高的生产者来说,其劳动生产率高于一般的生产者,个别劳动时间短于社会必要劳动时间,而商品交换时按照社会必要劳动时间衡量的价值量进行等价交换,这些生产者就会多赢利;而对于技术水平落后、生产力水平低的生产者来说,其劳动生产率较低,个别劳动时间较长,在"等价交换"的前提下就会处于不利的地位,长而久之则会亏损或破产。正是这种直接的利益驱动,使生产者都会尽其所能地革新技术、提高劳动生产率,从而在客观上推动了整个社会生产力的发展。但同时，个别生产者为了使自己研发的技术更长久地处于领先地位从而谋取更大的利益，就会选择把这些技术尽可能长时间地垄断起来，避免被其他生产者应用，社会为了保护生产者技术革新的积极性，也会出台“专利权法”等相关的法律法规维护这些新技术在一定时期内的垄断地位，技术垄断的客观后果就是对全社会技术水平的提高产生了一定的阻碍作用。因此，价值规律在自发刺激社会生产力发展的同时也会阻碍技术进步。

设问 40 为什么说价值规律在自发调节社会收入分配的同时也会导致收入两极分化?

解读 如前所述，在价值规律的作用之下，技术水平先进的生产者会多赢利，技术水平落后的生产者可能亏损，从一个较长的时间来看，多赢利的生产者又有充足的资金用于技术革新，使其在下一轮的竞争中仍旧处于有利地位，渐渐地进入“富者愈富”的良性循环；少赢利或亏损的生产者则没有足够的资金投入技术革新，劳动生产率无法提升，渐渐地进入“贫者愈贫”的恶性循环。这就是价值规律在自发调节社会收入分配的同时所导致的两极分化现象。

价值规律是商品经济的基本规律，在一切发展商品经济或市场经济的国家或地区都必然伴随着贫富分化现象。例如，美国的贫富差距是很大。美国联邦储备系统 2021 年 10 月统计数据显示，截至 2021 年 6 月，美国收入在中间 60%的“中产阶级”拥有的财富在国家总财富中占比已经跌至 26.6%，创过去 30 年来新低，而收入前 1%的富人却拥有 27%的国家财富，超过了“中产阶级”。加州大学伯克利分校经济学家伊曼努尔·萨兹发表的统计数据显示，美国前 10%富人人均年收入是后 90%人口的 9 倍多，前 1%富人人均年收入是后 90%人口的 40 倍，而前 0.1%富人人均年收入是后 90%人口的 196 倍之多。新冠疫情暴发以来，美国实施“大水漫灌”政策，在推高股市的同时也进一步拉大了贫富差距。美国亿万富翁拥有的总资产增加了 1.763 万亿美元，涨幅高达 59.8%。排名前 10%的美国富人持有 89%的美国股票，创下历史新高。[①]

设问 41 社会主义市场经济如何利用价值规律的积极作用而规避其风险?

解读 2019 年中国共产党第十九届四中全会，把社会主义市场经济体制确定为“社会主义基本经济制度”。既然发展市场经济，就必然受到价值规律的制约，如何利用价值规律的积极作用而规避其风险，成为发展社会主义市场经济必须面对和解决的问题。

① 《美国民主情况》报告(一)，外交部网站 2021 年 12 月 5 日发布。

现代市场经济或商品经济的源头在西方资本主义国家。最初，资产阶级经济学家信奉“自由主义”理念，主张让价值规律这只“看不见的手”最大限度地发挥对市场经济的自发调节作用，而政府则尽量少干预市场，最多只是发挥“守夜人”的作用，看守市场经济的成果。但资本主义自由竞争阶段频繁发生的经济危机，使资产阶级经济学家也意识到，单纯依靠价值规律的自发调节将无法规避其带来的消极后果，以英国经济学家凯恩斯为代表，开始主张国家通过货币政策、财政政策等对市场经济进行有效的干预从而保证资本主义经济稳定运行，由此拉开了国家垄断资本主义发展的序幕。时至今日，主张协调政府与市场的关系、充分发挥政府对市场经济的调节作用已经成为众多西方经济学家的共识。例如，美国著名经济学家保罗·萨缪尔森认为政府对市场经济承担三项职能：第一，提高效率。政府通过促进竞争，控制诸如污染等外部性（市场交易之外产生的）问题以及提供公共品等来提高效率。第二，增进平等。政府通过税收和支出项目（转移支付）等手段，向某些团体进行有倾斜的收入再分配，从而增进平等。第三，促进宏观经济的稳定与增长。政府通过财政政策（税收政策和支出政策）和货币政策（影响利率和借贷条件）保证宏观经济的稳定和增长，在鼓励经济增长的同时减少失业，降低通货膨胀。①

社会主义市场经济要想利用价值规律的积极作用而规避其风险，最根本的措施应该也是理顺政府与市场的关系，让政府宏观调控这只“看得见的手”与价值规律这只“看不见的手”共同发挥作用，实现二者的优势互补。例如，我国政府职能改革即理顺政府与市场关系的中心任务是“使市场在资源配置中起决定性作用和更好发挥政府作用”，为此政府要做到简政放权、放管结合、优化服务，简称“放管服”。“放”即简政放权，减少政府对市场进行干预，将市场的事推向市场来决定；“管”即公正监管，营造法治化、国际化、便利化的营商环境，促进公平竞争；“服”即高效服务，力除烦苛之弊，大兴便民之举，提升政府治理能力和治理水平。

中国共产党第十九届四中全会决议中，对于“坚持和完善社会主义基本经济制度，推动经济高质量发展”的具体要求，也体现了我国政府力求充分发挥价值规律的积极作用而又规避其风险的自觉意识：“充分发挥市场在资源配置中的决定性作用，更好发挥政府作用”，“健全以税收、社会保障、转移支付等为主要手段的再分配调节机制”，“强化竞争政策基础地位，落实公平竞争审查制度，加强和改进反垄断和反不正当竞争执法”，“强化国家战略科技力量，健全国家实验室体系，构建社会主义市场经济条件下关键核心技术攻关新型举国体制。加大基础

① 保罗·萨缪尔森、威廉·诺德豪斯著，萧琛等译：《宏观经济学》，华夏出版社 1999 年版，第 27 页。

研究投入，健全鼓励支持基础研究、原始创新的体制机制”，等等。《中国共产党第十九届中央委员会第五次全体会议公报》(2020年10月29日)再次强调：“全面深化改革，构建高水平社会主义市场经济体制。坚持和完善社会主义基本经济制度，充分发挥市场在资源配置中的决定性作用，更好发挥政府作用，推动有效市场和有为政府更好结合。”

具体来说，从发挥价值规律的积极作用角度看，需要借助市场机制实现资源的合理调配与流动，使有效资源得到充分利用；刺激新技术的开发利用，促进生产力的发展；调动生产者的积极性，实现奖勤罚懒、优胜劣汰，让一部分人先富起来。从规避价值规律的消极影响看，需要通过国家的宏观调控合理安排关乎国计民生的重大基础设施建设，及时干预市场机制失衡问题，投入资金，组织技术研发并推广以遏制垄断，有效组织生产者之间的联合与互助(邓小平把农村家庭联产承包责任制称为农业改革的“第一次飞跃”，并且指出今后的发展是要促成在农村发展适度规模经济、发展集体经济的“第二次飞跃”)，建立健全社会福利和社会保障制度(带动多数人富裕起来)，以实现社会朝向更加合理有序、公平公正的方向发展。

总之，划分市场与政府的合理界限，使市场和政府都在“有限”的范围内发挥作用，实现市场和政府的优势互补，同时规避“市场失灵”和“政府失灵”的问题，其中的“适度原则”是一门“大学问”，很多理论和实践的难题需要经过长时间的探索才能达到真理性的认识。只要我们能够科学地发挥社会主义制度的固有优势，客观地把握我国生产力水平的发展实际，充分地借鉴全球市场经济发展的积极经验，就一定能交出一份让全国人民满意的答卷！

设问42 商品生产者的劳动首先表现为私人劳动还是社会劳动？商品生产者劳动的社会性质为什么必须表现出来以及如何才能表现出来？

解读 在以私有制为基础的商品经济中，商品生产者的劳动具有两重性，既是具有社会性质的社会劳动，又是具有私人性质的私人劳动。商品生产者劳动的社会性质是由社会分工决定的，在社会分工条件下，每个商品生产者的劳动都是社会总劳动的一部分，是具有社会性质的社会劳动。商品生产者劳动的私人性质是由生产资料私有制决定的，在私有制条件下，商品生产者的劳动又是按照自己的利益和要求进行的，是具有私人性质的私人劳动。

商品生产者的劳动首先表现为私人劳动，生产资料为私人所有，生产过程是生产资料所有者私人组织的，生产什么、生产多少、市场规划都是生产资料所有者私人决定的。

商品生产者劳动的社会性质能否表现取决于私人劳动是否能够满足社会需

求，而这是在交换过程中才能得到验证的。如果交换成功，意味着商品生产者私人劳动作为社会总劳动的一部分而被认可；如果交换不成功，意味着商品生产者私人劳动不能满足社会需求，其社会性质就无法表现出来。

由于市场经济价值规律作用的自发性和盲目性，私人劳动未必都能表现为社会劳动，而一旦私人劳动的成果不能作为社会劳动得到社会的认可，商品生产者就会被“摔坏”。因此，商品生产者总是力求使自己劳动的社会性质得到表现。

设问 43 如何理解私人劳动和社会劳动的矛盾是私有制商品经济的基本矛盾?

解读 私人劳动和社会劳动的矛盾构成私有制商品经济的基本矛盾，这一矛盾贯穿商品经济发展过程的始终，决定着商品经济的各种内在矛盾及其发展趋势。

首先，私人劳动和社会劳动的矛盾决定着商品经济的本质及发展过程。如前所述，交换是解决私人劳动和社会劳动矛盾的唯一途径，由此决定了商品经济的本质是以交换为目的进行生产的经济形式。其次，私人劳动和社会劳动的矛盾是商品经济其他一切矛盾的基础。在私有制商品经济条件下，商品使用价值和价值之间的矛盾是由生产商品的具体劳动和抽象劳动之间的矛盾决定的。而具体劳动能否还原为抽象劳动，在根本上取决于私人劳动和社会劳动能否实现统一。也就是说，商品生产者的私人劳动如果不能作为社会总劳动的一部分而得到社会的认可，具体劳动就不能还原为抽象劳动，生产的使用价值就不能实现其价值。最后，私人劳动和社会劳动的矛盾决定着商品生产者的命运。商品生产者生产的商品只有卖出去，其耗费的劳动才能得到补偿，生产者才能生存和进行再生产。如果商品卖不出去，生产者的劳动耗费得不到补偿，再生产就难以进行。

有两个方面的问题需要注意：其一，矛盾分析法作为唯物辩证法的根本方法，也是马克思主义政治经济学所坚持的基本方法论原则。马克思和恩格斯分析商品经济的本质和规律，就是从揭示其内在矛盾入手的，在劳动价值论部分，我们就先后分析了自然经济与商品经济的矛盾、使用价值和价值的矛盾、具体劳动和抽象劳动的矛盾、商品与货币的矛盾、私人劳动与社会劳动的矛盾等。其二，马克思和恩格斯在劳动价值论部分研究商品经济矛盾时，是从最表层的矛盾入手，即从商品及其二重性这个抽象而普遍的规定作为逻辑起点，层层深入，最终挖掘出商品经济的基本矛盾，即私人劳动与社会劳动的矛盾，这又是精确运用抽象与具体相统一的辩证思维方法的典范。这些辩证思维方法是我们今天学习马克思主义政治经济学需要注意整体把握的内容，也是我们今天研究和发展马克思主义政治经济学需要一贯遵循的方法。

设问 44 如何解释商品经济条件下"丰产不丰收"的现象?

解读 商品经济条件下,商品生产者常常会遭遇"丰产不丰收"的情况。所谓"丰产"就是生产更多的使用价值(物质财富),"丰收"则意味着更多的使用价值能实现其价值。商品生产者生产的目的不在于商品的使用价值而在于其价值的实现,但往往事与愿违。

通过我们前面的研究发现,商品价值量的确定受一系列复杂因素影响,在市场交换中,价值量不一定与使用价值量成正比。例如,生产的商品出现供过于求的情况时,不仅价格下跌,利润减少,而且可能因滞销完全无法实现价值;生产大量缺乏技术含量的简单劳动产品时,能实现的价值量也会较低;当私人劳动无法满足社会总需求时,私人劳动创造的使用价值也无法实现其价值。

资本主义经济危机通常表现为"生产过剩"的危机,社会主义市场经济也可能出现产能过剩的问题,这都是商品经济条件下"丰产不丰收"的具体表现。

设问 45 如何从经济学的角度分析经济生活中的"合成谬误"?

解读 保罗·萨缪尔森、威廉·诺德豪斯在《宏观经济学》中,讨论了经济生活中常常出现的"合成谬误":假定对局部来说是正确的东西,对整体来说也正确。(事实上,正如我们在哲学中所分析的那样,"整体不等于部分之和"!)[①]

两位经济学家列举了一些经济生活中的具体事例,说明了这种在经济生活中把整体简单等同于部分之和的错误:(1) 如果某一农场主获得丰收,他的收入会增加;但如果所有农场主的收成都打破纪录的话,他们的农场收入却会下降。如果每个农场主都获得丰收,就会出现前面分析的"丰产不丰收"现象!(2) 如果一个人获得了更多的货币,那么他的境况会变好;但如果每个人都获得了更多的货币,那么整个社会反而可能变糟。如果每个人都获得了更多的货币,就意味着通货膨胀的发生!(3) 如果对某一特殊行业的产品征收高额关税,该行业的生产者可能会因此发财;但如果对所有的行业都征收高额关税,则绝大多数生产者和消费者的状况都会变坏。对所有行业都征收高额关税,从生产者的角度来说,关税助长了一些效率低下且不具有本国比较优势的产业扩大生产,因缺乏必要的竞争而效率低下,资源浪费。长期来看,这些行业也不具有在国际市场的竞争力。从消费者的角度来说,征收高额关税时,必然因抬高了商品的价格而增加了消费成本,给消费者带来经济损失。

① 保罗·萨缪尔森、威廉·诺德豪斯著,萧琛等译:《宏观经济学》,华夏出版社 1999 年版,第 4 页。

设问 46　如何认识西方经济学的“比较优势”理论？

解读　“比较优势理论”原型为大卫·李嘉图在其代表作《政治经济学及赋税原理》中提出的“比较优势(相对优势、比较利益、相对成本)贸易理论”：每个国家都应集中生产并出口具有比较优势的产品，进口具有比较劣势的产品(即“两优相权取其重，两劣相衡取其轻”)，双方均可节省劳动力，获得专业化分工提高劳动生产率的好处。后来，大卫·李嘉图的这一理论得到西方经济学家的广泛认可，甚至成为西方经济学的“潜规则”。

从理论上说，“比较优势理论”没有问题，它倡导不同国家之间的优势互补、取长补短，使各方的劳动生产率都得到有效提高。但反观当今世界的现实，问题就显而易见：发展中国家具有比较优势的是劳动密集型(简单劳动)、自然资源消耗型、高污染型产业；而发达国家具有比较优势的是具有高附加值的技术密集型产业(复杂劳动)。发达国家正是借助这种比较优势统治世界市场。这也就是发达国家更积极宣扬“比较优势理论”的原因，而这显然导致了不利于发展中国家的经济格局。

发展中国家要想摆脱被统治的地位，就必须进入发达国家具有比较优势的产业领域。我国要想在 2050 年实现社会主义现代化强国的目标，就必须加快创新型国家建设的步伐，党的十九大报告明确指出：“显著增强我国经济质量优势”、“瞄准国际标准提高水平”、“促进我国产业迈向全球价值链中高端，培育若干世界级先进制造业集群”、“优化存量资源配置，扩大优质增量供给”。2021 年 3 月 5 日，李克强总理在第十三届全国人民代表大会第四次会议做政府工作报告，在谈到“十四五”时期经济社会发展主要目标和重大任务时，再次强调：“坚持创新驱动发展，加快发展现代产业体系，坚持创新在我国现代化建设全局中的核心地位，把科技自立自强作为国家发展的战略支撑。”这都是为了要打破发达国家因占据高科技领域“比较优势”而获益的魔咒。

第七专题　剩余价值论

设问 1　什么是资本主义生产关系?

解读　要研究资本主义生产关系的产生,必须先对“什么是资本主义生产关系”有基本的认知。前面我们分析过生产关系这个概念,生产关系是人们在物质生产过程中形成的不以人的意志为转移的经济关系。简单地说,生产关系就是生产中人与人之间的物质经济关系。据此,我们可以推论出资本主义生产关系的基本含义:资本主义生产中的“人与人”,指的是资本家和工人,他们在生产中建立的“物质经济关系”是雇佣劳动关系,因此,资本主义生产关系就是资本家和工人之间的雇佣劳动关系。

有了这个基本认知,在我们分析资本主义生产关系形成时目标就很明确:资本主义生产关系中的“人与人”即资本家和工人从何而来?他们之间的雇佣劳动关系是如何建立的?当这两方面的条件具备时,资本主义生产关系就形成了。

设问 2　如何理解资本主义生产关系萌芽的两个途径?

解读　资本主义萌芽于 14 世纪末 15 世纪初的地中海沿岸的一些城市,其主要有两个:第一,封建社会的手工业行会在小商品经济的价值规律作用下两极分化,产生了工业资本家与雇佣工人的对立。封建社会后期,商业和手工业成为城市经济的基础,并形成了各种手工业行会,在行会内部严格限制竞争,保障手工业者之间的平等地位。但随着商品经济的发展,小生产者之间展开激烈的竞争并由此发生两极分化:一部分条件较好的作坊主凭借着更精良的技术、更敏锐的市场意识、更良好的人际关系等因素在竞争中占据优势,逐渐富裕起来并成为最早的工业资本家。多数作坊主则因失去了原有的市场而逐渐衰落下去,最终同其帮工和学徒一起沦为前者的雇佣工人。手工作坊中的师徒关系(含情脉脉的类家庭关系)逐渐转变为雇佣关系(冷冰冰的金钱关系),成为资本主义生产关系萌芽的形式之一。

第二,包买商控制市场和高利贷资本控制资金原料等,逐步转变为工业资本家,而手工作坊主丧失独立生产者地位转变为雇佣劳动力。一方面,商人中的包买商通过包销小手工作坊主的全部商品,为他们提供原料和设备,从而切断了小手工作坊主与市场的联系，并通过低价收购高价卖出的方式增大自己的利益而使小手工作坊主入不敷出。另一方面，高利贷者通过对缺乏资金的小手工作坊主提供高息贷款，使小生产者沦为高利贷者的债务人，一旦无力还贷，只能以自己的作坊来抵债。于是，小作坊主丧失了独立的生产者身份，连同其帮工和学徒成为商人或高利贷者的雇佣工人，商人或高利贷者则成为工业资本家，这成为资本主义生产关系萌芽的另一种形式。

设问 3 为什么说资本原始积累促成了资本主义生产关系的迅速发展?

解读 资本原始积累，就是生产者与生产资料相分离，货币资本迅速集中于少数人手中，资本主义得以迅速发展的历史过程。

资本的原始积累过程从 15 世纪末持续到 19 世纪初，主要途径有两个：其一，用暴力手段剥夺农民土地，即所谓的“圈地运动”。资本家和封建贵族通过各种手段把大片农民的私有土地围圈起来据为己有，改作养羊的牧场，而农民则变成一无所有的流浪者。其二，用暴力手段掠夺货币财富，即“殖民掠夺”。自 15 世纪末开始，葡萄牙、西班牙、荷兰、英国、法国等国的新兴资产阶级，通过在非洲的黑奴贸易、在美洲的金银矿抢掠、在亚洲的鸦片贸易等途径，将大量的货币财富据为己有。

资本原始积累的过程，为资本主义生产方式的建立提供了所需要的基本条件，一方面，造就了一大批丧失生产资料的自由人，使雇佣工人的队伍迅速壮大；另一方面大量货币财富集中于少数人手中，使工业资本家的力量迅速壮大。因此，马克思得出结论说行会的师傅或独立小手工业者转化为资本家，是“蜗牛爬行的进度”，而圈地运动和殖民掠夺，才真正“标志着资本主义生产时代的曙光”[①]。

设问 4 何谓“原始”资本积累?

解读 “原始资本积累”是“与资本积累”相对应的概念，资本积累是剩余价值资本化的过程，原始资本积累则是带来剩余价值的最初资本获得的过程。所谓资本积累就是剩余价值的资本化，即资本家通过不断榨取雇佣工人创造的剩余价值来扩大自己的资本规模，从而进一步扩大和加强对工人的剥削和统治的过程。当马克思揭示了资本积累的剥削本质时，资本家辩解说，我是因为原来手里就有资本，我的收益就是我的“原始资本”的增加值。因此，马克思又进一步研究了资本家所谓的“原始资本”是从何而来的。“这个过程所以表现为‘原始’的，

① 《马克思恩格斯文集》第 5 卷，人民出版社 2009 年版，第 860-861 页。

因为它形成资本主义及与之相适应的生产方式的前史。”[①]通过对原始资本积累的研究，马克思发现“原始积累的方法决不是田园诗式的东西”，而是“用血与火的文字载入人类编年史的”[②]。原始积累的过程就是劳动者“奴役状态的形式变换，就是封建剥削转化为资本主义剥削”[③]。马克思既考察原始资本形成的暴力过程，又研究了资本运行过程中通过占有剩余价值而实现增值的剥削本质，目的在于说明“资本来到世间，从头到脚，每个毛孔都滴着血和肮脏的东西”[④]。也就是说，揭示了资本主义从形成到发展的整个过程中都贯穿着剥削和掠夺。

设问 5 如何理解在资本主义生产方式确立过程中资产阶级革命的必然性和必要性?

解读 必然性：经过资本主义生产关系萌芽到迅速发展的过程，资产阶级的力量逐渐壮大起来并掌握了国民经济的命脉。但是在封建制度下，他们的政治地位和社会地位与他们在经济上的控制地位相比是非常不匹配的。因为封建时代，确定人的政治地位和社会地位的尺度不是金钱而是出身、血统以及裙带关系，而这些早期的资本家很多都是出身贫贱而一夜暴富的人，他们被封建贵族鄙视地称为“暴发户”。

必要性：其一，只有通过革命，才能改变资产阶级的政治地位。要想改变早期资本家在封建制度中的无权地位，唯一的途径就是通过革命夺取政权，建立自己的社会制度，由自己来制定新的“游戏规则”。随着资产阶级力量不断壮大，资产阶级革命的时机已经成熟，从 17 世纪中期到 18 世纪后半期，英、法等国先后进行了资产阶级革命，建立资产阶级政权。其二，只有通过革命，才能巩固资产阶级的经济地位。逐利是资本的本性，只有建立起与资本相匹配的生产方式，才能真正满足资本逐利的本性。从 18 世纪 60 年代起，英、法等国相继爆发工业革命，机器大工业代替工场手工业，促进了社会生产力的空前发展，资本主义生产方式的支配地位最终得以形成。

设问 6 马克思劳动价值论和剩余价值论逻辑起点的异同分别是什么?

解读 劳动价值论和剩余价值论共同的逻辑起点是“商品”，这是简单商品经济和发达商品经济共同的基本单元和细胞。

---

① 《马克思恩格斯文集》第 5 卷，人民出版社 2009 年版，第 822 页。
② 《马克思恩格斯文集》第 5 卷，人民出版社 2009 年版，第 821-822 页。
③ 《马克思恩格斯文集》第 5 卷，人民出版社 2009 年版，第 823 页。
④ 《马克思恩格斯文集》第 5 卷，人民出版社 2009 年版，第 871 页。

区别在于劳动价值论以一般商品为逻辑起点，揭示商品经济的一般规律；而剩余价值论以“劳动力”这个特殊商品为逻辑起点，揭示资本主义商品经济的特殊规律。从商品经济的发展过程来看，正是因为出现了劳动力这种特殊商品，简单商品经济才发展为复杂或高级阶段的商品经济，即资本主义市场经济。马克思正是通过揭示劳动力这种特殊商品所具有的“价值源泉的独特属性”，揭开了整个资本主义商品经济的“神秘面纱”，从而创立了剩余价值学说。因此，剩余价值学说的逻辑起点就是劳动力商品。

设问 7　劳动力为什么会成为商品?

解读　劳动力是人的劳动能力，是存在于人体内部的脑力和体力的总和。人的劳动是任何时候进行生产都不可缺少的基本条件、基本要素，没有劳动就不可能有人类社会的生存与发展。

这种在任何时代都普遍存在的劳动力成为商品，需要具备两个条件：第一，劳动者是自由人，能够把自己的劳动力当作自己的商品来支配。在奴隶制条件下，劳动力（奴隶）完全没有人身自由，他们只是奴隶主“会说话的工具”，无法出卖自己的劳动力；在封建制条件下，劳动力（农民）因为租种地主的土地或为地主当佃户而对地主有半人身依附关系，也无法出卖自己的劳动力；只有在资本主义条件下，劳动力（雇佣工人）才成为在理论上说不隶属于任何资本家个人的“自由人”，从而具备了出卖劳动力的第一个条件。第二，劳动者没有别的商品可以出卖。在奴隶制条件下，隶属于奴隶主的奴隶其基本生活由奴隶主来提供；在封建制条件下，农民则通过向地主缴纳租金后剩余的劳动产品维持生存；但在原始资本积累的过程中，劳动者被剥夺了一切生产资料，成为无家可归的流浪者，除了自身的劳动力之外一无所有，因而只能出卖劳动力来维持生存。

通过对劳动力成为商品的两个条件的分析，马克思对资本主义条件之下的劳动力（无产阶级）给出的经典定义为“自由的一无所有的阶级”。有且仅有自由，除此之外一无所有，必然使他们只能依靠出卖劳动力来维持生存，这也就决定了他们所拥有的“自由”是虚假的。他们尽管表面上看并不隶属于任何资本家个人，但在本质上隶属于整个资本家阶级，只有把自己卖给这个或那个资本家，才能使自身具备生存的条件。

马克思在《资本论》中用了相当的篇幅描述了独立的生产者转变为“自由的一无所有”的无产阶级的血腥历史过程。资本家通过圈地运动使劳动者无家可归（在这个过程中甚至动用政府的军队破坏和烧毁他们居住的村庄）。但是，起初失去土地的农民宁肯选择流浪也不肯进入资本家的工厂做工。于是，资本家又借助政府的力量制定了严格的惩治流浪者律法（鞭打和监禁、割耳、处死），经历数百年之久，才使工人阶级的祖先习惯于资本主义制度所必需的工厂纪律。“自由”的工人“自愿”地进入工厂接受剥削，还要感激资本家给了他生存的机会！①

设问 8 如何理解劳动力商品价值的特殊性？

解读 劳动力商品的价值，从本质上看与其他商品一样，是指凝结在劳动力商品上的一般人类劳动，其价值量由生产和再生产劳动力这种商品的社会必要劳动时间决定。但问题在于劳动力这种特殊商品生产的过程与一般商品不同，劳动力作为人的劳动能力，不是在生产流水线上生产和再生产，而是要通过劳动力本身吃饭、休息、生育、学习等途径来获得、延续或提升。因此，“劳动力商品的价值，是由生产、发展、维持和延续劳动力所必需的生活必需品的价值决定的”②。具体包括三个部分：维护劳动者自身生存所必需的生活资料的价值、养活劳动者家属所必需的生活资料的价值、劳动者的教育训练费用。

理解劳动力商品价值的特殊性，需要注意的问题在于，劳动力商品价值在本质上与其他商品价值并无区别，只是由于其特殊的生产和再生产方式，使其具有了不同于其他商品价值衡量依据和表现方式的特殊性。

设问 9 如何理解劳动力商品使用价值的特殊性？

解读 要想理解劳动力商品使用价值的特殊性，需要把劳动力商品与其他一般商品进行比较分析。一般商品我们可以选择作为直接消费品的商品（如苹果）以及作为生产资料的商品（如布料），考察其被使用（即占有其使用价值）的情况：苹果这种直接消费品，当占有了它的使用价值即吃了它时，其使用价值消失了（吃完了不能再吃了），价值也同时消失了（吃完也不能再卖了）；布料这种作为生产资料的商品，当占有了它的使用价值即把它裁剪成做上衣的布片时，其使用价值也消失了（不能再作为一块整布料发挥其作用了），而其价值则转移到上衣上（做出的上衣价值一部分是从布料转移过来的）并形成新的使用价值。由此看来，一般商品在占有其使用价值时，其价值只会消失或转移，都不会出现“增值”。

劳动力商品使用价值的特殊性，就是它的使用价值是价值的源泉，它在消费过程中能够创造出新的、比自身价值更大的价值，这个增值的价值就是剩余价值。

何以见得从布料到衣服的价值增值一定是劳动力的使用带来的？显而易见

① 《马克思恩格斯文集》第 5 卷，人民出版社 2009 年版，第 843-851 页。
② 《马克思恩格斯文集》第 5 卷，人民出版社 2009 年版，第 56 页。

的是，没有劳动力对布料的加工，布料永远不会自己变成衣服，也就不会实现从布料到衣服的价值增值。正是在劳动力的使用中通过对布料的加工改造过程，把原来外在于布料的劳动力自身的脑力和体力凝结其上，才造成了新商品衣服的价值增值。只有劳动力这种特殊商品在使用时才能带来价值增值，这正是资本主义条件下资本家通过雇佣工人进行劳动而发财致富的秘密之所在。

设问 10　如何理解马克思所说“在创造新价值时又保存旧价值，这是活劳动的自然恩惠”？

解读　在《资本论》第一卷中，马克思用了相当的篇幅系统论证了劳动力商品使用价值的特殊性问题，得出了“在创造新价值时又保存旧价值，这是活劳动的自然恩惠”[①]的著名结论。具体来说，马克思论证了劳动力的使用价值是价值的源泉，价值的形成、转移、增值都是通过劳动力的使用完成的。

第一，“如果它（指生产资料）在进入劳动过程之前没有价值，它就不会把任何价值转给产品”。生产资料能转移出价值，是因为其本身是抽象劳动的结果，有价值的凝结。第二，“在劳动过程中，只有生产资料丧失它的独立的使用价值同时也丧失了它的交换价值，价值才能从生产资料转移到产品上”。生产资料的价值实现转移，是通过劳动力对生产资料进行加工改造的具体劳动过程完成的。第三，“生产资料转给产品的价值决不会大于它在劳动过程中因本身的使用价值的消灭而丧失的价值”。新产品的价值增值，是通过劳动力使用中脑力和体力的凝结即抽象劳动过程完成的。[②] 马克思还逐一反驳了为资本家辩护的西方经济学对资本家发财致富秘密的解释：资本家具有管理才能（马克思：“监工和经理耸肩膀了”）；资本家禁欲（马克思：真正禁欲的是工人，而且“禁欲并不是要求回报的理由”）；资本家承担了风险（马克思：“工人承担的风险最大”，煤矿工人比煤老板承担的风险大多了）；资本家提供了生产资料（马克思：“不是工人使用生产资料，而是生产资料使用工人”）。

设问 11　分析劳动力使用价值的特殊性关键是运用何种理论？

解读　分析劳动力使用价值的特殊性关键是运用了劳动二重性理论，劳动力的使用过程即劳动过程，它本身包括同时完成的两个方面：具体劳动过程将生产资料的价值转移或再现在新产品上，抽象劳动过程形成新价值（补偿劳动力本身的价值及剩余价值）。

---

① 《马克思恩格斯文集》第 5 卷，人民出版社 2009 年版，第 700 页。

② 《马克思恩格斯文集》第 5 卷，人民出版社 2009 年版，第 236-239 页。

这个问题也可以在资本主义生产过程的两重性、不变资本和可变资本的区分等部分再次提出，以印证“劳动二重性理论是政治经济学的枢纽”，是连接劳动价值论和剩余价值学说的桥梁和纽带。正是建立了劳动二重性理论的分析框架，马克思才能创立起剩余价值学说。

设问 12　如何理解资本的本质？

解读　“资本”是马克思政治经济学的核心概念之一，正确理解资本的本质，才能真正把握马克思政治经济学的理论宗旨和现实意义，也才能真正读懂《资本论》。对资本本质的理解需要注意三个方面的问题：(1) 资本是能够带来剩余价值的价值。“资本”的最直观形态就是价值，而由于货币代表一切商品的价值，因此也可以说资本就是货币，但货币并不都是资本，或者说“资本”并不是货币固有的属性，只有当货币能为其持有者带来新的、增值的价值时，货币才能成为资本。(2) 劳动力成为商品是货币转化为资本的前提。如前所述，只有劳动力这种特殊商品的使用过程才能带来新的、增值的价值，因此，货币要想具有“资本”的属性，就需要购买劳动力并驱使其进行劳动，一旦货币购买的劳动力带来剩余价值，货币就完成了向资本的转换。

作为货币的货币和作为资本的货币的根本区别在于，前者只是流通的手段，后者的“主观目的”是实现价值增值（剩余价值）。[①] 但是，货币的价值增值不可能在流通中产生，流通中（交换中）等价交换的原则决定了改变的只是商品的物质形态，而价值量不变。“流通或商品交换不创造价值”[②]。因此，“我们的货币占有者就必须幸运地在流通领域内即在市场上发现这样一种商品，它的使用价值本身具有成为价值源泉的独特属性。因此，它的实际消费本身就是劳动的对象化，从而是价值的创造”[③]。由此马克思得出结论：货币成为资本，“必须在流通领域中，又必须不在流通领域中。这就是问题的条件。这里是罗陀斯，就在这里跳跃吧”[④]。正是基于上述两方面的分析，马克思得出结论说：“资本不是物，而是一定的、社会的、属于一定历史社会形态的生产关系，是资产阶级社会的生产关系，后者体现在一个物上，并赋予这个物以独特的社会性质”[⑤]。由此看来，《资本论》表面看起来论的是资本，其实质是为了揭示资本背后所代表的资本家对雇佣工人创造的剩余价值的剥削，揭示资本主义条件下资本家与无产阶级之

① 《马克思恩格斯文集》第 5 卷，人民出版社 2009 年版，第 178 页。
② 《马克思恩格斯文集》第 5 卷，人民出版社 2009 年版，第 190 页。
③ 《马克思恩格斯文集》第 5 卷，人民出版社 2009 年版，第 195 页。
④ 《马克思恩格斯文集》第 5 卷，人民出版社 2009 年版，第 194 页。
⑤ 《马克思恩格斯文集》第 7 卷，人民出版社 2009 年版，第 922 页。

间通过雇佣劳动而建立起的剥削与被剥削的生产关系。

设问 13　如何理解资本主义所有制的本质?

解读　资本主义所有制是生产资料归资本家所有的一种私有制形式。资本家不但拥有生产资料的所有权,而且拥有对雇佣劳动的支配权,并凭借这种所有权和支配权实现对全部劳动产品的占有和支配。

资本家凭借对生产资料的占有,在等价交换原则的掩盖下,雇佣工人从事劳动,占有雇佣工人创造的剩余价值,资本与雇佣劳动的关系由此具有了剥削与被剥削的对抗性质。因此,资本主义所有制是雇佣劳动赖以存在的基础,是资本与雇佣劳动之间剥削与被剥削关系的体现。这就是资本主义所有制的实质。

资本主义所有制的这一本质,需要透过两个现象去把握:一方面,表面看来工人是自由的,但他们有的只是出卖劳动力从而受剥削的自由。与奴隶制度和封建制度下的劳动者相比,工人看起来是有人身自由的,他们并不直接隶属于某个资本家,但由于他们"一无所有",占有生产资料的资本家必然拥有对雇佣劳动的支配权,这就导致了工人阶级不隶属于某个资本家但隶属于整个资本家阶级的现实,工人阶级如果不出卖劳动力从而受资本家阶级的剥削,他们的生活将无以为继。因此,这种"自由"归根到底只是选择受这个资本家或哪个资本家剥削的自由,而不是可以选择不受剥削的自由。另一方面,表面看来交换是等价的,但资本家却获得了高额的剩余价值。资本家和资产阶级经济学家经常宣称资本家雇佣工人进行劳动,工人的工资就是他们劳动所创造的全部价值,因此,劳动力商品的买和卖是与市场上的其他商品一样遵循"等价交换"原则。但马克思揭示了工人劳动创造的全部价值与作为劳动力价格的工资之间存在着巨大差额,这就是由工人劳动创造的并被资本家无偿占有的剩余价值,体现了资本主义所有制在等价交换原则掩盖下的剥削本质。

在《资本论》中,马克思还以非常生动形象的语言描述了资本家和雇佣工人之间事实上的不平等关系:"劳动力的买和卖是在流通领域或商品交换领域的界限以内进行的,这个领域确实是天赋人权的真正伊甸园。那里占统治地位的只有自由、平等、所有权和边沁……一离开这个简单流通领域或商品交换领域……我们的剧中人的面貌已经起了某些变化。原来的货币占有者作为资本家,昂首前行,劳动力占有者作为他的工人,尾随于后。一个笑容满面,雄心勃勃;一个战战兢兢,畏缩不前。像在市场上出卖了自己的皮一样,只有一个前途——让人家来鞣。"[①]

① 《马克思恩格斯文集》第 5 卷,人民出版社 2009 年版,第 205 页。

设问 14 资本主义生产过程为什么必然会出现剩余价值意义上的价值增值?

解读 物质资料生产过程是劳动者运用劳动资料对劳动对象加工,创造满足人们需要物品的有目的的活动。生产过程贯穿于人类社会发展的始终,但在资本主义条件下表现出不同的特点。

要理解资本主义生产过程独特的两重性,必须把资本主义生产过程与其他类似的生产过程相比较。这里我们主要比较一般商品生产过程与资本主义商品生产过程。如前所述,一般商品生产过程包括两个方面:一方面是具体劳动的过程,形成商品的使用价值;另一方面是抽象劳动的过程,形成商品的价值。资本主义商品生产过程包括两个方面:一方面是具体劳动过程,形成商品的使用价值;另一方面是抽象劳动的过程,形成商品的价值,但这个价值包括补偿劳动力的价值和剩余价值两个部分,因此是一个价值增值过程。"作为劳动过程和价值形成过程的统一,生产过程是商品生产过程,作为劳动过程和价值增值过程的统一,生产过程是资本主义生产过程,是商品生产的资本主义形式。"①

这里需要弄清楚的一个问题是,一般商品生产过程不也会出现价值增值吗?这个价值增值与资本主义生产过程的价值增值有什么区别?例如,一般商品生产条件下,木匠花费了50元购买生产资料,生产一把椅子,假定椅子卖100元,就产生了50元的"价值增值";资本主义生产条件下,资本家花费了40元购买生产资料和10元购买一个劳动力,生产一把椅子,假定椅子卖100元,也产生了50元的"价值增值"。这两种价值增值的共同点在于都是由劳动者的抽象劳动创造的,而其根本区别则在于一般商品生产条件下,增值的价值无论多少都归生产者自己所有,而资本主义生产条件下,增值的价值只有一小部分归生产者所有(即上例中10元作为工人的工资),而绝大部分则作为剩余价值留在了资本家的口袋。因此,只有资本主义商品生产才存在剩余价值意义上的价值增值,这种价值增值得以存在的根本原因在于"劳动过程,就它是资本家消费劳动力的过程来说,显示出两个特殊现象":首先,"工人在资本家的监督下劳动,他的劳动属于资本家";"其次,产品是资本家的所有物,而不是直接生产者工人的所有物"。② 也就是说,在资本主义生产过程中,劳动者把自己的劳动力出卖给资本家,劳动者在资本家的支配下进行生产,其劳动产品也归资本家所有,资本家出卖商品后获得的价值首先装在自己的口袋里,然后拿出一少部分以工资的形式补偿劳动力的价值,而绝大部分则作为剩余价值留在了资本家自己的口袋。简而言之,资本

① 《马克思恩格斯文集》第5卷,人民出版社2009年版,第230页。

② 《马克思恩格斯文集》第5卷,人民出版社2009年版,第216页。

主义雇佣劳动制度，是其生产过程必然包含剩余价值意义上的价值增值的根源。

设问 15　分析资本主义生产过程是劳动过程和价值增值过程的统一，关键是运用何种理论？

解读　分析资本主义生产过程是劳动过程和价值增值过程的统一，关键是运用了劳动二重性理论(具体劳动与抽象劳动)。

具体劳动只是转移生产资料的价值，形成新的使用价值；抽象劳动凝结在商品上形成新价值(新价值不是资本家的生产资料带来的，而是工人脑力与体力的凝结)。

抽象劳动创造的新价值分为两个部分：一部分用来补偿劳动力价值(工资)，另一部分被资本家无偿占有(剩余价值)。(工人脑力与体力的凝结量大于补偿劳动力所需要的劳动量。)以劳动二重性理论为基础，才能真正揭示商品价值的源泉，从而揭示剩余价值的源泉，也就是揭示资本主义生产过程价值增值的源泉。

设问 16　有些资本家亏损了或没赚到钱，是不是就不存在剩余价值？

解读　剩余价值是资本主义生产过程中价值增值的部分，但有些资本家在生产过程完成后可能并没有真正实现价值增值，也就是说可能没赚到钱，甚至出现了亏损，这种情况下雇佣工人是不是就没有创造剩余价值？

对这个问题的理解需要注意两个方面的问题：第一，剩余价值来源于工人的剩余劳动，只要工人提供了剩余劳动，就存在剩余价值。因此，即使这个资本家没有赚到钱，他的雇佣工人在剩余劳动时间里也一定是创造出了剩余价值的。第二，资本家的亏损只不过说明这个剩余价值没有落到雇佣这个工人的资本家手里，而是在竞争中由于资本家个人的过失(例如，因其没有恰当评估市场需求而生产了已经供过于求的商品)而失去了。而“这个”资本家失去了剩余价值必然意味着“那个”资本家在竞争中获得了更多的剩余价值(超额剩余价值)。这种现象用通俗的话语解释就叫“小偷被强盗打劫”，用后面要研究的政治经济学的理论解释就是“利润率平均化”。

设问 17　分析不变资本和可变资本的区分关键是运用何种理论？

解读　不变资本和可变资本的区分关键是运用劳动二重性理论。《资本论》第三篇第六章“不变资本和可变资本”之中，首先分析的就是劳动二重性理论。“我们叙述了劳动过程的不同因素在产品价值的形成中所起的不同作用，事实上也就说明了资本的不同组成部分在资本本身的价值增值过程中所执行的不同职能。"[①]不变资本在具体劳动过程中实现价值转移或再现，同时作为抽象劳动的物质载体发挥作用，但在劳动过程中不发生价值量的改变。可变资本购买的劳动力通过抽象劳动的过程创造出新价值，而这个新价值大于购买劳动力的可变资本，因此，可变资本价值量的增大根源于抽象劳动的凝结。

设问 18 如何理解"不变资本这个概念决不排斥它的组成部分发生价值变动的可能性"？

解读 在《资本论》中，马克思讨论不变资本时指出，"不变资本这个概念决不排斥它的组成部分发生价值变动的可能性"，并举例对此进行了说明。以纺纱过程为例，作为原材料的棉花"价值变化是发生在生产棉花的过程中，而不是发生在棉花作为生产资料，从而作为不变资本执行职能的过程中"，同样机器等生产资料"价值变动也是在机器作为生产资料执行职能的生产过程以外发生的"。"生产资料价值的变动，虽然也会对已经进入生产过程的生产资料产生影响，但不会改变生产资料作为不变资本的性质"。[②]

不变资本是用来购买生产资料的资本，而生产资料的价值可能因劳动生产率、市场供求关系、技术水平等因素而发生改变，但这些改变都是发生在这些生产资料的流通过程，而不是发生在它们作为生产资料进入的生产过程，一旦流通过程完成了，生产资料的价值就不会再改变。流通过程生产资料的价值改变，会影响生产成本，但不改变生产资料作为不变资本的性质。

设问 19 如何科学地"囤积居奇"？

解读 在《资本论》中，马克思讨论作为生产资料的资本在流通过程中发生价值变动的可能性时，顺便研究了"投机规律"：要在加工最少的原料上进行投机，"在棉布上不如在棉纱上，在棉纱上不如在棉花上"。[③] 把握投机规律，才能更有利于科学地"囤积居奇"。

马克思所分析的这个"投机规律"对于今天的经济活动仍旧有借鉴价值，之所以要"在加工最少的原料上进行投机"，主要原因如下：(1) 成品增值的空间不如原材料加工增值空间大，一般来说，加工越细致取得的附加值越高，因而在原材料价格低廉时囤积之，以便在其后的加工中获得更高的附加值；(2) 成品在一

① 《马克思恩格斯文集》第 5 卷，人民出版社 2009 年版，第 242 页。
② 《马克思恩格斯文集》第 5 卷，人民出版社 2009 年版，第 243-244 页。
③ 《马克思恩格斯文集》第 5 卷，人民出版社 2009 年版，第 243 页。

定期限卖不出去容易贬值，例如成品服装，容易受市场需求、审美标准、技术水平等因素的影响而“过时”；(3) 新技术往往建立在对原材料的加工方式上而较少建立在对原材料的开发上，因此新技术对原材料的排挤远远少于对商品成品的排挤。

设问 20　为什么说剩余价值率就是剥削率？

解读　把资本区分为不变资本和可变资本，进一步揭示了剩余价值的源泉。它表明，剩余价值既不是由全部资本创造的，也不是由不变资本创造的，而是由可变资本创造的。雇佣劳动者的剩余劳动是剩余价值的唯一源泉。

不变资本和可变资本的划分，也为确定资本家对雇佣劳动的剥削程度提供了科学依据。剩余价值率 $m'=m/v$，即剩余价值与可变资本的比率，而剩余价值和可变资本（补偿劳动力自身的价值）之和就是雇佣工人劳动创造的全部新价值，剩余价值和可变资本的比率所表示的就是在雇佣工人抽象劳动创造的全部新价值中，有多大比例作为工资返回给了雇佣工人，又有多大比例作为剩余价值被资本家无偿占有。因此，剩余价值率就是无酬劳动与有酬劳动的比率，它能够真实反映资本家对雇佣工人的剥削程度，剩余价值率就是剥削率。

设问 21　绝对剩余价值生产中的变量和不变量分别有哪些？

解读　绝对剩余价值是在必要劳动时间不变的条件下，由于延长工作日的长度和提高劳动强度而生产的剩余价值。

延长工作日的长度和提高劳动强度在本质上是相同的，提高劳动强度就是变相延长工作日，延长工作日也就意味着提高了劳动强度。工作日的长度由必要劳动时间和剩余劳动时间两部分组成，在必要劳动时间不变的前提下，延长工作日的长度，也就意味着延长了剩余劳动时间。因此，绝对剩余价值生产中的不变量是必要劳动时间，变量则是工作日的长度和剩余劳动时间。

例题：假定 8 小时工作日的情况下，必要劳动时间 4 小时，剩余劳动时间 4 小时，剩余价值率为 100%。现在把工作日延长到 10 小时，必要劳动时间仍为 4 小时，剩余劳动时间则增加到 6 小时，剩余价值率即为 150%。

设问 22　绝对剩余价值生产对资本家来说的“方便”和“不便”在哪里？

解读　绝对剩余价值生产是早期资本家最常用的提高剩余价值率的方法，对于资本家来说，它的最大的好处在于操作方便。最初，一天的工作时间具有比较大的随意性，而且在很大程度上是由个别资本家自行规定的，资本家为了提高剩余价值率必然无限制地延长工作日。早期资本主义国家政权也用立法的形式支持这种通过延长工作日和提高劳动强度的方法提高剩余价值率。马克思在《资本论》中对英国法定工作日长度的变迁做了历史回顾：1833 年工厂法规定是 15 小时，1844 年是 12 小时，1847 年是 10 小时（1848 年 5 月 1 日生效，但中间又出现过反复，经过工人坚持斗争，到 1850 年的补充工厂法才真正确定 10 小时工作日）。还有很多的资本家在工厂法之外又擅自延长工作日，并且普遍存在对女工和童工的残酷压榨。

但是，绝对剩余价值生产对资本家来说也有两个极大的“不便”：第一，这种长时间和高强度的劳动，很容易导致工人的早亡和早衰，长而久之，将会因缺乏劳动力而影响资本家的正常生产。“资本主义生产——实质上就是剩余价值的生产，就是剩余劳动的吮吸——通过延长工作日，不仅使人的劳动力由于被夺去了道德上和身体上正常的发展和运动的条件而处于萎缩状态，而且使劳动力本身未老先衰和过早死亡。”①第二，通过这种途径提高剩余价值率，对工人的剥削和压榨太过明显，很容易导致工人的反抗。早期的工人运动在很大程度上就是针对这种剩余价值生产方式。马克思谈到争取正常工作日的“工人的声音”：“如果在劳动量适当的情况下一个正常工人平均能活 30 年，那你每天支付给我的劳动力的价值就应当是它的总价值的 1/365×30 或 1/10950。但是如果你要在 10 年内就消费尽我的劳动力，可是每天支付给我的仍然是我的劳动力总价值的 1/10950 而不是 1/3650，那就是只付了我劳动力日价值的 1/3，因而每天就偷走了我的商品价值的 2/3，你使用三天的劳动力，只付给我一天劳动力的代价。这是违反我们的契约和商品交换规律的。”②马克思用“对剩余劳动的狼一般的贪婪”“啃吃饭时间”“慢性杀人”“最残酷的地狱”“短命的工人”等词汇，形容了绝对剩余价值生产的残酷剥削本质。

设问 23 相对剩余价值生产中的变量和不变量分别有哪些？

解读 相对剩余价值是在工作日不变的条件下，通过缩短必要劳动时间而相对延长剩余劳动时间所生产的剩余价值。

这里的不变量是工作日长度，变量则是必要劳动时间和剩余劳动时间。

例如，在绝对剩余价值生产的例题中，假定 8 小时工作日不变，把必要劳动时间从原来的 4 小时缩短为 3 小时，剩余劳动时间就由原来的 4 小时延长为 5 小时，这时剩余价值率约为 167%。

① 《马克思恩格斯文集》第 5 卷，人民出版社 2009 年版，第 307 页。
② 《马克思恩格斯文集》第 5 卷，人民出版社 2009 年版，第 271 页。

设问 24　相对剩余价值生产对资本家来说的“方便”和“不便”在哪里?

解读　相对剩余价值生产对资本家来说最大的便利是剥削程度提高的幅度更大且隐蔽性更强。通过缩短一小时必要劳动时间所提升的剩余价值率,比绝对剩余价值生产条件下延长两小时工作时间还要高。而且资本家还可以辩解说,我没有延长工作日,因此也没有提高剥削程度,我是个非常仁慈的资本家啊!

但相对剩余价值的生产对资本家来说也有一个很大的问题,与工作日的长短资本家在一定意义上可以自己掌控不同,必要劳动时间的缩短个别资本家是无法自己掌控的。必要劳动时间是用来补偿劳动力价值的时间,缩短必要劳动时间就意味着降低劳动力的价值,而在劳动力市场总体价格不变的情况下,单个资本家想降低劳动力的价格(例如,在劳动力市场价格大约一天 80 元的情况下,个别资本家只付 70 元的工资),导致的结果只能是无法雇佣到足够的劳动力或者只能雇佣到劳动能力不够强的劳动力。因此,要想实现相对剩余价值,需要一系列的条件。

设问 25　如何理解相对剩余价值的实现条件?

解读　如前所述,相对剩余价值的生产不是个别资本家就可以操作的,它需要一系列的实现条件。具体来说有两个方面:第一,缩短必要劳动时间是通过全社会劳动生产率的提高实现的。必要劳动时间是补偿劳动力价值的时间,缩短必要劳动时间就意味着降低劳动力的价值和价格,劳动力的价值是由生产、发展、维持和延续劳动力所必需的生活必需品的价值决定的,要降低劳动力的价值就意味着降低生活资料的价值,生活资料的价值与生产生活资料的劳动生产率成反比,要降低生活资料的价值就必须提高生活资料生产部门的劳动生产率,生活资料的生产又离不开生产资料,因此还必须同时提高生产资料部门的劳动生产率,而生活资料和生产资料生产就是社会生产的两大部类,两大部类劳动生产率的提高意味着全社会劳动生产率都提高。当我们把这个推论过程倒过来,就可以看到相对剩余价值实现的完整过程:全社会劳动生产率提高,意味着生活资料和生产资料部门劳动生产率提高,意味着生活资料价格下降,意味着劳动力价格下降,意味着必要劳动时间缩短,意味着相对剩余价值实现。

第二,全社会劳动生产率的提高是资本家追逐超额剩余价值的结果。全社会劳动生产率的提高总是从个别资本家率先提高劳动生产率开始的,率先提高劳动生产率的资本家可以缩短个别劳动时间,其个别劳动时间低于社会必要劳动时间从而获得更多的利益,即获得比一般资本家更多的剩余价值(超额剩余价值)。个别资本家通过提高劳动生产率逐利的行为,势必引发资本家之间的激烈竞争,竞争的结果是全体资本家都提高劳动生产率,从而缩短社会必要劳动时间，个别资本家的超额剩余价值消失，整个资本家阶级的相对剩余价值因劳动生产率的普遍提高而得以实现。

设问 26 美国对中国的“反倾销”为什么很少针对中国出口美国的大量“廉价商品”？

解读 中美贸易摩擦，成为中美关系的“新常态”。这些贸易摩擦都是由美国挑起的，目的是维护美国自身的利益并遏制中国的经济发展。最新一轮中美贸易摩擦起始于 2017 年 8 月 18 日，特朗普宣布开始运用美国《1974 年贸易法》第 301 条，在涉及技术转让、知识产权和创新领域对中国展开贸易调查。双方的谈判和较量一直持续至今。

但仔细观察不难发现，中国每年向美国出口的商品尽管数量上远远大于美国向中国出口的商品，但从科技含量上看远远低于美国向中国出口的商品，其中占很大比例的是日用消费品。中国出口美国的大量低端产品（主要是日用消费品）很少被列入“反倾销”行列，原因在于这些商品进入美国市场后，直接降低了生活资料的价值，从而降低了劳动力价值，降低了工人的工资即缩短了必要劳动时间，提高了相对剩余价值。因此，美国的资本家在遏制中国的高科技产品出口美国的同时，也希望更多价廉物美的日用消费品继续出口到美国，也就能继续保持美国在高科技领域的“比较优势”。

设问 27 绝对剩余价值与相对剩余价值生产的共同点是什么？

解读 通过上面的分析我们看到，生产剩余价值的两种方法存在着明显的差异，其中的变量和不变量都有所区别。但在区分了两种剩余价值生产方式之后，马克思又对其内在关联和共同点进行了概括说明：“绝对剩余价值的生产构成资本主义制度的一般基础，并且是相对剩余价值生产的起点。”“相对剩余价值是绝对的，因为它以工作日超过工人本身生存所必要的劳动时间的绝对延长为前提。绝对剩余价值是相对的，因为它以劳动生产率发展到能够把必要劳动时间限制为工作日的一个部分为前提。”[①]具体来说，绝对剩余价值生产与相对剩余价值生产的共同点主要在于两个方面：

（1）有剩余劳动时间才能获得剩余价值（劳动生产率有一定程度发展，工作日在必要劳动时间以上）。表面看来，绝对剩余价值生产只与工作日有关而与劳动生产率无关，相对剩余价值生产只与劳动生产率有关而与工作日无关，但事实上，两种剩余价值生产都既关乎工作日又关乎劳动生产率。如果劳动生产率极

① 《马克思恩格斯文集》第 5 卷，人民出版社 2009 年版，第 583-584 页。

端低下，即使工作日延长到极限也不足以在必要劳动时间之外产生剩余劳动时间，剩余价值就无法生产；如果工作日过分缩短，即使劳动生产率提高到极限也不足以在必要劳动时间之外产生剩余劳动时间，剩余价值也无法生产。所以说劳动生产率的高低和工作日的长短，是两种剩余价值生产的共同影响因素。

（2）延长剩余劳动时间以获得更多的剩余价值。两种剩余价值生产尽管在变量和不变量上存在差异，但有一个变量是共同的，即剩余劳动时间的延长。无论以何种方法提高剩余价值率，归根到底都要通过延长剩余劳动时间来实现。

设问 28 如何理解资本积累的源泉与本质?

解读 资本积累即剩余价值的资本化。剩余价值是资本积累的源泉。“我们以前考察了剩余价值怎样从资本产生，现在我们考察资本怎样从剩余价值产生。把剩余价值当做资本使用，或者说，把剩余价值再转化为资本，叫做资本积累。”[①]资本积累又是扩大再生产的源泉。“积累就是资本以不断扩大的规模进行的再生产。”[②]由此可见，资本积累的本质是资本家不断利用无偿占有的工人创造的剩余价值来扩大自己的资本规模，从而进一步扩大和加强对工人的剥削和统治。

正如马克思所说：“以商品生产和商品流通为基础的占有规律或私有权规律，通过它本身的、内在的、不可避免的辩证法转变为自己的直接对立物。表现为最初活动的等价物交换，已经变得仅仅在表面上是交换，因为，第一，用来交换劳动力的那部分资本本身只是不付等价物而占有的他人的劳动产品的一部分；第二，这部分资本不仅必须由它的生产者即工人来补偿，而且在补偿时还要加上新的剩余额。”[③]

设问 29 如果资本家把上一期生产的剩余价值全部用于消费从而维持简单再生产，是不是就不存在资本积累?

解读 资本积累是剩余价值的资本化，即使资本家把上一期生产的剩余价值全部用于消费从而维持简单再生产，也照旧存在资本积累的过程。马克思算了一笔账：如果 1 000 英镑资本每年带来 200 磅剩余价值，资本家把这 200 英镑全部消费掉，经过 5 年的生产就消费了 1 000 英镑（等于他的全部预付资本），如果只消费掉一半，经过 10 年的生产也产生同样的结果。也就是说，经过一段时

① 《马克思恩格斯文集》第 5 卷，人民出版社 2009 年版，第 668 页。

② 《马克思恩格斯文集》第 5 卷，人民出版社 2009 年版，第 671 页。

③ 《马克思恩格斯文集》第 5 卷，人民出版社 2009 年版，第 673 页。

间的生产以后，即使资本家手里掌握的还是原来规模的资本，也不再是他自己挣得的财产而全部成为剩余价值的积累了。由此，马克思得出结论："即使资本在进入生产过程的时候是资本所有者本人挣得的财产，它迟早要成为不付等价物而被占有的价值，成为无酬的他人劳动的货币形式或其他形式上的化身。"①

设问 30 影响资本积累规模大小的因素有哪些？

解读 马克思指出："决定剩余价值量的一切情况也影响着积累的量。"②具体来说，影响资本积累规模大小的因素主要有如下四个方面：① 对工人剥削的程度。衡量剥削程度的概念是剩余价值率，对工人剥削程度越高，剩余价值率越高，越有利于资本积累。因此，对工人的剥削程度对资本积累产生"正向"影响。② 劳动生产率的高低。个别资本家提高劳动生产率，可以通过缩短个别劳动时间获得超额剩余价值。全社会都提高劳动生产率，则可以缩短补偿劳动力价值的必要劳动时间，从而使全体资本家获得相对剩余价值。也就是说，劳动生产率越高，资本家获得的剩余价值越多，也越有利于资本积累规模的扩大。因此，劳动生产率高低对资本积累产生"正向"影响。③ 所用资本与所费资本之间的差额。所用资本是指每次生产前投入的全部成本，所费资本则是每次生产过程实际消耗的资本，由于"劳动资料……是整个地被使用而只是部分地被消费"③，所用资本与所费资本之间就会存在差额。马克思所说的"整个地被使用而只是部分地被消费"的劳动资料，主要是指机器、厂房等可以长期使用的劳动资料。例如，资本家投入 10 万元购买一台机器，如果这台机器可以使用 5 年，每一年的所费资本就是 2 万元，所用资本与所费资本的差额就是 8 万元；如果这台机器只能用 2 年，每一年的所费资本就是 5 万元，所用资本与所费资本的差额就是 5 万元。对于前一种情形来说，资本家在 5 年之内只需投入一个 10 万元就可以维持正常生产，而对于后一种情形来说，资本家在 5 年之内需要投入 25 万元才能维持正常生产，很显然前一种情况更有利于资本积累。因此，所用资本与所费资本之间差额的大小对资本积累产生"正向"影响。④ 资本家垫付资本（C＋V）的大小。资本家垫付资本总量越大，越有利于购买技术含量更高的生产资料、招聘工作能力更强的劳动者、投入资本进行技术革新，从而在市场竞争中占据有利于地位，进而获得更多的剩余价值。因此，资本家垫付资本的大小对资本积累产生"正向"影响。

① 《马克思恩格斯文集》第 5 卷，人民出版社 2009 年版，第 658 页。
② 《马克思恩格斯文集》第 5 卷，人民出版社 2009 年版，第 691 页。
③ 《马克思恩格斯文集》第 5 卷，人民出版社 2009 年版，第 702 页。

设问 31　为什么说资本积累必然导致失业现象?

解读　总体来说,资本积累必然带来两个方面的结果:一是社会财富的两极分化。一极是财富越来越集中于少数人手中,另一极是多数人只拥有社会财富的较小部分。二是失业现象的产生。资本有机构成的提高造成相对人口过剩(机器排挤工人)。前一个结果的产生是比较直观的,容易理解和把握。而后一个结果的必然性则比较隐蔽,甚至似乎还有悖常理:资本积累规模越大,不应该越有利于生产规模的扩大,因而越有利于吸纳就业、减少失业吗?

事实上,随着资本积累而产生的失业是由资本追逐剩余价值引起资本有机构成提高所导致的。资本家投入生产过程的资本,从自然形式上看,总是由一定数量的生产资料和劳动力构成的。在生产资料和劳动力之间,存在着一定的比例,这个比例取决于生产技术的发展水平。生产技术水平越高,每个劳动力所能推动的生产资料数量就越多;生产技术水平越低,每个劳动力所能推动的生产资料数量就越少。也就是说,生产技术水平越高,需要的劳动力就越少,生产技术水平越低,需要的劳动力就越多,这也就是我们通常所说的技术密集型产业和劳动密集型产业的区别。这种由生产的技术水平决定的生产资料和劳动力之间的比例,叫作资本的技术构成。从价值形式看,资本可分为不变资本和可变资本,这两部分资本之间的比例,叫作资本的价值构成。在资本的技术构成和资本的价值构成之间,存在着密切的联系。一般来说,资本的技术构成决定资本的价值构成,技术构成的变化往往会引起价值构成的相应变化,而价值构成的变化通常反映着技术构成的变化。例如,技术水平提高,必然投入的不变资本就越多,相应的可变资本会减少,资本的价值构成(C/V)就会提高。这种由资本的技术构成决定并反映技术构成变化的资本价值构成,叫作资本有机构成,通常用 C∶V 来表示。

在资本主义生产过程中,资本有机构成提高是一般趋势。马克思指出:"一旦资本主义制度的一般基础奠定下来,在积累过程中就一定会出现一个时刻,那时社会劳动生产率的发展成为积累的最强有力的杠杆。"[①]无论是超额剩余价值还是相对剩余价值的获得,都要通过提高生产的技术水平从而提高劳动生产率才能实现。追逐剩余价值是资本的本性,资本家总是想方设法提高劳动生产率。"劳动生产率的增长,表现为劳动的量比它所推动的生产资料的量相对减少,或者说,表现为劳动过程的主观因素的量比它的客观因素的量相对减少。""资本技术构成的这一变化,即生产资料的量比推动它的劳动力的量相对增长,又反映在

① 《马克思恩格斯文集》第 5 卷,人民出版社 2009 年版,第 717 页。

资本的价值构成上，即资本价值的不变组成部分靠减少它的可变组成部分而增加。”[①]这也就是所谓“机器排挤工人”的现象。

马克思指出：“劳动资料一作为机器出现，就立刻成了工人本身的竞争者。资本借助机器进行的自行增值，同生产条件被机器破坏的工人的人数成正比。”随着机器的普遍使用，“工人就像停止流通的纸币一样卖不出去。工人阶级的一部分就这样被机器转化为过剩人口。”“这种过剩人口反过来又成为资本主义积累的杠杆，甚至成为资本主义生产方式存在的一个条件。过剩的工人人口形成一支可供支配的产业后备军……为不断变化的资本增值需要创造出随时可供剥削的人身材料。”[②]早期的工人运动常常把矛头指向资本家的机器，认为是这些机器的使用导致了他们的失业，以为捣毁了机器自己就可以重新获得生计，但马克思一针见血地指出：“这些矛盾和对抗不是从机器本身产生的，而是从机器的资本主义应用产生的！因为机器就其本身来说缩短劳动时间，而它的资本主义应用延长工作日；因为机器本身减轻劳动，而它的资本主义应用提高劳动强度；因为机器本身是人对自然力的胜利，而它的资本主义应用使人受自然力的奴役；因为机器本身增加生产者的财富，而它的资本主义应用使生产者变成需要救济的贫民，如此等等。”[③]由此，马克思深刻揭露了“资本主义积累的对抗性质”：与资本积累相适应的是“贫困的积累”，即“贫困、劳动折磨、受奴役、无知、粗野和道德堕落的积累”。（无产阶级的贫困成为资产阶级的财富的必要条件！）“资本主义积累的绝对的、一般的规律”：“产业后备军的相对量和财富的力量一同增长。”“使相对过剩人口或产业后备军积累的规模和能力始终保持平衡的规律把工人钉在资本上，比赫斐斯塔司的楔子把普罗米修斯钉在岩石上钉的还要牢。”[④]

设问 32　如何认识资本积累的历史趋势？

解读　资本积累的历史趋势是资本主义的必然灭亡和社会主义的必然胜利。

随着资本积累的不断增长，生产的社会性与资本主义私人占有形式之间的矛盾日益加剧，这是资本主义被新的、更能够适应社会化大生产需要的社会形态所取代的根本原因。

“资本主义私有制，是对个人的、以自己劳动为基础的私有制的第一个否定。

① 《马克思恩格斯文集》第 5 卷，人民出版社 2009 年版，第 718 页。

② 《马克思恩格斯文集》第 5 卷，人民出版社 2009 年版，第 495、728-729 页。

③ 《马克思恩格斯文集》第 5 卷，人民出版社 2009 年版，第 508 页。

④ 《马克思恩格斯文集》第 5 卷，人民出版社 2009 年版，第 742-743 页。

但资本主义生产由于自然过程的必然性，造成了对自身的否定。这是否定的否定。这种否定不是重新建立私有制，而是在资本主义时代成就的基础上，也就是说，在协作和对土地及靠劳动本身生产的生产资料的共同占有的基础上，重新建立个人所有制。""前者是少数剥夺者剥夺人民群众，后者是人民群众剥夺少数剥夺者。"[①]马克思用辩证法否定之否定规律的原理，深刻揭示了资本主义从产生、发展到灭亡的历史过程。资本主义私有制，是对以个体劳动（自然经济）为基础的封建私有制的否定，建立起以机器大工业和社会化大生产为基础的资本主义私有制，但随着资本主义的发展，资本积累规模扩大，生产机器化和社会化程度提高，生产集中和资本集中日益加剧，生产者之间的相互依赖和相互协作程度也日益提高，这最终必然导致对资本主义私有制自身的否定，即在剥夺少数剥夺者基础上建立"社会化所有制"，而在这种"社会所有制"基础上，每个人的利益都可以得到最大限度的保障，因此这也是一种更高级意义上的"个人所有制"。马克思把这个过程称为否定之否定的过程。肯定阶段是封建个人所有制，否定阶段是资本主义以社会化大生产为基础的私有制，否定之否定阶段是社会主义或共产主义的"个人所有制"，即每个个人都得到自由而全面发展的新社会。资本主义必然灭亡、社会主义必然胜利是资本积累必然造就的历史趋势。"生产资料的集中和劳动的社会化，达到了同它们的资本主义外壳不能相容的地步。这个外壳就要炸毁了。资本主义私有制的丧钟就要响了。剥夺者就要被剥夺了。"[②]

设问 33　资本的循环周转与再生产的共性有哪些？

解读　资本的循环周转与再生产是《资本论》第二卷的主要研究内容之一。"循环周转"主要是针对个别资本的研究，"再生产"主要是针对社会总资本的研究，但二者又有一些共性。第一，资本的循环周转与再生产研究的都是资本的流通即运动问题。资本的循环周转是个别资本的运动过程。社会总资本的再生产是社会总资本的运动过程。个别资本的运动是社会总资本运动的前提和基础。因此，二者的一般原理和基本要求是一致的。第二，理想的资本运动过程也就是资本的增值过程，在资本主义雇佣劳动条件下即为剩余价值的实现过程。因此，无论是个别资本的循环周转，还是社会总资本的再生产，都以实现价值增值为目标，分析这两个运动过程的实现条件时都要以此为出发点。

---

① 《马克思恩格斯文集》第 5 卷，人民出版社 2009 年版，第 874-875 页。

② 《马克思恩格斯文集》第 5 卷，人民出版社 2009 年版，第 874 页。

设问 34　如何理解产业资本循环是一个否定之否定的过程?

解读　资本循环是产业资本从一种形式出发，经过一系列形式的变化，又回到原来出发点的运动。

在资本循环过程中，产业资本经历三个不同阶段，执行三种不同的职能。产业资本循环的第一个阶段是购买阶段，即以货币购买生产资料和劳动力两种商品，准备进行剩余价值的生产。在这一阶段，产业资本执行货币资本的职能。第二阶段是生产阶段，即将生产资料和劳动力相结合，开始剩余价值的生产过程。在这一阶段，产业资本执行生产资本的职能。第三阶段是售卖阶段，即把生产出的商品卖出去，使剩余价值得到实现。在这一阶段，产业资本执行商品资本的职能。

产业资本循环的三个阶段是周而复始、连续不断地进行的，如果把这个不断循环的过程连接在一起，我们就可以看到一个产业资本循环的否定之否定过程：从货币资本这种形式出发，经过了生产资本和商品资本两种形式的变化，又回到了货币资本的过程。由于生产资本从本质上说就是以生产资料和劳动力形态存在的商品，因此，这个过程中经历的三个阶段分别是货币—商品—货币；两次否定分别是商品对货币的否定和货币对商品的否定。从第一个阶段的货币到第三个阶段又回到货币，体现了发展的周期性和曲折性；第三个阶段的货币由于经历了剩余价值的生产从而实现了增值，只是在外在形式上看仍旧是货币，但实质内容上看已经不是第一个阶段的货币，体现了发展的前进性和上升性。

设问 35　如何理解产业资本正常循环的两个基本前提条件?

解读　产业资本正常循环需要两个基本前提条件：一是产业资本的三种职能形式必须在空间上并存，二是产业资本的三种职能形式必须在时间上继起。两个条件同时具备，产业资本才能正常循环，否则循环就会受阻甚至中断。

例如，某资本家筹集了 10 万元准备进行生产，他把 10 万元一次性投入购买生产资料和劳动力，现在他手里只有生产资本而没有货币资本，一旦生产过程开始，生产资料和劳动力都是在不断消耗之中的，如果不能筹集到新的货币资本以便及时把消耗的生产资本补充上来，生产过程就会中断，资本循环过程也就会中断。或者经历了一定的生产—销售过程之后，出现了商品资本的短缺，即成品或零配件不足或脱销，原有的消费者群体就可能失去，开拓市场的宣传成本就可能无法收回，新生产出的商品也可能因没有稳定的市场份额而无法及时销售。而如果商品资本不能及时完成向货币资本的“惊险跳跃”，资本循环过程就会中断，商品占有者就会被“摔坏”。

产业资本循环并不只是一个货币资本—货币资本的过程，还必须同时是一个生产资本—生产资本、商品资本—商品资本的不断循环过程。由此表明，产业资本的连续循环是流通过程与生产过程的统一，也是它的三种职能形式循环的统一。

设问 36　“资本循环”为什么不适用于商业资本和银行资本?

解读　所谓商业资本和银行资本，其实是从产业资本循环中独立出来的两种资本职能，一旦产业资本中的商品资本和货币资本离开产业资本家而成为一种“特殊资本”“由分工赋予特殊资本家的特殊职能”独立起来，就成为商品经营资本(商业资本、商人资本)和货币经营资本(银行资本、生息资本)。

商业资本或银行资本与产业资本循环中的商品资本和货币资本的区别在于由不同的人来执行商品资本和货币资本的职能，共同点在于作为流通过程中的资本都不创造价值和剩余价值。在《资本论》第三卷中，马克思具体研究了商业资本和银行资本如何在服务于产业资本的过程中参与利润率的平均化从而获得平均利润的。

马克思所研究的资本循环过程，只适用于产业资本而不适用于商业资本和银行资本。主要原因在于资本循环过程也是价值增值过程即剩余价值的实现过程，要想实现剩余价值就必须先把剩余价值生产出来，生产过程也就是劳动力使用的抽象劳动过程，只有经历了生产过程才能创造出价值量更大的商品，从而实现资本的价值增值。产业资本的循环必须经过购买和售卖两个流通的阶段，但资本的价值增值不是在流通阶段而是在生产阶段完成的，流通过程只是准备生产剩余价值或实现剩余价值。而一般的商业资本(商人资本)或银行资本(生息资本)并不直接组织生产过程，因此也不直接创造价值和剩余价值，它们所实现的价值增值只是在服务于产业资本的过程中参与了剩余价值的分配。

设问 37　影响资本周转速度的关键因素有哪些?

解读　周而复始，不断反复着的资本循环，就是资本周转(购买—生产—销售—购买)。如果每次资本周转带来的剩余价值一定，则资本周转速度越快，在一定时期内带来的剩余价值就越多。

影响资本周转速度快慢的关键因素有两个：一是资本周转的时间。资本周转速度与周转时间成反比，与周转次数成正比。一次资本周转时间越短，一定时期内周转的次数就越多，获得的剩余价值就越多。例如，甲资本家的资本 3 个月完成一个周转，每次周转的剩余价值是 10 万，那么一年之内可以完成 4 次周转，可以获得 40 万剩余价值。乙资本家的资本 4 个月完成一次周转，每次周转的剩余价值是 10 万，一年之内可以完成 3 次周转，可以获得 30 万剩余价值。二是生产资本中固定资本和流动资本的构成。生产资本总体上由不变资本和可变资本两部分构成，其中的不变资本又分为固定资本（固定的不变资本）和流动资本（流动的不变资本）两部分。固定资本是指厂房、机器之类的生产资料，其价值是一次预付但逐渐消耗，可以参与多次的生产过程。流动资本是指原材料、辅助材料之类的生产资料，其价值是一次预付并在生产过程中全部消费掉，只能参与一次生产过程。流动资本的一次周转（消耗完）也就意味着一个生产过程的完成，因此，资本周转速度主要取决于流动资本的周转速度。

因此，要加快资本周转的速度，获得更多的剩余价值，就要缩短资本周转时间，加快流动资本的周转速度。

设问 38 如何区分流动资本与可变资本、流动资本与流通资本？意义何在？

解读 流动资本与可变资本的区分。流动资本是指以原材料、辅助材料之类的生产资料形态存在的资本，与之相对应的是以厂房、机器之类的生产资料形态存在的固定资本，流动资本和固定资本的总和就是不变资本。流动资本作为不变资本的一部分，在生产过程中其价值只能转移而不能增值。以劳动力形态存在的资本才是可变资本，在劳动力的使用过程中会带来价值的增值，创造剩余价值。

流动资本与流通资本的区分。流动资本属于生产资本，流通资本是货币资本和商品资本这些处于流通过程的资本。货币购买了原材料和辅助材料等才成为流动资本，流动资本转化为新的商品时才成为流通资本。流动资本作为生产资本，直接参与了剩余价值的生产过程，流通资本则是只在“准备生产剩余价值”和“实现剩余价值”过程中发挥作用。

古典经济学家有意抹杀流动资本和可变资本、流动资本与流通资本的界线，把可变资本也作为流动资本的一部分，以掩盖可变资本与不变资本的区分；把流通资本等同于流动资本，以掩盖生产资本与流通资本的区分，归根到底都是为了混淆视听，掩盖剩余价值的真正来源。马克思一针见血地指出：“剩余价值的出生地是生产领域，不是流通领域。”[①]同时，剩余价值既不是由全部资本创造的，也不是由不变资本创造的，而是由可变资本创造的。雇佣劳动者的剩余劳动是剩余价值的唯一源泉。马克思划清流动资本与可变资本、流动资本与流通资本的界线，揭示了剩余价值的真正来源。

① 《马克思恩格斯文集》第 6 卷，人民出版社 2009 年版，第 399 页。

设问 39　为什么说社会再生产的核心问题是社会总产品的实现问题?

解读　社会总资本是相互联系、相互依存的个别资本的总和,再生产是指连续不断重复的生产。社会总资本的再生产就是社会总资本连续不断重复的生产,简称社会再生产。社会再生产的核心问题是社会总产品的实现问题,即社会总产品的价值补偿和实物补偿问题。

社会总产品是国家一年内由物质生产部门劳动者生产出来的全部物质产品总和,包括作为第一部类(Ⅰ)物质产品的生产资料和作为第二部类(Ⅱ)物质产品的消费资料。社会总产品的价值形态即为社会总产值,由包括在产品中的生产资料的转移价值(c)、凝结在产品中的由工人必要劳动时间创造的价值(v),以及凝结在产品中的由工人剩余劳动时间里创造的价值(m)。

社会总产品的实现也相应包括价值实现(价值补偿)和实物实现(实物替换)两个方面。所谓价值补偿,就是社会总产品的各个实物部分通过商品形式出售实现货币价值(卖出去);所谓实物补偿,就是用货币形式购买到再生产所需要消耗的生产资料和消费资料(买回来)。“卖出去”就是社会总资本实现从商品资本向货币资本的转化,“买回来”就是社会总资本实现从货币资本向生产资本的转化,生产资本经历了生产过程又回到商品资本的形态,完成了商品资本—货币资本—生产资本—商品资本的循环。

由此可见,社会再生产只不过是扩大版的资本循环过程,确保社会再生产连续不间断的前提条件,就是社会总资本以社会总产品的形态连续不间断地实现循环,在这个过程中任何一个环节的受阻,都会导致社会再生产过程的中断。个别资本循环中三种职能形式在空间上的并存和在时间上的继起也同样是确保社会再生产的必要条件。

设问 40　如何理解两大部类内部及两大部类之间按比例生产的规律?

解读　社会总产品在实物上得到替换,在价值上能够实现,客观上就要求两大部类内部各个部门之间和两大部类之间保持一定的比例关系。这就是马克思所揭示的两个部类内部及两大部类之间按比例生产的规律。

我们以两大部类之间必须按比例生产为例简单说明之。如前所述,第一大部类生产的生产资料和第二大部类生产的消费资料必须“卖出去”,才能实现价值补偿,同时,第一大部类和第二大部类在生产过程中耗费的生产资料和消费资料(劳动力)必须“买的回来”,才能实现实物替换,从而确保整个社会再生产过程不中断。这里的“卖”和“买”都是在两大部类之间进行的:第一大部类生产的生产资料卖给第二大部类,第二大部类生产的消费资料卖给第一大部类;第一大部类消耗的消费资料要到第二大部类去买,第二大部类消耗的生产资料要到第一大部类去买。因此，如果第一大部类生产的生产资料多于第二大部类的需要，第一大部类就会因供过于求而“卖不出去”，无法实现价值补偿；如果第一大部类生产的生产资料少于第二大部类的需要，第二大部类就会因供不应求而“买不回来”，无法实现实物替换。反之亦然。因此，社会总产品能否顺利实现、社会再生产能否顺利进行，取决于两大部类之间能否按照满足对方需求的一定比例进行生产。两大部类内部各部门之间的情形也与此类似。

如果两大部类内部和两大部类之间按比例进行生产的规律被打破，就会阻碍社会再生产的顺利进行，严重时将引发经济危机。在资本主义发展的相当长时期内，由于资本主义的基本矛盾和价值规律的自发作用，两大部类内部及两大部类之间在生产规模上和结构上经常处于失衡状态。这种失衡和脱节经常表现为生产过剩，最严重的就是引发经济危机。社会主义市场经济发展过程中也必须注意保持两大部类内部和两大部类之间的平衡状态，以避免社会经济的严重动荡。党的十九大报告指出，我国的主要矛盾已经转变为人民日益增长的美好生活需要和不平衡不充分的发展之间的矛盾，这里的“不平衡”也包括两大部类内部和两大部类之间的不平衡。近年来我国 CPI 指数的上升、产能过剩与产能不足并存、房地产和金融领域的泡沫风险等，都是这种不平衡的表现，也是我国今后一个时期将重点解决的问题。

设问 41 工资与剩余价值关系如何?

解读 雇佣工人的劳动时间分为必要劳动时间和剩余劳动时间，必要劳动时间就是补偿劳动力的价值即工资的时间，剩余劳动时间就是为资本家生产剩余价值的时间。作为劳动结果的商品价值分为三个部分：由生产资料转移来的价值(c)、劳动力的价值即工资(v)和剩余价值(m)，工资和剩余价值就是雇佣工人劳动创造的全部新价值。马克思揭示工资的本质时强调，工资只是雇佣工人劳动创造的全部新价值的一部分(而且往往是很小的一部分)，另外一部分则作为剩余价值被资本家无偿占有了。

教科书中把工资和剩余价值的分配放在一个系列研究，能够更加清晰地体现二者的内在关联。但在三卷本的《资本论》中，“工资”是在第一卷中论及的，“剩余价值的分配”则是第三卷的主要内容。

设问 42 如何理解资本主义工资的本质?

解读 资本主义条件下雇佣工人的工资从表现形式来看，是“劳动的价值或价格”(“活劳动”)，而“它所表现的本质关系”是“劳动力的价值和价格”(“对象化劳动”)。

“工人提供给资本家的使用价值，实际上不是他的劳动力，而是劳动力的职能，即一定的有用劳动，裁缝劳动，鞋匠劳动，纺纱劳动等等。至于这种劳动本身另一方面又是形成价值的一般要素，具有一种使它同一切其他商品区别的属性。”[①]资本家以支付工资的形式购买的是劳动力，但事实上工人所提供给他的是劳动，劳动力的使用过程即劳动过程必然创造新价值，这个新价值大于自身的价值，超过的部分就是剩余价值。可见，“劳动的价值或价格”与“劳动力的价值和价格”之间的差额就是剩余价值。

“如果劳动的价值这种东西确实存在，而且他确实支付了这一价值，那么资本就不会存在，它的货币也就不会转化为资本。”[②]如果“劳动的价值或价格”与“劳动力的价值和价格”二者是等额的，那就真的是资本家养着工人了，但事实上这是有悖于资本的本性的，资本是能够带来剩余价值的价值，如果货币不能带来剩余价值，货币就不会变成资本，资本家阶级也就不可能存在。

“货币即对象化劳动同活劳动的直接交换，也会或者消灭那个正是在资本主义生产的基础上才自由展开的价值规律，或者消灭那种正是以雇佣劳动为基础的资本主义生产本身。”[③]一方面，如果资本家支付的工资（对象化劳动）与工人提供的劳动（活劳动）是相等的，剩余价值就不存在，货币就不会变成资本，以追逐剩余价值为根本目的的资本主义生产本身就会被“消灭”，雇佣劳动也就失去了存在的基础。另一方面，如果资本家支付的工资与工人提供的劳动是不相等的，也就是说资本家支付的只是活劳动的一部分，工人用 12 小时的劳动换到的只是 10 小时甚至 6 小时的劳动，“不等量的这种相等”[④]很显然违背了价值规律“等价交换”的根本要求。

马克思深刻揭示了工资的本质，也就揭示了资本主义生产内在的矛盾和危机，而“古典政治经济学几乎接触到事物的真实状况，但是没有自觉地把它表述出来。只要古典政治经济学附着在资产阶级的皮上，它就不可能做到这一点”[⑤]。

设问 43　如何理解资本主义利润的本质？

解读　如前所述，马克思指出剩余价值既不是由全部资本创造的，也不是由不变资本创造的，而是由可变资本创造的。雇佣劳动者的剩余劳动是剩余价值

① 《马克思恩格斯文集》第 5 卷，人民出版社 2009 年版，第 620 页。
② 《马克思恩格斯文集》第 5 卷，人民出版社 2009 年版，第 621 页。
③ 《马克思恩格斯文集》第 5 卷，人民出版社 2009 年版，第 614 页。
④ 《马克思恩格斯文集》第 5 卷，人民出版社 2009 年版，第 615 页。
⑤ 《马克思恩格斯文集》第 5 卷，人民出版社 2009 年版，第 622 页。

的唯一源泉。但在资本家的“字典”里是没有剩余价值这个概念的，他们通常用“利润”取代马克思所说的“剩余价值”。资本家把剩余价值看作全部垫付资本的产物和增加额，剩余价值便取得了利润的形态，从剩余价值到利润的转变是在资本家头脑中完成的。剩余价值和利润在数量上相等，但本质不同。

在马克思看来，作为劳动产品的商品价值由三个部分组成：由生产资料转移来的价值(c)、劳动力的价值即工资(v)、剩余价值(m)。但在资本家计算商品价值时，用的公式却是 $K+m$，其中的 K 本来是指生产中实际消耗的成本，资本家又进一步把它理解为全部垫付资本($c+v$)，这样，m 就成为全部垫付资本的增加额，剩余价值完成了向利润(p)的转变。这一转变带来了三个结果：

(1) 剩余价值转化为利润，掩盖了剩余价值的真正来源。在马克思的价值计算公式 $c+v+m$ 中，v 和 m 是工人劳动创造的全部新价值，m 和 v 的关系被非常明确地体现出来。在资本家的价值计算公式中，m 就成为全部垫付资本的增加额，这就掩盖了剩余价值与可变资本(及抽象劳动)的关系，从而掩盖了剩余价值的真正来源。

(2) 剩余价值率转化为利润率，掩盖了资本家剥削的真实程度。剩余价值率是真实表现资本家剥削程度的概念，其计算公式为 m/v，由于资本家支付给工人的工资只是他们所创造的新价值中很小的一部分，因此，计算出的剩余价值率通常都很高，一般在 100%以上。但利润被理解为全部垫付资本的增加额，利润率的计算公式即为 $p(m)/c+v$，分母扩大，比值必然变小。用于购买生产资料的资本(c)通常大于用于购买劳动力的资本(v)，而且随着现代社会技术水平不断提升、资本有机构成不断提高，c 在全部垫付资本中所占份额势必越来越大，利润率则会变得越来越低。因此，资本家计算出的利润率都远远低于剩余价值率，从而掩盖了资本家剥削的真实程度。

(3) 利润率平均化进一步掩盖了剩余价值的本质及来源。从理论上说，不同的生产部门由于生产的客观条件不同、资本有机构成不同、资本周转速度不同等因素，投入等量资本可能带来不等量的利润。但是，在现实的资本主义竞争中，资本的逐利本性决定了资本会不断地从利润率低的生产部门向利润率高的生产部门流动，由此造成“资本流入—生产增加—供过于求—利润下降—资本流出—生产减少—供不应求—利润增加—资本流入”的不断循环，而这一循环的结果是利润趋于平均化，所有资本家都获得以预付资本×平均利润率(平均利润率=剩余价值总量/社会总资本)计算出的平均利润，即投入等量资本就能获得等量利润。利润率平均化淡化了价值及剩余价值与劳动的关系而强化了其和资本的关系(社会财富按资本分配而不是按劳动分配)，进一步掩盖了剩余价值的本质及来源。

马克思在《资本论》第三卷中，还具体研究了商业资本和银行资本在参与利润率平均化的过程中获得平均利润的情况。由于这些资本都不生产价值和剩余价值而只是参与剩余价值的分配，必然导致平均利润率不断下降，而且随着现代资本主义社会商业资本和银行资本的不断膨胀，产业资本的利润率进一步下降，整个经济脱实向虚的趋势不可避免。

设问 44 如何区分成本价格、价值、生产价格三个概念？

解读 利润率平均化的结果是商品价值转化为生产价格：商品就不能再按照价值出售，而只能按生产成本加平均利润即生产价格出售。商品价值中的剩余价值部分在不同生产部门进行平均分配：不同部门生产的剩余价值与所获得的利润之间可能存在不一致。生产价格可能高于价值，也可能低于价值，有些资本家可能生产出较多的价值（剩余价值）而被别的资本家平均了。在这里涉及对成本价格、价值、生产价格三个概念的理解。

在《资本论》第三卷中，马克思对成本价格、价值和生产价格三个概念进行了明确区分："商品的成本价格，只是涉及商品中所包含的有酬劳动的量；价值，是涉及商品中包含的有酬劳动和无酬劳动的总量；生产价格，是涉及有酬劳动加上不以特殊生产部门本身为转移的一定量无酬劳动之和。"[①]具体来说，成本价格 $=c+v$；价值 $=c+v+m$；生产价格 $=c+v+p$（平）。"成本价格"这个概念只涉及商品中包含的有酬劳动的量（v），而不涉及无酬劳动。尽管在"价值"和"生产价格"这两个概念中都涉及有酬劳动和无酬劳动的量，但在"价值"这个概念中，很容易区分一个实际生产过程中有酬劳动和无酬劳动的量。生产价格中无酬劳动的量由于不完全取决于一个实际的生产过程，它与有酬劳动的比例关系也变得模糊或无法区分了，因而，生产价格取代价值进一步模糊了资本对雇佣工人的剥削程度。

马克思指出："随着价值转化为生产价格，价值规定的基础本身被掩盖起来……加在成本价格上的利润，的确不是由该部门本身的价值形成过程的界限决定，而是由完全外在的条件确定的。"[②]剩余价值转化为利润，剩余价值和利润在量上还是相同的，只是由于计算方式不同剩余价值率和利润率不同。从利润中还是可以看出剩余价值与投入总资本（包括可变资本）的关系。利润率平均化及价值转化为生产价格，使每个资本家实际生产的剩余价值和实际获得的利润在量上也不同了，这个利润似乎成了完全与投入的资本及价值形成过程无关的

① 《马克思恩格斯文集》第7卷，人民出版社2009年版，第185页。

② 《马克思恩格斯文集》第7卷，人民出版社2009年版，第188页。

"由外在条件确定的"因素。

设问 45　为什么说剩余价值学说是马克思的"发现"?

马克思去世之后,恩格斯总结其光辉的一生,指出历史唯物主义和剩余价值学说是马克思一生的两个伟大"发现"。但这一说法遭到资产阶级经济学家的猛烈攻击。他们认为早在马克思之前的资产阶级古典政治经济学中就已经包含了剩余价值理论,否认马克思是剩余价值学说的真正创始人,甚至认为马克思的剩余价值理论是对他人理论成果的"剽窃"。为此,恩格斯在《资本论》第二卷第一版序言中,通过比较其他相关经济学理论,并以化学史上氧气的"发现"过程做类比,集中回答了剩余价值学说为什么是马克思"发现"这一受到某些人质疑的问题。下面引用的文字主要摘自《资本论》第二卷第一版序言[①],我们分三个部分进行解读。

(1) 化学史的"例证"

恩格斯所说的化学史的"例证",指的是氧气发现过程。在化学学科的发展历程中,直到 18 世纪末,燃素说都处于支配地位。这种学说认为,"一切燃烧的本质都在于从燃烧物体中分离出一种另外的、假想的物体,即称为燃素的绝对燃烧物"。

1774 年,英国化学家普利斯特列析出了一种气体,"他发现这种气体是如此纯粹或如此不含燃素,以致普通空气和它相比显得污浊不堪"。因此,他把它命名为"无燃素气体"。

"过了不久,瑞典化学家舍勒也析出了这种气体,并证明它存在于大气中。他还发现,当一种物体在这种气体或普通空气中燃烧时,这种气体就消失了。因此,他称这种气体为火气。"

"当时在巴黎的普利斯特列立刻把他的发现告诉了拉瓦锡,拉瓦锡根据这个新事实研究了整个燃素说化学,方才发现:这种新气体是一种新的化学元素;在燃烧的时候,并不是神秘的燃素从燃烧物体中分离出来,而是这种新元素与燃烧物体化合。这样,他才使过去在燃素说形式上倒立着的全部化学正立过来。即使不是像拉瓦锡后来硬说那样,他与其他两个人同时和不依赖他们而析出了氧气,然而真正发现氧气的还是他,而不是那两个人,因为他们只是析出了氧气,但甚至不知道自己所析出的是什么。"

因此,恩格斯总结道:"普利斯特列和舍勒析出了氧气,但不知道他们所析出的是什么。他们为既有的燃素说范畴所束缚。这种本来可以推翻全部燃素说观

① 《马克思恩格斯文集》第 6 卷,人民出版社 2009 年版,第 9-25 页。

点并使化学发生革命的元素，在他们手中没有能结出果实。”

（2）马克思之前关于“剩余价值”的学说

接着，恩格斯考察了马克思之前关于“剩余价值”的学说。“资本主义下的人，生产剩余价值已经有几百年了，他们渐渐想到剩余价值起源的问题。”

“最早的见解是从商人的直接实践中产生的：剩余价值产生于产品价值的加价。这种见解在重商主义中间占统治地位。”

英国古典政治经济学把这种观点从“古典科学中赶出去了”。他们开始从生产过程而不是流通过程寻找剩余价值的起源。

斯密认为，“工人加到原料上的价值，在这里分成两部分，一部分支付工人的工资，另一部分支付雇主的利润，作为他预付在原料和工资上的全部资本的报酬”。“斯密直截了当地把地租和资本的利润称为纯粹是工人产品中的扣除部分……而这个扣除部分是由剩余劳动，即工人劳动的无酬部分构成。”

李嘉图比斯密又前进了一大步，“他从商品价值由实现在商品中的劳动量决定，引申出由劳动加到原料中去的价值量在工人和资产阶级之间进行分配，也就是它分割为工资和利润。他论证了：无论这两部分的比例怎样变动，商品的价值总是不变”。甚至还确立了工资和利润相互关系的一些规律。

德国庸俗经济学家洛贝尔图斯“自封为剩余价值理论的真正创始人，而马克思从他那里剽窃了剩余价值理论”。事实上，他所提出的工资只是劳动产品价值的一部分，另一部分“作为资本的补偿和租”的观点早在英国古典经济学家那里就被“发现”了，他既不承认自己的理论是“剽窃”了古典经济学，甚至还指责马克思“剽窃”了他的理论，这证明德国的“官方经济学已经堕落到了何等地步”。

（3）马克思对剩余价值学说的新贡献

由此看来，“在剩余价值理论方面，马克思和他的前人的关系，正如拉瓦锡与普利斯特列和舍勒的关系。在马克思以前很久，人们就已经确定我们现在称为剩余价值的那部分产品价值的存在，同样也有人已经多少明确地说过，这部分价值是由什么构成的，也就是说，是由占有者不付等价物的那种劳动的产品构成的。但是到这里人们就止步不前了”。

“马克思关于剩余价值说了什么新东西呢？为什么马克思的剩余价值理论，好像晴天霹雳震动了一切文明国家，而所有他的包括洛贝尔图斯在内的社会主义前辈们的理论，却没有发生过什么作用呢？”

因为在马克思看来，这里的问题不是在于要简单地确认一种经济事实，也不是在于这种事实与永恒公平和真正道德相冲突，而是在于这样一种事实，这种事实必定要使全部经济学发生革命，并且把理解全部资本主义生产的钥匙交给那个知道怎样使用它的人。

马克思根据剩余价值这个“经济事实”研究了全部既有的经济范畴，从而实现了经济学的革命：确定了什么样的劳动形成价值，为什么形成价值以及怎样形成价值；研究了商品与货币的对立，他建立在这个基础上的货币理论是第一个详尽无遗的货币理论；研究了货币向资本的转化，并证明这种转化是以劳动力的买卖为基础的；确定了资本分为不变资本和可变资本，第一个详尽地阐述了剩余价值形成的实际过程；研究了剩余价值本身的两种形式、资本积累的规律及趋势、工资的现象及本质，等等，这都是马克思的前人所没有涉及或没有解决的问题。

马克思第一个解决了剩余价值“是什么”“为什么”“怎么样”的问题，使剩余价值不仅仅作为一种客观的经济事实存在，而是作为一种可以解开整个资本主义经济本质秘密的科学理论，进而引发经济学的彻底“革命”。正像拉瓦锡对氧气的科学研究引发了化学史的革命一样。

由此看来，马克思之前的经济学家即使意识到了剩余价值的存在，对其来源、本质、趋势等问题的认识也只是停留在感性猜测的阶段，没有也不可能跳出既有的理论框架看待剩余价值问题。是马克思第一个站在历史唯物主义的高度完整、准确、系统地回答剩余价值相关问题，建构起科学的剩余价值理论体系。正因为如此，恩格斯才把剩余价值学说称为是马克思的“发现”。

设问 46 资产阶级经济学家为什么不能揭示剩余价值的秘密？

解读 马克思一针见血地指出：“李嘉图从来没有考虑到剩余价值的起源。他把剩余价值看做资本主义生产方式固有的东西，而资本主义生产方式在他看来是社会生产的自然形式……这些资产阶级经济学家实际上具有正确的本能，懂得过于深入地研究剩余价值的起源这个爆炸性问题是非常危险的。”①

李嘉图作为资产阶级的政治经济学家，从维护资产阶级的根本利益和长久统治出发，不可能真正揭示剩余价值的起源之谜。揭示了剩余价值的起源就等于揭示了资产阶级对无产阶级剥削和压迫的秘密，而这个秘密的揭开无疑将引发无产阶级的反抗并为推翻资本主义而斗争。在资产阶级经济学家看来，资本主义生产方式“是社会生产的自然形式”，其存在是天然和永恒的，只有把剩余价值看作不需要研究和质疑的“资本主义生产方式固有的东西”，才能避免因深入研究剩余价值的起源“这个爆炸性问题”而被炸得粉身碎骨。马克思站在无产阶级的立场之上揭示剩余价值的起源，恰恰是要为无产阶级革命提供政治经济学理论依据，无产阶级如果不甘于受剥削受压迫的命运，只能通过革命的方式推翻资本主义制度。

① 《马克思恩格斯文集》第5卷，人民出版社2009年版，第590页。

设问 47　如何理解资本主义经济危机的必然性和可能性?

解读　资本主义经济危机是指资本主义经济发展过程中每过一定时间就要爆发的生产过剩的危机。

资本主义经济危机实质是生产出来的产品相对于资本要带来更多剩余价值而言的过剩。资本家生产的目的是追逐剩余价值,因此一旦不能得到剩余价值,资本家就会关门歇业,把工人赶到大街上。马克思描述资本主义经济危机时的经常发生的情形:"他们当然需要棉布,但是他们买不起,因为他们没有钱。而他们之所以没有钱,是因为他们不能继续生产,而他们之所以不能继续生产,是因为已经生产的太多了,棉布充斥市场。"①经济危机的抽象的一般的可能性,首先是由货币作为流通手段和支付手段引起的。一方面,货币的流通手段使商品交换在时间和空间上分离,可能导致出现只卖不买的危机;另一方面,货币的支付手段形成商品的债权与债务链条,如果其中某一环节中断,就可能导致整个社会的信用危机。

资本主义经济危机爆发的根本原因在于资本主义基本矛盾,即生产社会化和生产资料私人占有制之间的矛盾,这一矛盾具体表现为两个方面:其一,个别企业内部生产的有组织性和整个社会生产无政府状态之间的矛盾,这一矛盾必然导致两大部类内部各部门之间及两大部类之间生产的比例关系破坏;其二,生产无限扩大的趋势同劳动人民有支付能力的需求相对缩小的矛盾,这一矛盾必然导致商品积压过剩。资本主义基本矛盾是资本主义自身无法克服的矛盾,由此决定了经济危机爆发的必然性。

既然资本家的目的在于追逐剩余价值,那么他们的目的就不在于使总供给和总需求相抵,而是尽可能地使它们不相抵,使他们的总供给超出社会的总需求。这样他们才能将剩余价值的一部分作为资本积累起来用于扩大再生产,从而获得更多的剩余价值,但扩大再生产的结果只能是使总供给大于总需求,从而产生经济危机的问题更加严重。因此,这是一个资本主义自身无法克服的恶性循环。

---

①《马克思恩格斯全集》第 26 卷(Ⅱ),人民出版社 1973 年版,第 596-597 页。

后　记

三十多年的教学生涯接近尾声了，依依不舍之余总想能留下些什么。我们学校有给新上岗教师安排指导教师的制度，近年来进入马克思主义学院马克思主义基本原理教研室的新教师基本都是交由我来指导的。凡承担青年教师指导任务，我皆竭尽所能、不遗余力帮助他们过好教学关，顺利走上教学岗位，青年教师们在教学中遇到问题也愿意与我分享和讨论。在与他们互动的过程中，我意识到很多青年教师也有“问题意识”，但毕竟由于时间和阅历的限制尚不具备针对教科书内容系统提出问题的能力，而我在教学过程中所思考和讨论的问题有许多也对他们具有启发作用，如果他们也能想清楚和讲清楚这些问题，教学能力和教学水平就可以有很大的提升。由此萌生了要写一本教学总结式的著作的念头，借此把我几十年教学过程积累和积淀的问题及思考呈现出来，希望对青年教师形成自己的教学“问题集”时有所启发和帮助。当然，本书中的不到之处也期待年轻一辈给予批评指正！

经过了一年多的奋战，书稿的写作终于完成，这应该也是我职业生涯中的最后一部著作，我期待它能为我的职业生涯画上圆满的句号！感慨之余，也十分感谢陪伴我走过三十多年职业生涯的同事和学生们，是他们的支持与认可、鼓励与鞭策，使我不断成长，最终可以做到问心无愧！感谢关爱我的家人和朋友，在他们所营造的温馨和谐的氛围中，我才能专注于我所热爱的教学工作！书稿收笔，我可爱的小孙女刚过一岁生日，我以后的“工作重心”至少要分一半在她身上，而父母也已年迈，需要我更多的关怀和照顾。但无论多么繁忙，教学工作都是我的首要任务，我将兢兢业业地站好职业生涯的最后一班岗，也祝福所有给予我关爱和帮助的人们身体康健、幸福快乐！

罗肖泉

2022 年 9 月于中国矿业大学文昌校区